Materialien zu Peter Weiss' ›Marat/Sade‹

Suhrkamp Verlag

Zusammengestellt von Karlheinz Braun

edition suhrkamp 232
8. Auflage, 47.–49. Tausend 1981
 Satz in Linotype Garamond. Druck bei Nomos Verlagsgesellschaft, Baden-Baden. Gesamtausstattung Willy Fleckhaus.

Ces feuilles teintes du sang de Marat se trouvaient sur la tablette de sa baignoire lors qu'il fut poignardé par Charlotte Corday. Elles furent recueillies et conservées par sa sœur Albertine Marat qui a bien voulu m'en faire le sacrifice pour accroitre ma collection de monumens patriotique de l'époque.

Paris ce 26 mai 1837

[illegible]

No. 678.

L'AMI DU PEUPLE

JOURNAL POLITIQUE ET IMPARTIAL,

Par J.-P. MARAT, Auteur de l'Offrande à la patrie, du Moniteur, du Plan de Constitution, et de plusieurs autres ouvrages patriotiques.

Vitum impendere vero.

Du Mardi 13 Août 1792.

Le Peuple abusé par ses Réprésentans, ou les nouvelles trahisons dès pères conscrits depuis la prise du château des Tuilleries.

Le 9 août 1792, les deux tiers de l'assemblée nationale se montroien, non seulement archigangrénés, mais effrontement contre-révolutionaires; et le 10, ils se disent non seulement bons patriotes, mais brûlans de zèle pour la loi de l'égalité qui les désespère, mais intrépidément dévoués au salut de la patrie, dont ils machinoient la ruine, Que dis-je, le 10 à neuf heures du matin, ils se montroient effrontés oppresseurs(1) du

(1) Quand le lâche Lou s va chercher un asyle avec les siens au milieu de ses complices; en leur annonçant qu'il fui, pour épargner au peuple qu'il alloit faire égorger LE GRAND CRIME DE LE PUNIR DE SES FORFAITS et en les assurant qu'il se croit en sûreté parmi eux, le président lui répond fièrement, au nom de ses confrères, « Votre majesté peut compter sur la fermeté de l'assemblée nationale, ses membres ont jurés de mourir à leur poste, en soutenant les autorités constituées. Et au premier bruit du canon tous ses traitres se lèvent pour s'échapper; retenus par les reproches sanglans des patriotes, ils vont chercher leur salut en se confondant parmi eux. La été une grande gaucherie du patriote [illegible], d'avoir empeché ces scélérats de fuir; ils auroient été massacrés par le peuple, [illegible] enfin délivrés.

I. Über die historischen Voraussetzungen des Stückes

PETER WEISS

ANMERKUNGEN ZUM GESCHICHTLICHEN HINTERGRUND UNSERES STÜCKES

Schon vor seiner Gefangenschaft in der Zwingburg von Vincennes und der Pariser Bastille leitete Sade Theateraufführungen in seinem Schloß La Coste. Während der dreizehnjährigen Einkerkerung (zwischen seinem dreiunddreißigsten und sechsundvierzigsten Lebensjahr) schrieb er, neben seinen großen Prosawerken, siebzehn Dramen. In späteren Jahren kam noch etwa ein Dutzend von Tragödien, Komödien, Opern, Pantomimen und gereimten Einaktern hinzu. Von all diesen Stücken wurde während der Zeit, die er zwischen 1790 und 1801 in Freiheit verbrachte, nur *Oxstiern ou les malheurs du libertinage* in einem Theater zur Aufführung gebracht und gleich wieder, nach einem Skandal, abgesetzt. Von 1801 bis zu seinem Tod 1814 war er in der Irrenanstalt Charenton interniert, wo er einige Jahre lang Gelegenheit hatte, im Kreis der Patienten Schauspiele zu inszenieren und selbst als Schauspieler auf der Bühne zu stehen. Charenton war (nach der Beschreibung von J. L. Caspar, *Charakteristik der französischen Medizin*, Leipzig 1822) eine Anstalt, in die man diejenigen brachte, die sich durch ihr Verhalten in der Gesellschaft unmöglich gemacht hatten, auch ohne daß sie geisteskrank waren. Hier waren Menschen eingesperrt, »die Laster geübt hatten, deren Offenbarung sich nicht für das öffentliche Gerichtsverfahren schickte, sowie andere, die wegen grober politischer Vergehen verhaftet worden waren, oder solche, die sich als schlechte Werkzeuge hoher Kabalen hatten brauchen lassen«. In den höheren Pariser Kreisen galt es als ein exklusives Vergnügen, Sades Vorstellungen in dem »Schlupfwinkel für den moralischen Auswurf der bürgerlichen Gesellschaft« zu besuchen. Es ist allerdings anzunehmen, daß diese Amateurvorstellungen zumeist aus Deklamationen im herkömm-

lichen Stil bestanden, wie überhaupt der größte Teil von Sades dramatischer Arbeit nicht an die Kühnheit und Konsequenz seiner Prosa heranreicht. Im *Dialogue entre un prêtre et un moribond* und vor allem in *La philosophie dans le boudoir* wird jedoch seine dramatische Auffassung deutlich, in der analysierende und philosophische Dialoge gegen Szenerien körperlicher Exzesse gestellt werden, auch zeigt sich in seinen Romanen, durch die außerordentlich konkrete Beschreibung aller Vorgänge, immer wieder sein bildhaftes Denken.
Seine Auseinandersetzung mit Marat, die wir hier darstellen, ist jedoch völlig imaginär und schließt sich nur an die Tatsache an, daß Sade es war, der die Gedenkrede auf Marat zu dessen Totenfeier hielt, und auch in dieser Rede ist seine Beziehung zu Marat noch zweifelhaft, da er sie vor allem hielt, um seinen eigenen Kopf zu retten, denn er war damals wieder gefährdet und stand schon auf der Liste der Guillotineopfer.
Was uns in der Konfrontation von Sade und Marat interessiert, ist der Konflikt zwischen dem bis zum Äußersten geführten Individualismus und dem Gedanken an eine politische und soziale Umwälzung. Auch Sade war von der Notwendigkeit der Revolution überzeugt und seine Werke sind ein einziger Angriff auf eine korrumpierte herrschende Klasse, jedoch schreckt er auch vor den Gewaltmaßnahmen der Neuordner zurück und sitzt, wie der moderne Vertreter des dritten Standpunkts, zwischen zwei Stühlen. Er stellt sich zwar nach seiner Freilassung 1790 dem Nationalkonvent zur Verfügung, wird Sekretär in der *Sektion des Piques,* wo er mit der Verwaltung der Spitäler beauftragt wird und auch einen Posten als Richter bekommt, bleibt aber ein Einzelgänger und ist von der langen Kerkerhaft so geprägt, daß ihm der Umgang mit Menschen oft schwerfällt. Und wenn er sagt, er sei von den Maßnahmen des alten Regimes geschädigt worden, so kann er sich damit nicht heroisieren, denn es waren nicht politische Gründe, die zu seiner Verhaftung führten, sondern die Anklagen sexueller Ausschweifungen, und in Gestalt seiner ungeheuerlichen Schriften brachten ihn diese dann im neuen Regime auch wieder zu Fall.
Auf welche Weise er sich als Revolteur betrachtete, geht aus

folgendem Brief hervor, den er 1783 aus dem Gefängnis an seine Frau schrieb:

»Meine Denkungsart könne man nicht billigen, sagen Sie. Und was macht das? Der ist schön verrückt, der anderen eine Denkungsart vorschreibt! Meine Denkungsart ist die Frucht meiner Überlegungen, sie gehört zu meinem Leben, zu meiner Beschaffenheit. Es steht nicht in meiner Macht, sie zu ändern, und wenn es in meiner Macht stünde, würde ich es nicht tun. Diese Denkungsart, die Sie tadeln, ist der einzige Trost in meinem Leben, sie erleichtert alle meine Leiden im Gefängnis, sie schafft alle meine Freuden auf der Welt, und mir liegt mehr an ihr als an meinem Leben. Nicht meine Denkungsart hat mein Unglück verursacht, sondern die Denkungsart der andern.«

Wir können uns Sade schwer vorstellen in einer Tätigkeit für das öffentliche Wohl. Er sah sich zu einem Doppelspiel gezwungen, befürwortete einerseits Marats radikale Argumente, sah aber andrerseits die Gefahren eines totalitären Systems, auch gingen seine Ansichten zu einer gerechten Verteilung der Güter nicht so weit, daß er sein Schloß und seinen Grundbesitz hergeben wollte, und er fügte sich nicht gleichmütig, als er auf La Coste verzichten mußte, nachdem es geplündert und niedergebrannt worden war. In seinen Theaterspielen äußern sich seine letzten Versuche, menschlichen Umgang zu erreichen, doch bei zunehmendem Alter gerät er ganz in Vereinsamung und Abgeschlossenheit. Ein Arzt der Heilanstalt Charenton beschreibt ihn folgendermaßen:

»Ich begegnete ihm häufig, wenn er allein, mit schweren schleppenden Schritten, sehr nachlässig gekleidet, durch die Gänge neben seiner Wohnung ging. Ich habe nie gesehn, daß er mit jemandem sprach. Wenn ich an ihm vorüberging, grüßte ich, und er beantwortete meinen Gruß mit jener kalten Höflichkeit, die jeden Gedanken, ein Gespräch anzuknüpfen, fernhält.«

Wenn es unsere Erfindung ist, ihn Marat in dessen letzter Stunde gegenüberzustellen, so entspricht die geschilderte Lage Marats der Wirklichkeit. Die psychosomatische Hautkrankheit, die dieser sich während der Entbehrungen in seinen Kellerverstecken zugezogen hatte und an der er während der letzten Lebensjahre litt, zwang ihn, zur Milderung des Juckreizes viele Stunden in der Badewanne zu verbringen. Hier hielt er sich auch auf, als am Sonnabend den 13. Juli 1793 Charlotte Corday dreimal an seiner Tür war, ehe sie eingelassen wurde und ihn erstach.

Die Äußerungen Marats im Lauf der Handlung entsprechen ihrem Inhalt nach, oft fast wortgetreu, seinen hinterlassenen Schriften. Auch was über seinen Werdegang erwähnt wird, hält sich ans Authentische. Als Sechzehnjähriger verließ er das Elternhaus, studierte Medizin, lebte einige Jahre in England, war berühmt als Arzt, verkannt als Wissenschaftler, kam zu gesellschaftlichen Ehren, stellte sich dann aber, nachdem er die Gesellschaft schon lange seiner Kritik unterworfen hatte, ganz in den Dienst der Revolution und wurde, seines heftigen, unversöhnlichen Temperaments wegen, zum Sündenbock für viele Greuel gemacht. Erst Autoren wie Rosbroj, Bax und Gottschalk begannen, am Anfang unseres Jahrhunderts, das einseitige Bild Marats zu revidieren und die Scharfsinnigkeit seiner politischen und wissenschaftlichen Argumente zu erkennen. Kaum eine der Gestalten der französischen Revolution wurde von der bürgerlichen Geschichtsschreibung des 19. Jahrhunderts so abschreckend und blutdürstig dargestellt wie Marat, und dies wundert uns nicht, da seine Tendenzen in direkter Linie zum Marxismus führen.

In unserem heutigen Rückblick müssen wir bedenken, daß Marat zu denen gehörte, die dabei waren, den Begriff des Sozialismus zu prägen, und daß in seinen gewaltsamen Umsturztheorien vieles noch unausgegoren war oder übers Ziel schoß. Wir stellen ihm in unserm Drama den ehemaligen Priester Jacques Roux zur Seite, der in seiner Agitation und in seinem leidenschaftlichen Pazifismus Marat noch übertrifft. Wir nehmen keine Rücksicht darauf, daß Marat sich noch in den letzten Tagen vor seinem Tod von ihm abwandte und auch ihn, vielleicht unterm Anflug des Verfolgungswahns, verurteilte. Roux, eine der fesselndsten Persönlichkeiten der Revolution, erhält hier die Funktion eines Ansporners und Zuspitzers, eines Alter Ego, an dem Marats Thesen sich messen lassen.

Ebenso gestatten wir uns Freiheiten in der Schilderung Duperrets, des girondistischen Abgeordneten. Er ist hier der konservative Patriot, wie es tausende seinesgleichen gab, und er muß dazu herhalten, als Geliebter der Corday zu gelten, während wir ihren wirklichen Bewunderer, einen Herrn Tournelis, der sich von Caen aus zu den landsflüchtigen Royalisten in Koblenz begab, unbeachtet lassen. In diesem Punkt handeln wir ganz im Geist der Revolutionswirren, in denen man mit Verdächtigungen und Urteilen nicht so genau war, und in denen der arme Duperret, dem die Corday von der Gruppe der Aufständischen in Caen anempfohlen worden war, mit seinem Kopf für diese Begegnung zu zahlen hatte.

Charlotte Corday hatte jedoch niemanden in ihre Pläne eingeweiht. Geschult an der ekstatischen Versunkenheit ihres Klosterlebens brach sie allein auf, Jeanne d'Arcs und der biblischen Judith gedenkend, machte sie sich selbst zu einer Heiligen.

DONATIEN ALPHONSE FRANÇOIS MARQUIS DE SADE

geboren am 2. Juni 1740 in Paris. Von altem pronvençalischem Adel, ein Nachkomme der von Petrarca verehrten Laura de Noves, durch seine Mutter, Marie-Eléonore de Maillé de Carman, mit der jüngeren Linie des Hauses Bourbon verwandt. Seine Ausbildung erfolgt zunächst unter der Obhut des Abbé de Sade d'Ébreuil, seines Onkels väterlicherseits, der ein tüchtiger Historiker war, um 1750 bis 1755 bei den Jesuiten im Pariser *Collège Louis-le-Grand*. Daran schließt sich eine einjährige militärische Ausbildung auf der Kavallerieschule der *Chevau-légers*, im Jahr darauf wird er zum Leutnant beim Infanterieregiment *du roi* befördert, 1757 ist er Kornett bei den Carabiniers und als Hauptmann der Kavallerie nimmt er in Deutschland am Siebenjährigen Krieg teil.

Im Mai heiratet er Renée-Pélagie Cordier de Launay de Montreuil, mit der er zwei Söhne und eine Tochter hat, und die bis zu ihrer Scheidung im Jahr 1790 größte Anhänglichkeit gegen ihn bewies. Das Leben dieser Frau war einzig und allein den Bemühungen um seine Befreiung gewidmet, und sie schreckte, um diese für ihn zu erlangen, vor keinem Unternehmen zurück. Ihren Anstrengungen war allerdings kein Erfolg beschieden, sie scheiterten an den Interventionen ihrer Mutter, der ebenso unversöhnlichen wie einflußreichen Präsidentin de Montreuil. Nachdem der Schwiegersohn von 1763 an ununterbrochen Skandale verursacht, mehrere Wochen in Gefängnissen verbracht und am 12. September 1772 in Aix wegen Mordversuchs in effigie hingerichtet worden war, erwirkt sie gegen ihn einen königlichen Haftbefehl. Als Sade aus Italien, wohin er mit der jüngeren Schwester seiner Frau geflohen war, nach Frankreich zurückkehren will, wird er verhaftet und eingekerkert. In der Festung Vincennes lebt er fortan als Gefangener vom 7. September 1778 bis zum 28. Februar 1784. Mehrmals gelingt es ihm mit Hilfe seiner Frau zu fliehen; am 29. Februar 1784 wird er in die Bastille gebracht. Hier schreibt er seine ersten Werke: *Dialogue entre un prêtre et un moribond*, *Aline et Valcour*, *Erzählungen und Märchen*, die erste *Justine*.

Nachdem er kurz vor dem 14. Juli 1789 vom Fenster seiner Zelle aus das Volk aufzuwiegeln suchte, bringt man ihn erstmals zu den Mönchen in die Heilanstalt *Charenton-Saint-Maurice*, wo er erst am 2. April 1790 auf Beschluß des Konvents als »vergessenes Opfer königlicher Willkür« entlassen wurde. Sade schließt sich der Sache der Revolution an, nachdem er unter dem ancien régime den größten Teil seines Lebens im Gefängnis zugebracht hatte. Er wird Sekretär der *Section des Piques*, arbeitet insbesondere für die Reformen der Krankenhäuser von Paris. Am 25. 10. 1792 wird Sade als Kommissar für die Verwaltung der Spitäler eingesetzt, am 13. 4. ist er als Geschworener in der Angelegenheit der falschen Assignaten tätig, am 11. 7. 1793 – zwei Tage vor der Ermordung Marats – wird er schließlich Präsident der Versammlung der Piques. Sein Nekrolog auf Marat, *Discours aux mânes de Marat et de Le Pelletier*, wird nicht nur zu einer Laudatio auf den ermordeten Marat, sondern zugleich zu einer Hymne auf Tugend, Glück, Vaterlandsliebe und Freiheit. Vielleicht wollte Sade durch diese Laudatio auf Marat seinen Kopf retten, wie manche Biographen Sades annehmen: Schon im August gerät er bei einer Abstimmung in Widerspruch zur *Section*, weil er mit seinem Ja nicht zu einer Aktion der Unmenschlichkeit beitragen will; wegen revolutionsfeindlicher Haltung wird er am 8. 12. 1793 verhaftet. Man hatte herausgefunden, daß er 1791 um Dienst in der *garde constitutionelle* nachgesucht und mit den Feinden der Republik korrespondiert hatte. Hinzu kam, daß er seine adlige Herkunft geleugnet hatte und seine Vorfahren als Landwirte und Händler bezeichnete.

Wiederum wandert er durch verschiedene Gefängnisse und entgeht nur durch Zufall der Guillotine. Nach der Hinrichtung Robespierres erlangt er die Freiheit am 15. 10. 1794 zurück. Für sechseinhalb Jahre!

Am 6. März 1801 wird er von Napoleons Polizei verhaftet. Es ist unklar, ob wegen eines Pamphlets gegen Napoleon und Joséphine oder wegen der Veröffentlichung der skandalösen *Juliette* und der Neuauflage der *Justine*. Nach zwei Jahren in Sainte Pélagie und in Bicêtre wird er 1803 in die dem Innenminister direkt unterstehende Heilanstalt Charenton gebracht. Sade protestiert, nachdem er 40 Monate ohne Gerichtsurteil gefangengehalten wird. Alle Proteste bleiben vergeblich, da Napoleon persönlich wiederholt die Anweisung gibt, Sade in Charenton in Gewahrsam zu halten, offensichtlich auch auf Betreiben der Verwandten Sades, die für die Internierung des Marquis in Charenton eine ungewöhnlich hohe Pension zahlen. Der Anstaltsdirektor erlaubte ihm während vieler Jahre der Haft, mit den Patienten Theaterstücke einzuüben, an denen sich die Pariser Gesellschaft goutierte. Aus dem Jahre 1808 liegen Zeugnisse über die Aufführungen Sades in Charenton vor. Zu besonderen Anlässen, etwa dem Namenstag des Direktors, verfaßte er selbst Stücke. 1813 wurden diese Vorstellungen auf Beschluß des Ministers verboten.

Sade stirbt am 2. 12. 1814 in Charenton, 74 Jahre alt. Die Obduktion seines Gehirns ergab keinerlei Anomalien. Sein

Testament schließt mit den Worten: »Das Terrain soll bepflanzt werden, damit die Spuren meines Grabes von der Erdoberfläche verschwinden, so wie ich hoffe, daß mein Andenken in der Erinnerung der Menschen ausgelöscht werden wird.« Er wird auf dem Anstaltsfriedhof von Charenton nach katholischem Ritus beigesetzt. Auf seinem Grabstein steht kein Name; die Familie schämte sich seines Andenkens.
Als das Stück von Peter Weiss im Herbst 1966 im Pariser *Théâtre Sarah Bernhardt* zur französischen Erstaufführung kam, erhoben die Nachkommen des Marquis de Sade gegen den Titel des Stückes gerichtlichen Einspruch. Der Titel wurde, bis der Einspruch zurückgewiesen wurde, geändert in *Die Verfolgung und Ermordung Jean Paul Marats, dargestellt durch die Schauspieltruppe des Hospizes zu Charenton unter Anleitung eines Herren, dessen Name in Frankreich nicht genannt werden darf.*

REDE ANLÄSSLICH DER FEIER DER ›SECTION DES PIQUES‹ ZUM GEDÄCHTNIS AN MARAT UND LE PELLETIER, GEHALTEN VON SADE, BÜRGER DIESER SEKTION UND MITGLIED DER VOLKSGESELLSCHAFT

Mitbürger,
die teuerste Pflicht wahrhaft republikanischer Herzen ist die Dankbarkeit gegen ihre großen Männer; aus der Erfüllung dieser heiligen Handlung entstehen alle Tugenden, die zur Erhaltung und zum Ruhme des Staates notwendig sind. Die Menschen lieben das Lob, und jede Nation, die dem Verdienst das Lob nicht vorenthält, wird in ihrem Schoß immer Männer finden, die sich dessen gerne würdig erweisen möchten.
Franzosen, ehrt und bewundert immer Eure großen Männer! Diese würdige und erhabene Haltung wird die Zahl der großen Männer unter Euch vergrößern, und selbst wenn Euch die Nachwelt manchen Irrtums beschuldigen sollte – habt Ihr dann nicht Euer Gefühl zu Eurer Entschuldigung?
Marat! Le Pelletier! Wer Euch in diesem Augenblick feierlich ehrt, braucht diese Befürchtung nicht zu hegen; die Stimme der kommenden Jahrhunderte wird sich nur den Huldigungen anschließen, die Euch die heute lebende Generation darbringt.
Erhabene Märtyrer der Freiheit, Ihr seid bereits in den Tempel des Nach-

ruhms eingezogen; von dort aus werdet Ihr den Menschen, die Euch immer verehren werden, vorschweben wie die milden Sterne, die über ihnen stehen und ihnen das Licht spenden; Ihr werdet den Menschen in gleicher Weise nützlich sein; denn wenn sie in dem einen die Quellen für die Schätze des Lebens finden, so werden sie in dem anderen das gute Vorbild für ihre Tugenden haben.
Seltsames und erstaunliches Spiel des Schicksals: Marat, der Du von Deinem bescheidenen Schlupfwinkel aus mit glühender Vaterlandsliebe die Tyrannen voller Eifer bekämpftest, Dir hat Frankreich einen Platz hier im Tempel des Pantheon angewiesen, wo wir Dich heute ehren.
Man sagt, die Selbstsucht sei die Grundlage aller menschlichen Handlungen; man behauptet, es gäbe keine Tat, die nicht eigenes Interesse als ersten Beweggrund gehabt hätte; und jene schrecklichen Menschen, die alles Gute zerstören, stützen sich auf diese grausame Ansicht und machen dadurch jeden Verdienst zunichte. O Marat! Deine erhabenen Taten entziehen Dich völlig diesem allgemeinen Gesetz! Mitten unter den Tyrannen sprachst Du uns von Freiheit; und dennoch beschuldigten Sklaven Dich, daß Du Blut geliebt hättest! Großer Mann, nur das Tyrannenblut wolltest Du vergießen, und nur um das Blut des Volkes zu schonen, wolltest Du es vergeuden. Wie hättest Du nicht unterliegen sollen, bei so vielen Feinden? Du hast auf die Verräter gezeigt: der Verrat mußte Dich treffen.
Schüchternes und zartes Geschlecht, wie war es möglich, daß Eure reizenden Hände den Dolch ergriffen haben, den die Verführung schärfte? ... Ach! Euer Eifer, jetzt Blumen auf das Grab des Mannes zu legen, der wirklich ein Freund des Volkes war, läßt uns vergessen, daß das Verbrechen unter Euch einen bereitwilligen Arm finden konnte. Marats rohe Meuchelmörderin gleicht jenen zwitterhaften Wesen, denen man kein Geschlecht zuerkennen kann; sie wurde nur zur Verzweiflung beider Geschlechter aus der Hölle gespieen und gehört selbst keinem von ihnen an. Ein Leichentuch soll für immer ihr Andenken verhüllen. Vor allem darf man ihr Bildnis nicht länger unter dem entzückenden Zeichen der Schönheit zeigen, wie man es gewagt hat. Ihr leichtgläubigen Künstler, zerbrecht, zerreißt und verzerrt die Gestalt dieses Ungeheuers, oder zeigt sie unseren empörten Augen nur inmitten der Furien des Tartarus!

Sade, Redakteur

Die Hauptversammlung der *Section des Piques* stimmt den Ausführungen und der Nachdrücklichkeit dieser Rede bei, verfügt ihre Drucklegung und Zusendung an den Nationalkonvent, an alle Departements, an die Armeen, an siebenundvierzig andere Sektionen und an die Volksgesellschaft.
Beschlossen in der Generalversammlung am 29. September 1793, dem Jahre II der vereinigten und unteilbaren Französischen Republik:

Vincent, Präsident. Girard, Mangin, Paris, Sekretäre

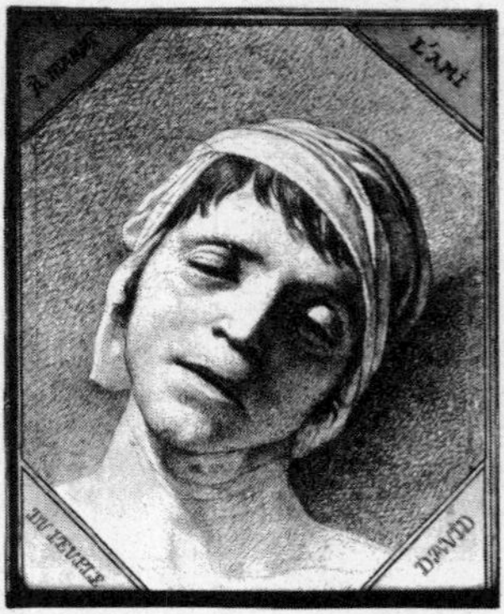

geboren 1744 in Boudry (Kanton Neuchâtel) in der Schweiz als Sohn eines Lehrers. Marat wird zuerst Sprachlehrer; er spricht sieben Sprachen, geht dann zu wissenschaftlichen Studien nach England, Irland und Holland. Marat erwirbt sich ein enzyklopädisches Wissen. Sein Hauptwerk *Vom Menschen, oder die Prinzipien und Gesetze des Einflusses der Seele auf den Körper und des Körpers auf die Seele*, erscheint 1773, ein Jahr später in London die revolutionäre Schrift *Die Ketten der Sklaverei*. Trotz seines Rufes als Gelehrter von europäischem Rang bleibt ihm die Académie française feindlich gesinnt. Voltaire und Lavoisier sprechen in ihrem Namen, wenn sie sich geringschätzig über Marats wissenschaftliche Arbeiten äußern (Weiss läßt sie in diesem Sinne in der Szene *Marats Gesichte* auftreten). Dagegen haben Franklin und Goethe Marat hoch geschätzt. Seit 1789 gibt Marat in Paris die Zeitungen *Publiciste Parisien*, dann den *Ami du Peuple* und ab Ende 1792 das *Journal de la République française* heraus. Er wird zum Wortführer des Vierten Standes, der Sansculotten, der Besitzlosen in Stadt und Land. Mehrmals wird er von den gemäßigten Reformisten als Anarchist angeklagt und in die Illegalität getrieben: man nimmt an, daß seine Hautkrankheit entstand, als er sich wochenlang in einer Kloake verbergen mußte. 1792 wird er in einem Prozeß vom Verdacht der Aufwiegelei freigesprochen, durch einen Triumphzug geehrt und in den Konvent gewählt. Als Präsident des Jakobinerklubs trägt er gemeinsam mit Robespierre (der allerdings vor den Angriffen Marats auf die »Heiligkeit des Eigentums« zurückschreckte) Anfang 1793 wesentlich bei zur Zerschlagung der Girondisten. Trotzdem gehörte Marat nicht zur äußersten Linken, die ihren Kulminationspunkt in den »Enragés« fand, zu denen der ehemalige Mönch Jacques Roux (1752–1794) zählte. Besonders durch seine Zeitung *Ami du Peuple*, in der er die Interessen der Besitzlosen vertrat und vor den Machenschaften des Hofes, des Adels und der Großbourgeoisie warnte, zieht Marat deren Haß auf sich. Sie bezeichnen ihn als »blutiges Ungeheuer«. Keiner der Politiker der französischen Revolution ist derart verhaßt gewesen. Infolge seiner stark juckenden Hautkrankheit war er gezwungen, den größten Teil des Tages in einer Badewanne zu verbringen. Dort wird er am 13. Juli 1793 von Charlotte Corday ermordet. Unter großer Anteilnahme der Bevölkerung wird er im *Panthéon* zur Ruhe gebettet. 1797 treibt der nach dem Sturz Robespierres losgelassene konterrevolutionäre Pöbel Leichenschändung an seinen sterblichen Überresten.

ÜBER MARAT

Lamartine über Marat: Ein vom Wahnsinn inspirierter, wahrer Prophet der Demagogie, dem das Genie nicht weniger verhaßt war als die Aristokratie. Er rächte sich an allem, was groß war; er liebte die Revolution, weil sie alles bis auf seinen Bereich erniedrigte. Marat war die Wut der Revolution. Er umgab sich mit Fanatismus und schien allen Haß absorbiert zu haben, der in einer sich zersetzenden Gesellschaft gärt. Sein System war die Utopie des Umsturzes, von oben durch das Licht der Philanthropie bestrahlt, von unten hell durch den sozialen Brand. – Sein Äußeres war wie seine Seele: Er war klein, mager und knochig, sein Feuer schien von einem inneren Feuer in Brand gesteckt. Seine Haut war mit Gallen- und Blutflecken gezeichnet. Seine Augen, hervorstechend und voll Frechheit, litten doch am Glanz des hellen Tages. Sein Mund war breit gespalten, wie um Schimpf zu schleudern, und hohnvoll gekniffen. Er kannte die schlechte Meinung, die man von ihm hatte, und trotzte ihr. Er trug den Kopf hoch und herausfordernd nach links gedreht. Sein Anzug war fast affektiert vulgär und schmutzig.

Die Brüder Goncourt über Marat: Ein Tropf, dessen beschränktes Hirn nicht zu fassen vermag, daß ein Volk es höchstens drei Tage duldet, sich massakrieren zu lassen, daß es aber wohl möglich ist, ein Volk im Laufe von zwei Jahren mit den Messern einer Guillotine und den Schlächtern eines Tribunals zu dezimieren. Ein Impotenter, der sich erregt, die Besinnung verliert, und der blind sich immer nur um seine eigene, lächerliche

Lust dreht. Ein Hund von Herostrat, der stets nur gegen diejenigen bellt, die den wahren Ruhm der Revolution ausmachen. Dieser Mensch, dieses Nichts, dieser Irgendwer der Revolution. Dieser Mann, dessen feiges Denken den Krieg vermeiden wollte, und der zu zittern begann, wenn er nur daran dachte, daß eine Kanone seine Republik vernichten könnte! Dieser Possenreißer, dem, während der Konvent beschließt, daß Frankreich eine Zukunft beschert sein soll – Frankreich, um dessen Mantel bereits die Welt zu würfeln beginnt – dieser Possenreißer, dem, während sich vierzehn Nationen an unseren Grenzen versammeln, zur Verteidigung gegen ganz Europa nichts anderes einfällt als sein ganzes Bataillon von Leuten, bewaffnet mit Büchsen einer bestimmten Form und Knüppeln einer bestimmten Sorte.

Friedrich Engels über Marat: Als ich später Bougeards Buch über Marat las, fand ich, daß wir in mehr als einer Beziehung nur das große Vorbild des echten (nicht nur des von den Royalisten gefälschten) ›Ami du Peuple‹ unbewußt nachgeahmt hatten und daß der ganze Wutschrei und die ganze Geschichtsfälschung, kraft derer man fast ein Jahrhundert hindurch nur einen gänzlich entstellten Marat gekannt, nur diese Ursache haben: daß Marat den Augenblicksgötzen Lafayette, Bailly und anderen unbarmherzig den Schleier abzog und sie als schon fertige Verräter an der Revolution enthüllte; und daß er, wie wir, die Revolution nicht für abgeschlossen, sondern in Permanenz erklärt wissen wollte.

MARATS TOD

Im Ami du Peuple, *der Zeitung der äußersten Linken, deren Chefredakteur Marat war, schildert ein Angestellter Marats, Laurent Bas, der gerade die Nummern des* Ami du Peuple *falzte, als das Attentat geschah, die Ermordung Marats. Laurent Bas spricht von sich selbst in der dritten Person:*

Am Samstag, den 13. Juli 1793, im zweiten Jahr der einen und unteilbaren Republik, stieg um halb acht Uhr abends eine weibliche Person im getüpfelten Hauskleid, mit einem hohen Hut mit schwarzer Kokarde und drei schwarzen Bändern und mit einem Fächer aus einem Mietwagen und verlangte, mit dem Bürger Marat zu sprechen; die Pförtnerin antwortete, er sei im Augenblick nicht zu sprechen, die Person aber erwiderte, sie komme an diesem Tag schon zum dritten Mal, und es sei unangenehm und abscheulich, nicht vorgelassen zu werden. Sie fragte, ob ihm der Brief, den sie am Morgen geschrieben habe, durch die Stadtpost zugestellt worden sei; die Bürgerin Marat, die Schwester Marats, antwortete, wenn der Brief

geschrieben worden sei, so habe der Bürger, ihr Bruder, ihn wahrscheinlich auch erhalten; die Schwester fragte ihren Bruder, ob sie die Person eintreten lassen solle, und der Bürger Marat antwortete mit Ja.
Er saß im Bad und las und schrieb. Nachdem die Person hereingekommen war, setzte sie sich in dem kleinen Raum, der nur für zwei Personen Platz hatte, auf einen Stuhl neben der Badewanne und schloß die Tür. Im Nebenzimmer befand sich niemand, auch nicht im Raum neben dem Vorzimmer, in dem der Bürger Bas mit drei Bürgerinnen, die auch falzten, gearbeitet hatte. Sieben bis acht Minuten nach dem Eintritt der Person in das Badezimmer hörten der Bürger Bas und die drei Bürgerinnen den Bürger Marat mit matter Stimme rufen: »Zu Hilfe, liebe Freundin, zu Hilfe!« (Er rief seine Schwester.) Der Bürger Bas und die drei Bürgerinnen erhoben sich; die Türen der beiden dazwischenliegenden Zimmer standen offen; die Person befand sich in dem Zimmer neben dem Bad; der Bürger Bas kam mit Blut besudelt aus dem Badezimmer zurück. Die drei Bürgerinnen liefen hinaus und riefen nach der Wache.
Die Bürgerin Marat eilte zu ihrem Bruder und drückte ihm die Hand auf die Wunde, aber der Unglückliche atmete schon nicht mehr; ein großes neues Messer lag auf dem Brett über der Badewanne, es war die Waffe, mit der die Mörderin die Nation eines ihrer Repräsentanten beraubt hat.

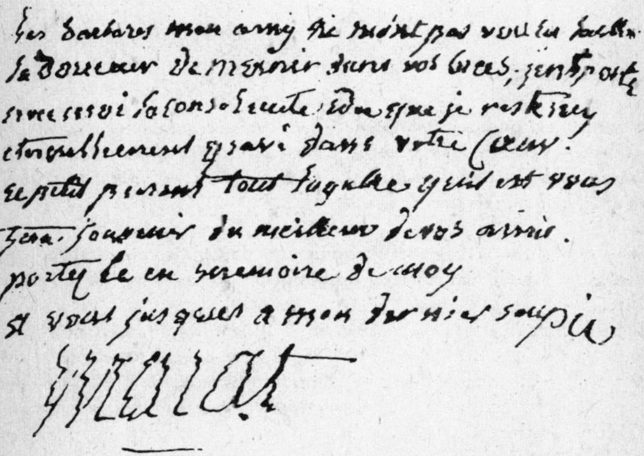
Les barbares mon amy ne m'ont pas voulu laisser
la douceur de mourir dans vos bras, j'emporte
[illegible] la consolante idée que je resteray
eternellement gravé dans votre cœur!
ce petit present [illegible] qui est vous
sera souvenir du meilleur de vos amis.
portez le en memoire de moy
a vous jusques a mon dernier soupir
Marat

Als der Bürger Bas die Mörderin kommen sah, packte er einen Stuhl, um sie aufzuhalten. Die Unholdin gelangte mit größter Anstrengung ins Vorzimmer. Bas versetzte ihr mit dem Stuhl einen Schlag, der sie zu Boden streckte. Die Mörderin erhob sich aber sogleich wieder. Sie schaute mit einem nicht mißzuverstehenden Blick nach dem Fenster des Vorzimmers, das auf den Hof ging. Bas, der seinen eigenen Kräften nicht traute, packte das Ungeheuer bei der Brust, warf es nieder und schlug es. Als Bas die Mörderin gerade auf den Boden drückte, sah er einen unbekannten Bürger in das Vorzimmer kommen, von dem er später erfahren hat, daß es der Hauptmieter des Hauses war, und darauf auch den Bürger Cuisinier, Cafébesitzer an der Place du Pont Saint-Michel, der in der Sektion des Théâtre-Français, des sogenannten Marseiller Theaters, Rue des Cordeliers, Wache hatte. Bas schrie: »Hierher, Bürger Cuisinier! Zu Hilfe!«
Der Bürger Cuisinier und die anderen Bürger desselben Postens, die nacheinander ankamen, haben sich daraufhin der Mörderin bemächtigt. Der Bürger Hébert, Vertreter des Gemeindeprokurators, kam dazu und nacheinander mehrere andere Bürger mit verschiedenen Orden, die Bas für Kommissare der Sektion des Théâtre-Français und der Stadtverwaltung hält, und noch andere Bürger, von denen man dem Bürger Bas sagte, sie seien Mitglieder des Nationalkonvents.
Das Protokoll mit der Beschreibung der Örtlichkeiten (...) wurde aufgesetzt und die Mörderin gegen Mitternacht zum Prison de l'Abbaye gebracht.

DIE TRAUERFEIER

In manchen Provinzen wurde der Tod des »Freundes des Volkes« als nationaler Trauerfall angesehen. Über eine Trauerfeier für Marat in Bourg-Régénéré (Bourg-en-Bresse) ließ die Gesellschaft der Sansculotten ein Protokoll aufnehmen:

Ein Kanonenschuß, der beim Anbruch der Morgendämmerung abgegeben wurde, brachte die Sansculotten auf die Beine. Jeder begab sich auf seinen Posten.
Hundert Mädchen mit Eichenkränzen auf dem Kopf scharten sich um einen Wagen, auf dem fünf ehrwürdige Greise saßen, umschlungen und gestützt von fünfzehn Jungfrauen, die sich bemühten, sie mit ihrem reinen Atem zu erwärmen, und die beauftragt waren, während des ganzen Festes für sie zu sorgen.
Ein Bataillon der jungen Zöglinge des Vaterlandes, die während der Nacht überhaupt nicht geschlafen hatten, vor Angst, nicht früh genug aufzuwachen, eröffnete den Zug.

Die Mütter der patriotischen Familien, die Behörden, die Mitglieder der Gesellschaft der Sansculotten, alle waren verwirrt und schritten dennoch in einer Ordnung, wie die Natur sie weist. Die einen trugen die Büste unseres Freundes Marat, die anderen alle Embleme der Freiheit, welche die Gesellschaft zusammenbringen konnte.

Auf der Place Jemmapes verlas der Bürger Präsident eine Rede zum Gedächtnis Marats. Die Frauen und Mädchen schließlich stellten sich um die Grabpyramide Marats und hängten ihre Eichenkränze an die Spitzen des Gitters, welches das Grab umgibt.

[. . .] Der Zug begab sich darauf zur Kirche. Dort waren die Tische gedeckt, wohin jeder Patriot sein Mittagessen mitgebracht und wo die Armen wie die vornehmsten Gäste Platz nahmen.

Und dort, was für brüderliche Herzensergüsse! Dort gab der Präsident der Gesellschaft im Namen aller einem Abgeordneten der benachbarten Gesellschaften, einem Greis, einem jungen Mädchen und einem Verteidiger des Vaterlands den Sansculottenkuß.

Der Bürgermeister schlug vor, auf das Gedächtnis Marats zu trinken und brachte den Trinkspruch aus:

Habt acht!
Bereitet die Urnen,
Schenkt ein, und füllt die Urnen,
Stellt die Urnen auf in einer Reihe,
Laßt den Weihrauch aufsteigen zum Gedächtnis Marats,
Ergreift die Urnen,
Hebt sie zum Himmelszelt,
Drückt sie ans Herz,
Tretet zum Grab,
Vergießet Tränen,
Laßt das Weinen,
Stellt euch auf!

Stellt die Urnen auf den Katafalk, mit Einigkeit und Unteilbarkeit, zu drei gleichen Malen.

Sammelt euch, Sansculotten, und fallt ein in den dreimaligen Ruf: Marat ist glücklich! . . . Marat, unser Freund, starb für das Vaterland!

Das Mahl verlief diszipliniert, freudig und ohne Trunkenheit. Dreitausend Bürger, aus der Stadt wie vom Lande, verschönten das Fest.

Beim ersten Zeichen wurden die Tische weggeräumt, und Musik und Tanz folgten auf den Umzug und das Fest.

Aufgesetzt zu Bourg-Régénéré, Departementshauptstadt von Ain, am 20. Brumaire des Jahres II der einen und unteilbaren demokratischen Republik.

MARIE-ANNE-CHARLOTTE CORDAY D'ARMANS

geboren am 27. 8. 1768 in Caen, Tochter einer adligen Familie aus der Normandie, eine Urenkelin des Dramatikers Corneille. Sehr belesen und politisch interessiert, nahm sie bald lebhaften Anteil am politischen Tagesgeschehen. Als girondistische Abgeordnete, die ein attisches, d. h. gemäßigtes Republikanertum vertraten, vor dem Radikalismus der von Marat geführten Jakobiner nach Caen flüchteten und hier den Widerstand organisierten, glaubte Charlotte, in jenem Mann den Verderber Frankreichs zu sehen. Es ist nicht völlig geklärt, wieweit Charlotte Corday in direktem Auftrag der Girondisten handelte. Zahlreiche Tatsachen weisen jedoch auf ihre engen Verbindungen zu den girondistischen Abgeordneten Barbaroux, Louvet, Pétion und Duperret hin. Charlotte Corday reiste nach Paris, kaufte ein Küchenmesser und versuchte, nachdem sie noch eine emphatische *Adresse an die Franzosen, die Freunde der Gesetze und des Friedens* verfaßt hatte (12. Juli 1793), zu Marat vorzudringen. Aber erst beim drittenmal, nachdem sie ihn glauben zu machen verstand, sie wolle ihm einige der Verschwörer in der Normandie denunzieren, wurde sie eingelassen (13. Juli).

Charlotte führte den Todesstoß mit solcher Wucht, daß die Lunge, die Aorta und das Herz zugleich getroffen wurden,

riß das Messer mit gleicher Kraft aus der Wunde und ließ es fallen. Von einem herbeistürzenden Redakteur des *Ami du Peuple* mit einem Stuhl niedergeschlagen, ließ sie sich widerstandslos festnehmen.
Am 17. Juli 1793 bestieg Charlotte Corday das Schafott. Ihre natürliche Anmut und Würde beeindruckten das Volk derartig, daß es dem Henker zürnte, als er den Kopf der Hingerichteten ohrfeigte. Desmoulins nannte sie enthusiastisch »die Judith der Revolution«. Die Corday wird zu einer mythischen Person, die zwar den Gang der Geschichte nicht änderte, jedoch als Märtyrerin der Konterrevolution einen besonderen Glorienschein erhielt. Diese stellte sie schon sehr bald neben Brutus: der Mainzer Abgeordnete Adam Lux, der damals gerade in Paris weilte, geriet über die Mordtat geradezu in religiöse Verzückung, schrieb, Charlotte verdiene einen Platz neben Brutus, und sprang, zum Tode verurteilt, begierig aufs Schafott, trunken von Begeisterung, für seine Heilige sterben zu dürfen. In der Geschichtsschreibung wurde sie immer mehr zu einer Heiligen der Konterrevolution und Märtyrerin. So wurde sie auch von der deutschen Klassik gewertet: Wieland vergleicht sie mit Brutus, Klopstock spricht von der »Arria Cordai«, voller Bewunderung für den Mut der Corday ist auch Jean Paul.

CHARLOTTE CORDAY
ADRESSE AN DIE FRANZOSEN, DIE FREUNDE DER GESETZE UND DES FRIEDENS

Wie lange noch, o unglückliche Franzosen, wollt ihr in Wirrwar und Spaltungen fortfahren! Genug und übergenug haben Aufrührer und Bösewichter das Interesse ihrer Ehrsucht an die Stelle des allgemeinen Interesses gesetzt; warum, o Unselige, Opfer ihres Wütens, warum euch selbst umbringen, euch vernichten, um den Bau ihrer Tyrannei auf den Ruinen des verödeten Frankreichs zu errichten! Machenschaften und Parteiungen brechen überall aus; der Berg triumphiert durch Verbrechen und Gewalttat; ein paar Ungeheuer, die sich an eurem Blut vollgetrunken haben, leiten seine abscheulichen Komplotte und führen uns auf tausend verschiedenen Wegen zum Abgrund. Wir arbeiten an unserm eigenen Untergang mit größerer Energie, als man je an die Eroberung der Freiheit gesetzt hat! O Franzosen, kurze Zeit nur noch, und es wird nichts von euch übrigbleiben als die Erinnerung an euer Dasein!

Franzosen! Ihr kennt eure Feinde, erhebt euch! Vorwärts marsch! Der Berg werde vernichtet, auf daß es nur noch Brüder und Freunde gebe! Ich weiß nicht, ob der Himmel uns eine republikanische Regierung bescheren will, aber nur im Übermaß seiner Rache kann er uns einen vom Berge zum Herrn geben.

O Frankreich, deine Ruhe hängt davon ab, daß das Gesetz befolgt wird; ich taste es durchaus nicht an, wenn ich Marat töte, der vom Universum verurteilt ist; er steht außerhalb des Gesetzes. Welches Tribunal wird mich verurteilen? Wenn ich schuldig bin, war es denn also auch Alcides, als er die Ungeheuer umbrachte; stieß er aber auf so abscheuliche? O Freunde der Menschheit, ihr werdet eine wilde Bestie nicht bedauern, die sich an eurem Blut gemästet hat, und ihr traurigen Aristokraten, die die Revolution gar nicht geschont hat, werdet ihn auch nicht bedauern, ihr habt nichts mit ihm gemein.

O mein Vaterland! Dein Unglück zerreißt mir das Herz, ich kann dir nichts bieten als mein Leben, und ich danke dem Himmel, daß ich die Freiheit habe, darüber zu verfügen; niemand wird durch meinen Tod verlieren, ich werde Pâris* nicht nachahmen, werde mich nicht töten, ich will, daß mein letzter Hauch meinen Mitbürgern nützlich sei, daß mein Haupt, wenn es in Paris herumgetragen wird, ein Signal für alle Gesetzesfreunde sei und daß der wankende Berg seinen Untergang in der Schrift meines Blutes lese, daß ich ihr letztes Opfer sei und daß das gerächte Universum erkläre, ich habe mich um die Menschheit verdient gemacht. Im übrigen, wenn man mein Verhalten mit andern Augen betrachten sollte – ich kümmere mich nicht viel darum.

»Laß diese große Tat der schreckensstarren Welt
Ein Grauen sein, dem sich Bewunderung gesellt.
Mein Geist, der nicht erwägt, ob Nachruhm ihm gebührt,
Bleibt gegenüber Preis wie Vorwurf ungerührt.
Zufrieden, Bürger stets und immer frei zu sein,
Kenn' ich nur meine Pflicht, das übrige ist Schein.
Geht, denkt nur noch, wie ihr der Sklaverei entflieht!«**

Meine Verwandten und Freunde soll man nicht belästigen, niemand hat meine Pläne gekannt. Ich füge dieser Adresse meinen Taufschein bei, um zu zeigen, was die schwächste Hand vermag, wenn sie von ganzer Hingebung gelenkt wird. Wenn mir mein Unternehmen nicht gelingt, Franzosen, so habe ich euch den Weg gezeigt; ihr kennt eure Feinde, erhebt euch, vorwärts marsch, und schlagt den Feind!

* *Pâris war der Mann, der Le Pelletier de St-Fargeau am 20. Januar mit seinem Säbel erstach. Ein paar Tage darauf sollte er verhaftet werden und erschoß sich selbst.*

** *Verse aus Voltaires »Tod Cäsars«.*

CHARLOTTE CORDAY AN HERRN VON CORDAY D'ARMANS

An Herrn von Corday d'Armans,

Rue de Bègle, in Argenton

Verzeihen Sie mir, mein lieber Papa, daß ich ohne Ihre Erlaubnis über mein Dasein verfügt habe. Ich habe viele unschuldige Opfer gerächt, habe vielen andern unglücklichen Ereignissen vorgebeugt, wenn sich dem Volk erst die Augen öffnen, wird es froh sein, von einem Tyrannen befreit zu sein. Wenn ich Ihnen einzureden suchte, ich führe nach England, so geschah es, weil ich hoffte, das Inkognito zu wahren, aber ich habe die Unmöglichkeit erkennen müssen. Ich hoffe, daß man Sie nicht quälen wird, auf jeden Fall glaube ich, daß Sie in Caen Verteidiger finden werden, ich habe Gustave Douclet zum Verteidiger genommen, ein solches Attentat läßt keine Verteidigung zu, es ist wegen der Form, leben Sie wohl, mein lieber Papa, ich bitte Sie, mich zu vergessen oder vielmehr, über mein Los froh zu sein, sein Grund ist ein schöner. Ich umarme meine Schwester, die ich von ganzem Herzen liebe, ebenso all meine Verwandten, vergessen Sie nicht den Vers von Corneille

In Schande bringt das Verbrechen, doch nicht das Blutgerüst. Morgen um acht Uhr richtet man mich

16. Juli

Corday

CHARENTON UND COULMIER

»Man sagt in der Regel blos: Charenton, wenn man diese Anstalt bezeichnen will; doch eigentlich ist Charenton ein Flecken an der Marne, zwei Stunden von Paris entfernt, und das Irrenhaus heißt: Hospice de St. Maurice.
Bei der schönen Lage und den besten Mitteln könnte Charenton in seinem Ensemble das erste der Pariser Irren-Hospitäler seyn, was es aber nicht ist. Es ist bekannt, daß hier beide Geschlechter eine Zuflucht finden, daß aber jeder Platz bezahlt wird, und Freistellen nur insofern Statt haben, als die Regierung deren Kosten bestreitet. Die Rasenden Irren bewohnen dieselben Zellen, die wir bereits bei den anderen Pariser Anstalten kennen lernten, nur daß in Charenton die Unreinlichkeit aufs höchste getrieben ist. Der Gestank ist zuweilen hier unerträglich, und man ist berechtigt, zu glauben, daß in den Theilen der Anstalt, wo Aufwartung und Sorge für die Reinlichkeit am nöthigsten, diese am nachlässigsten geübt sind ...

An einer guten Badeeinrichtung fehlt es auch hier nicht und von warmen Bädern macht man eben so häufigen Gebrauch als in der Salpetrière.
Die Aufnahmen in dieser Anstalt hängen vom Ministerio unmittelbar ab, das auf den Wunsch des Polizeipräfekten von Paris den Patienten hierher sendet. Noch vor wenigen Jahren war Charenton ein verborgener Schlupfwinkel für den moralischen Auswurf der bürgerlichen Gesellschaft; man steckte hier hinein die »mauvais sujets, (im schlechtesten Sinne des Wortes), Menschen, die Laster geübt hatten, deren Offenbarung sich nicht für das öffentliche Gerichtsverfahren schickte«, andere, die man wegen grober politischer Vergehen, vielleicht gar dem Tode entziehen wollte, wieder andere, die sich als schlechte Werkzeuge hoher Cabalen hatten gebrauchen lassen. Von allen diesen Subjekten ist Charenton jetzt ganz gereinigt. Auch die berüchtigten Commödien sind längst ganz und gar abgeschafft.«
Aus: Johann Ludwig Caspar, *Charakteristiken der französischen Medizin, mit vergleichenden Hinweisen auf die englische*, 1822.

Abbé Coulmier, ursprünglich ein Prämonstratensermönch, dann Abgeordneter für zwei der Nationalversammlungen, war in der Zeit, als sich de Sade in Charenton befand, Direktor der Anstalt. Er stand Sades Theaterspielen wohlwollend gegenüber. Er hatte den Gedanken, Theaterspielen und vor allem Tanz als Heilmittel bei Geisteskranken zu benutzen. Er richtete einen Theatersaal ein, mit Direktorloge und Seitengerüsten, auf denen die harmlosen Kranken zuschauen durften. In den Saal wurden auch Gäste aus der Stadt zugelassen. Nach einer Liste, die sich erhalten hat, lud Sade einmal über neunzig Gäste ein. Für die Tänze engagierte man Pariser Tänzerinnen.
1808 beklagt sich der Chefarzt der Anstalt, der berühmte Irrenarzt Royer-Collard, beim Polizeiminister über die Aufführungen de Sades, aber auch über seine Anwesenheit in Charenton.
Auf Grund dieser Eingabe verfügte der Minister die Überführung Sades nach der Festung Ham. Aber Coulmier griff

ein, weil die Familie Sade noch 5470 Franken für Pension, Holz und Licht schuldig war. (Die Familie de Sades bezahlte jährlich 3000 Franken für die Pension, Bewachung eingerechnet.) Coulmier gab an, alle Neubauten müßten unbezahlt bleiben und die Handwerker um ihr Geld kommen. Er läßt geradezu durchblicken, daß er im Vertrauen auf die Einnahmen, zu denen ihm Sade half, Kredit genommen hat. Der Minister hatte ein Einsehen und ließ Sade in Charenton. Das Theaterspielen dauerte bis 1813 und wurde dann auf Beschluß des Ministers verboten. Coulmier wird von Peter Weiss als begeisterter Napoleonverehrer gezeichnet, was dem historischen Coulmier gerecht werden dürfte: kurz nach dem Thronverzicht Napoleons (11. 4. 1814) wurde Coulmier als Direktor der Anstalt abberufen (31. 5. 1814).

Paris, den 2. August 1808.

Der Chefarzt des Hospizes zu Charenton
an Seine Excellenz den Senator und Polizeiminister

Gnädiger Herr,

Ich habe die Ehre, an die Autorität Eurer Excellenz zu appellieren, in einer Angelegenheit, die ebenso meine amtliche Thätigkeit angeht, wie die gute Ordnung in dem Hause, dessen ärztlicher Dienst mir anvertraut ist.
In Charenton befindet sich ein Mann, den seine kühne Immoralität unglücklicherweise zu berühmt gemacht hat, und dessen Anwesenheit die schwersten Unzuträglichkeiten nach sich zieht. Ich spreche von dem Autor des schändlichen Romans »Justine«. Dieser Mann ist nicht geisteskrank. Sein einziges Delirium ist das des Lasters, und dieses kann nicht in einer Irrenanstalt beseitigt werden. Er muss der strengsten Isolierung unterworfen werden, um andere vor seinen Ausbrüchen zu schützen und um ihn selbst von allen Gegenständen zu trennen, die seine hässliche Leidenschaft nähren könnten. Nun erfüllt das Haus Charenton keine dieser Bedingungen. Herr de Sade geniesst hier eine zu grosse Freiheit. Er kann mit einer großen Zahl von Kranken und Rekonvalescenten beiderlei Geschlechts verkehren, sie bei sich empfangen oder sie in ihren Zimmern besuchen. Er hat die Erlaubnis, im Park spazieren zu gehen und trifft dort ebenfalls oft Kranke. Er predigt einigen seine schreckliche Lehre und leiht ihnen Bücher. Endlich geht das Gerücht im Hause, dass er mit einer Frau zusammen lebt, die für seine Tochter gilt.

Das ist noch nicht alles. Man ist so unvorsichtig gewesen, in der Anstalt ein Theater einzurichten, um die Irren Komödie spielen zu lassen, und hat nicht die unheilvolle Wirkung einer solchen tumultuösen Veranstaltung auf die Phantasie bedacht. Herr de Sade ist der Direktor dieses Theaters. Er giebt die Stücke an, verteilt die Rollen und leitet die Proben! Er unterrichtet die Schauspieler und Schauspielerinnen in der Deklamation und bildet sie in der großen Bühnenkunst aus. Am Tage der öffentlichen Vorstellungen verfügt er stets über eine gewisse Zahl von Eintrittsbillets und macht inmitten seiner Gehilfen die Honneurs im Saale.
Zugleich ist er der Gelegenheitsdichter. Beim Feste des Direktors zum Beispiel, verfasst er entweder ein allegorisches Stück zu dessen Ehren oder wenigstens einige Couplets zu seinem Lobe.
Ich brauche Eure Excellenz das Skandalöse eines derartigen Vorkommnisses nicht näher zu begründen, sowie die Gefahren aller Art, welche sich daraus ergeben. Wenn die Öffentlichkeit diese Dinge erführe, welche Ansichten würde man über eine Anstalt bekommen, in welcher so seltsame Missbräuche geduldet werden? Wie verträgt sich eine sittliche Behandlung der Geisteskranken mit demselben? Werden die Kranken, welche tagtäglich mit diesem schrecklichen Manne in Berührung kommen, nicht unaufhörlich durch seine Verderbtheit infiziert, und genügt die blosse Idee seiner Gegenwart in diesem Hause nicht, um die Phantasie selbst derjenigen aufzuregen, die ihn nicht sehen?
Ich hoffe, dass Eure Excellenz diese Gründe gewichtig genug finden wird, um einen anderen Internierungsort als Charenton für Herrn de Sade anzuordnen. Ein Verbot, dass er nicht mehr mit den Irren verkehren soll, würde nichts fruchten und nur vorübergehend Besserung herbeiführen. Ich verlange nicht, daß man ihn nach Bicêtre zurückschicke, wo er früher war, aber ich kann nicht umhin, Eurer Excellenz vorzustellen, daß eine »maison de santé« oder ein festes Schloss für ihn besser passen würde als eine Anstalt, in der zahlreiche Kranke behandelt werden, und wo eine beständige Überwachung und die hingebendste moralische Aufsicht nötig ist.

Royer-Collard, D. M.

II. Über die verschiedenen Fassungen des Stückes

VERGLEICH DER FÜNF FASSUNGEN DES STÜCKES

Die fünf Fassungen des Stückes bezeichnen fünf Entwicklungsstufen eines Dramentextes, der sich in den verschiedenen Fassungen nicht so sehr in den Sprechtexten der Personen unterscheidet als vielmehr in seiner dramaturgischen Gliederung und in der Beschreibung der optisch-akustischen Umsetzung des Textes im Hinblick auf die Realisierung auf der Bühne. Bis auf einige mehr oder weniger bedeutende Änderungen ist der Sprechtext des Dramas in allen fünf Fassungen der gleiche. Getreu seinem Prinzip einer Szenenmontage, basierend auf der Voraussetzung, daß in der Heilanstalt Charenton durch die Patienten als Darsteller des Stückes alles möglich erscheint, jede Unterbrechung, jeder Umschlag des »Spiels« auf der Bühne des Badesaals in »Realität«, verfolgen die fünf Fassungen des Stückes nur das eine Ziel, die in der klassischen Einheit der Zeit ablaufenden Vorgänge zu organisieren. Diese Organisation durfte einerseits einer festen szenischen Klammer nicht entbehren, mußte andererseits aber den »Schein« von Zufälligkeit, von Spontaneität bewahren. Die Montage der einzelnen Teile zu der Collage des Stückes als eines Gesamttableaus verfolgen die fünf Fassungen. Diese fünf Fassungen werden im folgenden mit den Buchstaben A bis E bezeichnet:

A – 1. Fassung, erschienen als hektografiertes Textbuch im *Theaterverlag Suhrkamp*, April 1963, 142 S.
B – 2. Fassung, erschienen als hektografiertes Textbuch im *Theaterverlag Suhrkamp*, Juni 1965, 195 S.
C – 3. Fassung, erschienen als Band 68 der *edition suhrkamp*, Frankfurt am Main, 1.–12. Ts., 12. 3. 1964, 139 S.
D – 4. Fassung, erschienen als Band 68 der *edition suhrkamp*, Frankfurt am Main, 33.–52. Ts., 1. 5. 1964, 140 S.
E – 5. Fassung, erschienen als Band 68 der *edition suhrkamp*, Frankfurt am Main, Fünfte, durchgesehene Auflage, 53.–72. Ts., 1965, 143 S.

Grob betrachtet, sind die fünf Fassungen folgendermaßen zu beschreiben:
Fassung A ist der erste, vollgültige Text des Dramas. Sie enthält relativ wenig Szenenanweisungen, jedoch fast den vollständigen Sprechtext. (Eine Urfassung des Stückes, als Hörspiel konzipiert, ist leider verlorengegangen: im Hörspiel fehlte noch die Figur des de Sade; im Mittelpunkt steht die Figur des Marat, der aus der Wanne und nur aus seiner Sicht die französische Revolution beschwört. Das Hörspiel ist eine Vision der Revolution – so, wie sie sich im Kopf des fiebernden Marat abspielt.)
Fassung B versucht das Bühnengeschehen nach den Vorstellungen des Autors zu beschreiben. Sie ist um 50 Seiten länger als die Fassung A, hauptsächlich aufgrund der detaillierten Szenenanweisungen. Sie stellt bereits eine ausgearbeitete Regiekonzeption dar.
Die Fassung C basiert vor allem auf den Erfahrungen des Autors mit der Berliner Uraufführungsinszenierung Konrad Swinarskis. Sie enthält vor allem dramaturgische Änderungen, Umstellungen von Textpassagen, neue und detaillierte Bühnenanweisungen vor allem in der Eröffnungsszene Nr. 1, in der Szene der Nationalversammlung Nr. 27 und im Epilog Nr. 33.
Die Fassung D enthält eine Reihe Änderungen im Text. Sie unterscheidet sich am wenigsten von der vorangegangenen Fassung und der letzten.
Die Fassung E löst das Stück wieder von der Inszenierung der Berliner Uraufführung, bringt vor allem den aus der 1. Fassung veränderten Epilog hinzu, den bereits Peter Brook für seine Londoner Inszenierung, später auch Hans Anselm Perten für die Rostocker verwendet hatten, verzichtet auf die Details der Berliner Inszenierung.
In diesem Vergleich wird es also nicht so sehr darum gehen, inwieweit sich der Sprechtext des Stückes in den verschiedenen Fassungen verändert und weiterentwickelt hat (im Grunde ist er, bis auf wenige Ausnahmen, immer der gleiche geblieben), vielmehr ist die Entwicklung zu verfolgen, die das Stück von den ersten Vorstellungen des Autors bis zu seiner endgültigen Fassung genommen hat.

DIE SZENISCHE GLIEDERUNG DES TEXTES

Die Fassung A teilt das Stück ein in Prolog, Erster Akt und Zweiter Akt. Innerhalb der Akte selbst gibt es keine weitere Unterteilung.

In der Fassung B wird das Stück zu einem »Drama in drei Akten«. Der erste Akt endet nach der Auspeitschung de Sades und dem sich daran anschließenden Lied *Armer Marat verfolgt und verschrien* (E, S. 74/75), der zweite Akt endet wie in den anderen Fassungen. Innerhalb der Akte werden in B bereits Szeneneinteilungen vorgenommen, die von 1 bis 25 durchnumeriert sind. Diese Einteilung entspricht grob und bis auf gewisse Verschiebungen der späteren Szeneneinteilung des Stückes in 33 Szenen. (Die Zahl 33 und ihre Dreiteilung kehrt in den Stücken von Peter Weiss immer wieder: *Die Ermittlung* besteht aus 11 Gesängen mit je 3 Abteilungen, insgesamt also 33 Szenen. Der *Viet Nam-Diskurs* besteht aus 33 einzelnen Diskursen. Der *Gesang vom lusitanischen Popanz* besteht aus 11 Abteilungen. Dantes *Divina Commedia* besteht aus einmal 34 und zweimal 33 Gesängen, insgesamt aus 110 Gesängen. Es ist bekannt, daß Weiss nach dem Vorbild der *Commedia* Dantes eine moderne *Commedia* zu schreiben beabsichtigte (Vgl. dazu Peter Weiss, *Gespräch über Dante,* in: *Sinn und Form, 6/65*, S. 822).

Die Fassung C teilt das Stück endgültig in zwei Akte, diese wiederum in 33 Szenen ein. In dieser Fassung erhalten die Szenen Titel. Die Fassungen D und E behalten die szenische Gliederung und deren Bezeichnungen bei.

TEXTVARIATIONEN ZWISCHEN FASSUNG A UND E

Es ist im Rahmen dieser Übersicht kaum möglich, sämtliche Textvarianten der 5 Fassungen im einzelnen wiederzugeben. Die Veränderungen, Ergänzungen, Striche und Verschiebungen einzelner Textstellen sind zu zahlreich. Verzichtet werden muß auch auf die Darstellung der Aufteilung des Textes auf die verschiedenen Personen, die in den verschiedenen Fassungen besonders der Texte der Patienten variiert. Wir geben im folgenden hauptsächlich die Texte wieder, die sich in den unpublizierten Fassungen A und B finden und später während der Probenarbeit aus den verschiedensten Gründen gestrichen wurden. Als Vergleich dient jeweils die Fassung E. In keinem Fall bezieht sich der Vergleich auf die Bühnenanweisungen.

Präsentation:
In der Fassung A werden nur die Figuren Marat, Simonne Evrard und de Sade vorgestellt. In B kommen Roux und die vier Sänger dazu, in C Duperret. Erst in B wird zwischen den Darstellern und den dargestellten Personen deutlich unterschieden; z. B. wird in B Marat zu einem »jener begünstigten Patienten / mit denen wir in unsrer Hydrotherapie / Erfolge erzielen wie sonst noch nie«. In C erst wird seine Krankheit genannt: Paranoia. Oder: in B wird Corday zu einer Patientin, »die an Schlafsucht leidet und Depression«.

Chor: »Marat seit vier Jahren unverzagt« in Fassung A (E, S. 20)
. . . während sie einander bescheißen
und ins Loch und unters Beil schmeißen
während sie uns auslachen
und sich dabei breitmachen
in Gesundheits- Wohlfahrts- und Sicherheitsausschüssen
von deren Gesundheit Wohlfahrt und Sicherheit wir nichts wissen
während sie Worte schrein die keiner von uns versteht
hinaufzeigend zu dem bereits erwähnten Dekret
(auf dem Bildschirm zeigt sich die Projektion der genannten Urkunde,
der Deklaration der Menschenrechte)
in dem die Rede ist zwischen kunstvoll gestochenen
Säulen Kränzen und Engeln von den versprochenen
Rechten die wir uns längst selbst holten
vor vier Jahren als wir die ganze Bande versohlten . . .

Corday: »Armer Marat in deiner Wanne« in Fassung A (E, S. 24)

Armer Marat in deiner Wanne
entkräftet wie ich erfahren habe
ein Schatten deiner selbst
unfähig aufzustehen und dich zu zeigen
verseucht von Gift
Gift sprühend aus dem Hinterhalt
die Leute vergiftend
aufwiegelnd zu Mord und Plünderung
Marat
ich bin gekommen
ich Charlotte Corday aus Caen
wo jetzt eine Armee zur Befreiung gesammelt wird
Ich komme als erste Marat
um dich aus dem Weg zu räumen

Marat: »Was ist eine Wanne voll Blut« in Fassung A (E, S. 26)

Was ist eine Wanne voll Blut
gegen das Blut das noch fließen wird
Einmal dachten wir daß ein paar hundert Tote genügten
dann sahen wir daß tausende noch zuwenig waren
und heute sind sie nicht mehr zu zählen
dort überall unter Maskierungen und Deckmänteln
die Scheinheiligen die sich unsre Mützen aufsetzen
und unterm Wams haben sie das Panzerhemd mit dem Wappen des Königs
da oben sitzt einer auf dem Dach
und da späht einer aus dem Fenster
im Keller wühlen sie und sie drücken das Ohr an die Wände
und sie verhalten sich still
doch wenn draußen ein Laden geplündert wird
dann schreien sie Lumpengesindel Proletenpack und Kanaillen

Die vier Sänger: »Charlotte Corday kam in unsre Stadt«; zwei zusätzliche Strophen in Fassung A (E, S. 23)

CUCURUCU *von der Laute begleitet*

Paß auf daß es dir deine hübschen Schuh nicht besudelt
was hier bei uns in der Gosse sprudelt
rief ich ihr zu
und ein Posten neben der Fuhre rief im Schritt
Komm rauf du Feine und fahr mit

ROSSIGNOL *von der Flöte begleitet*

Sie aber ging weiter und blieb stumm
und drehte sich auch nicht um
als sie eine Alte hörte sagen
daß früher doch bessere Zeiten waren
Flöte und Harmonium
da konnte man sich noch am Glanz eines Königs laben
und sah anstatt Schinderkarren goldne Karossen fahren

Corday: »Was ist das für eine Stadt« in Fassung A (E, S. 31)

...
Was tragen sie da auf den Spießen
Fleischstücke
schlenkernde Eingeweide
...
Was sind das für Klumpen um die sie sich raufen
Klumpen mit Augen und Mündern
und ein Hund trägt ihnen noch einen Fuß zu
zerbissen mit zersplitterten Knochen
Was ist das für eine Stadt
in der nackte Rümpfe auf den Straßen liegen

Sade: »Und dieser Tod besteht nur in der Einbildung« in Fassung A (E, S. 36)

...
Wie versuchten wir nicht seit jeher ihren Grundsatz zu erfüllen
nach dem der Schwache dem Starken
auf Gnade und Ungnade ausgeliefert ist
Wie versuchten wir es nicht mit Raub Mordbrand und Vergewaltigung
in immerwährender Infamie und Schadenfreude
Wie überwältigten wir nicht die falsche Tugend
mit unsrer gemeinsten Geschicklichkeit
Wie fielen wir nicht in allen Hierarchien über sie her
lösten ihnen die Haut ab und entfernten ihnen mit der Zange die Nägel
trennten ihnen bei lebendigem Leib einzeln die Finger ab
stachen ihnen mit glühenden Drähten die Augen aus
schnitten ihnen mit geschärften Messern Stücke aus Schenkeln und Bauch
spannten sie aufs Rad und legten sie in nägelgespickte Tonnen
um sie schließlich nach unzähligen anderen Experimenten
der letzten Behandlung zu unterziehn

Anstelle des Gebets »Betet betet/betet ihn an« in Fassung E (S. 43) steht in Fassung A:

PATIENT 1 *in Verwirrung rappelnd und stammelnd*
Kommet her zu uns alle kniet nieder in den Gebetstühlen
und dienet ihm dem Einzigen dem Pferdefüßigen und
Beschwänzten kniet nieder in den Gebetmühlen Knetmühlen
und verherrlicht ihn den Gehörnten unsern einzigen Retter
kniet nieder in den Saupfuhlen
Während die übrigen auf der Bühne noch erstarrt stehn, läuft Coulmier auf ihn zu, packt ihn, versucht, ihm den Mund zuzuhalten

CUOLMIER Still still Wärter Wärter
Aus der rückwärtigen Tür und aus dem Zuschauerraum kommen ein paar Pfleger gelaufen, der eine trägt eine Zwangsjacke in der Hand

PATIENT 1 *immer verwirrter werdend und sich auf den Boden werfend, während er von den Pflegern gepackt wird*
Komm Satan komm wir haben dich erkannt wir haben dich ernannt
wir sind in deine Gebetmühle gespannt
wir sind vor der unentjungferten Mutter Gottes gebannt
während er in die Zwangsjacke geworfen wird und man ihn zum Hintergrund schleppt
Nein nein sein Schwein mein nein mein mein Schwein
Seine Stimme wird von einem Knebel erstickt und er wird auf eine Bank geworfen.

In Fassung B heißt die Stelle:

PATIENT 5 *überstürzt stammelnd*
Auf die Knie alle in den Gebetstühlen
Dient dem Pferdefüßigen mit euren Gebetsmühlen
werft euch nieder in den Knetmühlen
geißelt euch vor ihm in den Saupfühlen
verherrlicht den Gehörnten und Geschwänzten
Komm Satan Satan wir haben dich zum Herrn ernannt
du hast die unentjungferte Gebärerin erkannt
und sie für immer aus der Heiligkeit verbannt
mit dir Satan ist ihr Sohn verwandt
Eine Satansmesse eine Satansmesse

Marat: »Falsch Sade falsch« in Fassung A (E, S. 48)

Falsch Sade falsch
Mit der Ruhlosigkeit der Gedanken
läßt sich keine greifbare Grenze durchbrechen
Mit der Schreibfeder
kannst du dich nur entfernen von den Ordnungen
umwerfen kannst du sie damit nicht
Wie wir uns auch abmühn das Neue zu fassen
es entsteht doch erst
zwischen klobigen ungeschickten Handlungen
So verseucht sind wir von den Gedankengängen
die Generation von Generation übernahm
daß auch die besten von uns
sich immer noch nicht zu helfen wissen
begleitet von Flöte und Trommel
Wir sind die Erfinder der Revolution
doch wir können noch nicht damit umgehn
wir bringen es zu nichts anderem als zu Flickwerk
wir können uns noch nicht vorstellen
was hinter dem Umsturz liegt
Im Konvent sitzen immer noch Einzelne
jeder von seinem Ehrgeiz beseelt
und jeder will etwas von früher übernehmen
der eine ein schönes Bild
der andre seine Maitresse
der eine sein Reitpferd
der andre seinen Garten
der eine seinen Wald
der andre sein Lustschloß
der eine seine Mühlen

der andre seine Werften
der eine seine Armee
der andre seinen König
und da stehn wir wieder
und hängen an die verbürgten Menschenrechte
das heilige Recht des Besitzes
daß ja jeder die Möglichkeit behält
sich den Wanst vollzuschlagen
und jetzt hören wir was daraus werden soll
in Freiheit und Gleichheit soll jeder jetzt kämpfen
brüderlich und mit ebenbürtigen Waffen
jeder sein eigener Krösus
Mann soll gegen Mann stehn und Gruppe gegen Gruppe
in einer fröhlichen wechselseitigen Ausbeutung
und sie sehen ein Blühen vor sich
ein Blühen des Handels ein Blühen der Industrie
einen einzigartigen Aufschwung
sehr laut
während wir weiter als je von unserm Ziel entfernt sind
ist in ihren Augen die Revolution schon gewonnen

Duperret: »Du sprichst von Marat« in Fassung A (E, S. 53)

Du sprichst von Marat
doch wer ist Marat
Irgendein Schreier der auf Jahrmärkten zuhause ist
irgendein hergelaufener Corsikaner Verzeihung Sardinier
oder gar Jude
der ursprünglich Mara hieß
nach den biblischen Wassern des Marah
Wer hört ihm schon zu
Nur das Gesindel auf den Gassen
Dieser Marat ist für uns nicht gefährlich
da sitzen ganz andere auf dem Berg in der Nationalversammlung
ein Hébert ein Danton ein Saint-Just ein Robespierre
und denen ist Marat nur ein Kopfschütteln
nur eine wegwerfende Handbewegung wert

Marats Gesichte: Coulmier spielt in Fassung A den Bürgermeister von Boudry. Er ist maskiert. Auch de Sade spielt in dieser Szene mit, maskiert (E, S. 87)

COULMIER *arienhaft, begleitet von Harmonium und Flöte, sowie einzelnen Trommelwirbeln*
Schon als Kind

zeigte dieser Marat oder Marah
sich mir als ein Aufwiegler
Am See von Neuchâtel
unter den Bäumen von Boudry
hetzte er Gruppen von seinen Gespielen
unter Geschrei aufeinander
Mit Holzschwertern schlugen sie sich
und es floß schon Blut
und man machte Gefangene
und band sie und folterte sie
und keiner wußte worum es ging
doch sie gehorchten den anfeuernden Rufen
dieses gelbhäutigen dunkelhaarigen Fremdlings

AUSRUFER
Ohne zu zaudern
lassen wir jetzt seinen Lehrmeister plaudern
Lautenakkord
Zeigt auf die vortretende Figur, die identisch ist mit dem älteren Mann, der vormals von einem Wahnanfall ergriffen wurde, und der die Arme noch in der Zwangsjacke stecken hat

PATIENT I *überstürzt und gewaltsam mit den eingeengten Armen zukkend*
Ein Übeltäter schon in der Schule
keine Hiebe konnten ihn bändigen
heulte mit schneidender Stimme
biß zurück wenn ich ihn biß
trat um sich wenn ich ihn packen wollte
warf sich zu Boden wenn ich ihn aufhängen wollte
lag stocksteif da und eiskalt
und atmete nicht wenn ich ihn anspuckte

Coulmier nach dem Lehrer »So wahr ich so wahr ich so wahr ich hier stehe« (E, S. 89)

Bei ihm zuhause ging es drunter und drüber
ständig hörte man hinter den Fenstern ein Schelten und Krachen
ein nichtsnütziges Gesindel war diese Familie
der Vater ein Weißnichtwas
nannte sich abwechselnd Doktor Gelehrter und Künstler
die Mutter eine Unruhstifterin zwischen den Nachbarn
bis man sie endlich vertrieb
in die Levante oder nach Afrika oder Genua
wo Parias dieser Art hingehören
Doch da war dieses Bürschchen schon vorher ausgebrochen

zeigt auf Marat
wir hörten es klirren im Fenster eines Tages
und durch die zersplitterten Scheiben fuhr er hinaus
schlug auf den gestampften Boden vorm Haus
rollte herum und sprang auf
arienhaft, von Flöte und Harmonium begleitet
und auf und davon lief er mit blutender Stirn

PATIENT 1 *Dazwischen singend*
Mit blutender Stirn mit blutender Stirn

COULMIER und endlich wurde es still
im kleinen freundlichen Boudry

PATIENT 1 *Dazwischen singend*
Und still wirds und still
mit blutender Stirn
im stillen Boudry
Inzwischen hat sich die Patientin, die die Mutter darstellte, zusammen mit einer männlichen Figur auf den Boden gekauert, wo sie sich seitwärts hin und herschaukeln.

Marats Rede vor der Nationalversammlung in Fassung A (E, S. 98)

Abgeordnete der Nationalversammlung
bedenkt den gegenwärtigen Zustand Frankreichs
Von ganz Europa sind Armeen über unsre Grenzen eingebrochen
dirigiert von Schiebern
die uns abwürgen wollen
und sich schon um die Verteilung der Beute streiten
Doch was könnten diese Geschäftsleute mit ihren Söldnern unternehmen
wenn sie auf ein gut ausgerüstetes und geeignetes Heer stießen
das ihren eigensüchtigen Intressen
die Idee der Revolution entgegenstellte
Jetzt aber geht die Hälfte unsrer Truppen in Lumpen
und ist noch Anführern unterstellt
deren Sympathien nicht bei uns
sondern bei den Landsflüchtigen in Koblenz sind
die darauf warten
mit ihrem Gesinde und ihren Equipagen zurückzukehren
zur Wiederaufnahme ihrer Intrigen
Seit vier Jahren werden in diesem Konvent
große Worte geredet über unsre neuen Ideale
doch wer trägt hier zu ihrer Verwirklichung bei
Zwischenrufe: Werft ihn raus Stopft ihm das Maul
Der Wühlarbeit ist es gelungen

einen Bürgerkrieg zu entfachen
und die Verräter rufen den Sohn des Capet
zum König aus
Dumouriez
vor dem ich seit langem warnte
und den ihr vor kurzem noch als Helden feiertet
ist zum Feind übergelaufen
In unsrer Verteidigung und in allen Ämtern
wimmelt es von Spitzeln und Saboteuren
Unser Minister Roland
dessen Tugend und Ehrbarkeit ihr nie bezweifeltet
hat das Getreide
das zur Verpflegung unsrer Heere beabsichtigt war
mit eigenem Gewinn ans Ausland verkauft
wo es jetzt den Truppen zugute kommt
die gegen uns stehn

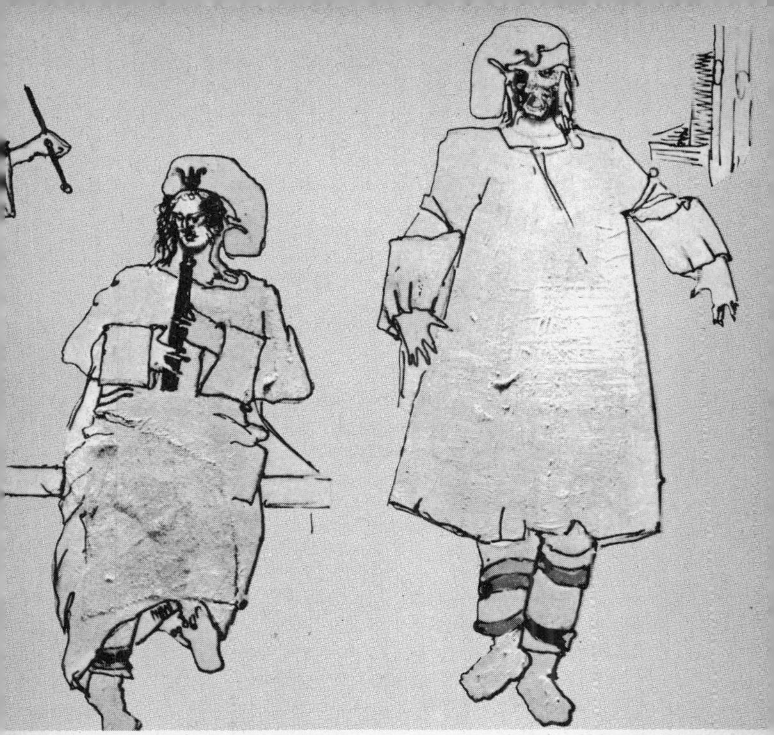

Unser Vertrauensmann in Finanzfragen
der vielgelobte Herr Cambon
zieht durch Herstellung falscher Wertpapiere
ein Vermögen in die eigene Tasche
während er durch die Ausfertigung von Assignaten
die Inflation in die Höhe treibt
Und unser geschickter Bankier Perregeaux
steckt mit den Engländern unter einer Decke
und leitet in seinen Stahlkammern
ein Spionagezentrum gegen uns

COULMIER *Empört vorspringend*
Unverschämtheiten
gegen einen verdienten Mann
einen Ritter der Ehrenlegion
von Napoleon zum Chef der Bank von Frankreich
ernannt

MARAT *Mit greller Stimme einfallend*
Das Volk kann die Wucherpreise fürs Brot nicht zahlen
unsre Beauftragten aber profitieren
von der Verwaltung der Kirchengüter
Nichts ist bisher von den klerikalen Ländereien
den Besitzlosen zugute gekommen
und vor Jahren schon schlug ich vor
diese zu Parzellen aufzuteilen
und mit Ackerbaugeräten und Saatgut zu versorgen
Auch sehn wir nichts von den Gemeindewerkstätten
die in den ehemaligen Klöstern und Herrschaftshäusern
eingerichtet werden sollten
Ihr sagt
die Hilfe sollte von der Nationalversammlung kommen
doch was hat diese bis auf den heutigen Tag schon veranlaßt
Meint nicht selbst unser geschätzter Danton
daß es unmöglich sei
die Verschiedenheiten des Besitzes aufzulösen
und daß wir anstatt den Reichtum zu verbieten
uns bemühen sollten
die Armut ehrenhaft zu machen
Und Robespierre der kein Blut sehn kann und erbleicht
wenn er das Wort Gewalt hört
feiert Feste in einem Kreis von Spielern und Komödianten
so wie auch die meisten von euch im September
als die Unruhen ausbrachen
an gedeckten Tafeln saßen bei zugezogenen Vorhängen
und sich dann beim Anblick der Leichen
die Hände wuschen
Empörung zwischen den Zuhörern
warum sind nicht tausende von Plätzen
hier in diesem Konvent
so daß jeder der es will
hören kann
was hier vorgeht

DUPERRET *Mit unerwartet scharfer Stimme*
Was will er denn mit seinem Gerede
Will er die Leute wieder aufwiegeln
Seht euch doch an was da auf den Tribünen herumsitzt
Strickerinnen
Putzmacherinnen Pförtnerinnen und Waschweiber
Schwätzerinnen
ihrer Arbeitsgeber beraubt

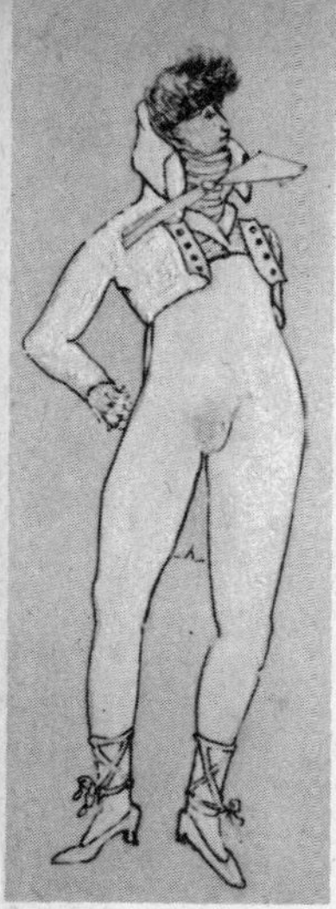

Was wünscht er sich noch dazu
Tagediebe Flaneure Parasiten
wie sie auf den Boulevards strolchen
und in den Cafés lungern
verwilderte Künstler
entlaufene Irre
ein schrilles Gelächter zwischen den Zuhörern
entlassene Gefangene
Will er mit denen
unser Land steuern

MARAT *Von Flötenläufen und Trommelschlägen begleitet*
Nie werdet ihr herauskommen aus eurer Vergangenheit
nie werdet ihr verstehn
in welche Umwandlungen ihr hineingeraten seid
immer werdet ihr vom Volk
als von einer rohen und formlosen Masse sprechen
weil ihr getrennt von ihm lebt
und dessen Bedürfnisse nicht kennt
Ihr habt euch mitreißen lassen zur Revolution
ohne ihre Grundbegriffe zu kennen
empörte Zwischenrufe
Ich frage diejenigen die die Volkswut kritisieren
Was hat diese Wut entfacht
Erinnert euch an den Juli und August im vorigen Jahr
als die Tuilerien gestürmt wurden
Warum
Weil dort diejenigen saßen
die uns verkaufen wollten
die dem Herzog von Braunschweig das Manifest diktierten
in dem es hieß daß jeder der es wagte
sich den einmarschierenden kaiserlichen und königlichen Truppen
zu widersetzen
als Verbrecher behandelt
und daß das Tragen von Waffen

auf der Stelle nach strengstem Kriegsrecht
bestraft würde
Dort scheute man sich nicht
uns mit der Zerschießung und Niederbrennung
unserer Häuser zu drohen
und ich höre
wie hier da capo gerufen und in die Hände geklatscht würde
wenn dies geschähe
denn diese Art Überfälle
wären nach eurem Sinn
Geschrei und Beifallsklatschen ist ausgebrochen
Rufe: Von allen Seiten
Lügner
Hetzer
Lebe Frankreich
Raus mit dem Verräter
Haltet ihm das Maul zu

ROUX Ihr räudigen Hunde
ihr bellt
weil wir uns an das verfaulte Fleisch ranmachen
das ihr verscharrt habt

MARAT *Sich gewaltsam an die erregte Masse der Patienten wendend*
Hört was hier geschieht
Versammelt euch
Stürzt eure Feinde
Macht sie unschädlich
Jedes Mittel ist jetzt zur Verteidigung gut
denn wenn sie gewinnen
dann würden sie
keinen von euch verschonen
wildes Geschrei der Empörung
und alles was wir erreicht haben
ist verloren

DUPERRET Als Mirabeau damals das Versammlungsverbot beantragte
wußte er was er tat
Besäßen wir einen fähigen Geist wie ihn
dann hätten wir heute eine höhere Stufe erreicht
als Taumel und Fanatismus
und schöpferische Gedanken
anstelle von Agitation
Rufe: Auch aus dem Zuschauerraum
Bravo bravo

MARAT Und er hätte den Sack voll von erschlichenen Geldern

und mästete seinen Bauch an vornehmen Tafeln
und führte gepflegte Gespräche bei Kerzenschein
so wie ihr alle es wieder möchtet
im Salon der Madame Roland
dieser Dame mit klassischen Idealen
vor deren poetischen Ergüssen
ihr auf den Knien lagt
Geschrei und Pfiffe
Immer noch wollt ihr ihnen nacheifern
den gepuderten Schurken
Necker Bailly Roederer Lafayette Talleyrand

COULMIER *Ist hastig vorgelaufen, hat die Reihe der Patienten durchdrängt und hält Marat die Hand vor den Mund*
Still
wir leben heut im Jahr achtzehnhundertacht
und heute haben die Namen die damals durch den Schmutz gezogen wurden
wieder die Ehre die sie verdienen
Ich bitte vielmals um Verzeihung für die Entgleisung
und ermahne euch alle aufs strengste
auf eure Worte acht zu geben

MARAT *Stößt die Hand zurück*
und so weiter wie sie alle heißen
mit gehobener Stimme
Wir brauchen endlich einen wahren Abgeordneten des Volkes
einen der unbestechlich ist
und dem wir trauen können
hier zwischen den verpfuschten Advokaten und Offizieren
hier in dieser Versammlung mißglückter Bürgersöhnchen
wildes Geschrei des Protestes
Wir haben die Auflösung und das Chaos
das ist gut
das ist das erste Stadium
Jetzt müssen wir
zum zweiten Stadium gelangen
Wählt einen
der eure Intressen wahrt

DUPERRET Als hätte das Volk eine Meinung
und wisse wohin es wolle
Das sind aber alles Analphabeten genug
um es fertig zu bringen
einen Schreihals wie den Marat
zu ihrem Tribun zu machen

Geschrei und Hohngelächter
Rufe: Marat als Diktator
Der nicht mal auf eignen Beinen stehn kann
Dem der Kopf zittert
Den man in der Badewanne in den Konvent tragen muß
Gelächter

MARAT Diktator
dieses Wort soll verschwinden
Ich hasse alles
was an Meister und Patriarchen erinnert
Ich spreche von einem Chef
der in der Zeit der Krise
Rufe: Seine letzten Worte werden vom Gelächter ertränkt
Runter in den Keller mit Marat
Staatschef der Ratten

ROUX *Durch die Unruhe*
Ihr Vorkämpfer der Revolution
was war von euch zu hören vor zwanzig Jahren
als jener uns schon zum Aufstand rief
zeigt auf Marat
Hört seine Worte vor zwanzig Jahren
in seiner Schrift über die Ketten der Sklaverei
Die Gesetze sind Unterdrückungsinstrumente
in den Händen der Herrschenden
so schrieb er
und
Aus Reichtum muß Knechtschaft hervorgehn
Er zeigte schon an
wie die Zertrümmerung des Kleingewerbes geplant wird
wie durch Aufkauf von Handwerkserzeugnissen und Naturprodukten
alle Güter in die Hände von Wenigen fallen
und wie wir um unser Leben zu fristen
uns abschuften müssen
für Makler Börsenagenten Aktienspekulanten und Bankierminister
ohne Beziehung zu unsrer Arbeit
und abgeschnitten von ihren Erträgnissen

KOKOL Und vor seinen Worten ging uns auf
was die Kirche mit uns vorhatte
wenn sie uns befahl
uns demütig unter der Hand die uns schlug
zu beugen

POLPOCH Und wir erkannten
was es mit der Armee auf sich hatte

wo die unsern
in Kasernen gesperrt
unter den Stimmen der Vorgesetzten
und den Lockungen des Aufstiegs
immer mehr vergaßen woher sie kamen
bis sie eines Tages bereit waren
auf uns anzulegen

DUPERRET *In die letzten Worte hineinrufend*
Marat
du warst es der im September den Pöbel führte

ROUX *heftig*
Was geschah im September
War es nicht wieder das gleiche
Verhandelten Abgeordnete nicht im geheimen mit dem König
um ihm noch einmal zur Flucht zu verhelfen
Die Gemeinheiten waren es
die uns zur Raserei brachten

Große Unruhe bricht zwischen den Patienten aus. Sade, Coulmier und die hinzulaufenden Wärter versuchen, die Ruhe wieder herzustellen. Marat läßt sich in die Wanne gleiten, er bekümmert sich nicht um den Trubel, sondern beginnt wieder mit dem Schreiben. Der Lärm wird von der Trommel untermalt.

Rufe: Es lebe Marat
Den Lorbeerkranz für Marat
Einen Triumphzug für Marat
Es leben die Straßen
Es leben die Laternenpfähle
Es leben die Bäckerläden
Es lebe die Guillotine
Es lebe die Freiheit
Nieder mit der Zwangsjacke
Nieder mit den verriegelten Türen
Nieder mit den vergitterten Fenstern
Wir wollen raus hier
Man hält uns gefangen

Dazwischen Gelächter, Pfiffe und Schluchzen. Die Patienten sind in den Hintergrund gedrängt worden. Einige werden von den Wärtern roh niedergehauen. Während die Unruhe allmählich unterdrückt wird stehen im Vordergrund die vier Volksvertreter.

POLPOCH, KOKOL, CUCURUCU, ROSSIGNOL *Begleitet von Laute, Flöte und Trommel*
Armer Marat in deiner Wanne
von Zeit hast du nur noch ne kurze Spanne

mit rasender Eil gehts zu auf dein End
obgleich die Corday auf ihrer Bank jetzt pennt
Kokol weist mit dem Daumen über seine Schulter
Stellt euch nur vor sie würd es verschlafen
dieweil sie da träumt von Rittern und Grafen
Marat vielleicht ists noch möglich du wirst gesund
und niemand fügt dir zu die tödliche Wund
Armer Marat schärf deine Ohren
denn ohne dich sind wir verloren
Armer Marat sei auf der Wacht
an diesem Abend vor dieser Nacht
Sie kauern sich in einigem Abstand zur Wanne nieder. Polpoch zieht seinen Schuh aus, Rossignol beugt sich über seinen Fuß und riecht daran, schneidet eine Grimasse des Ekels. Während des folgenden spielen sie Ball mit dem Schuh und improvisieren sonstige Clownstücke

SADE *Ist neben die Wanne getreten, steht aber dem Zuschauerraum zugewandt. Die Laute begleitet ihn.*
Wir denken zurück an die Tage
in denen jeder das Recht in die eigenen Hände nahm
das war etwas Wüstes etwas Unfaßbares
und jetzt suchen wir uns einen der vielleicht dabei war
und auf den wir alles abladen können
und wir ernennen ihn zu einem blutgierigen Ungeheuer
das in die Geschichte eingehen kann
unter dem Namen Marat
Heute werden die Abschlachtungen gesetzmäßig vollzogen
gewissenhaft und pünktlich
daß die Ausübenden in den Revolutionstribunalen
uns von ihrer Pflichterfüllung überzeugen
und sich nicht falscher Sympathien verdächtig machen
Diese Maschinerie jedoch ist viel grauenhafter
als es die Entladung eines natürlichen Hasses ist
und wenn einer von uns
was vielen möglich wäre
sich zum unumschränkten Herrscher darüber ernannte
so würde sie bald unaufhörlich hacken und puffen
als Dampfmaschine
denn über ihrem Verwalter
wäre die große unendliche Gleichgültigkeit
zusammengeschlagen

Lied des Roux »Armer Marat über dem Brette« am Ende der 28. Szene (E, S. 112) anstelle des Lieds der vier Sänger

ROUX *Schnell vortretend, während Marat über dem Brett liegt. Laute, Flöte und Trommel intonieren und begleiten ihn.*
Armer Marat über dem Brette
während sie Frankreich verkaufen um die Wette
Armer Marat seit langem betrogen
bei allen Forschungen über Feuer und Regenbogen
Alles was du erreicht hast aus eigener Kraft
ist jetzt weit weg und nebelhaft
Lange warst du befangen von anerzogenem Denken
dann gelang es dir dich auf einen neuen Weg zu lenken
Du verbrachtest Jahre beim Studium der Weisen
und begabst dich hinaus auf weite Reisen
überall sahst du wer die Welt regierte
und wer es war der dabei vegetierte
Noch als du deine medizinischen Grade erlangt

war dir Ehrgeiz und Ruhmgier nicht unbekannt
doch selbst in deiner frühen Sprache begünstigter Helden
hattest du schon etwas andres zu vermelden
und dieses andere nahm immer mehr überhand
bis der letzte Rest von Gewinnsucht verschwand
Was dir die Kranken für die Behandlung gegeben
konntest du zur Bekämpfung einer andren Seuche anlegen
Bald lebtest du bei Wasser und Brot
doch es hinderte dich keine Not
die Welt wie du sie sahst nach allen Seiten
anzugreifen und deine Erfahrungen zu verbreiten
Deshalb kläfft sie dir nach die engstirnige Meute
die dies nicht erträgt so ist es noch heute
Armer Marat in deinem belagerten Haus
du bist uns um ein Jahrhundert voraus
und während das Hackbeil draußen schellt
werden deine Worte entstellt
und im Blut verronnen
ist alles was du an Wahrheit gewonnen

Corday: »Jetzt weiß ich wie dieser Augenblick ist« (E, S. 114)

Jetzt weiß ich wie dieser Augenblick ist
in dem der Kopf vom Leib getrennt wird
o dieser Augenblick
die Hände auf dem Rücken gebunden
die Füße zusammengeschnürt
der Hals entblößt
das Haar abgeschnitten
der Augenblick auf den Brettern
in die metallene Krause
o dieser Augenblick
auf dem Bauch liegend
hinabblickend in den triefenden Korb
und das Geräusch des hochgezogenen Beils
von dessen schräger Schneide
das Blut noch tröpfelt
und dann der Sturz
der uns zweiteilt

Die vier Sänger: »In der Vendée rast jetzt der Streit« in Fassung A (E, S. 127)

CUCURUCU, KOKOL *Zu den zeitgenössischen Bildern und begleitet von Laute, Flöte und Trommel*
In der Vendée rast jetzt der Streit

voll Mut und voller Grausamkeit
zwischen den unsern und den Royalisten
und es gelingt uns sie auszumisten
Mit fliegenden Fahnen kommen wir schon
singend und sengend mit einer Strafexpedition
dir zu Ehren Regiment Marat genannt
und damit säubern wir das Land

POLPOCH, ROSSIGNOL *Mit gleicher Musikbegleitung*
Marat alles was du uns gepredigt
wird jetzt mit großer Kraft erledigt
die Feinde liegen erschlagen im Sand
oder sterben von eigner Hand
und endlich sind Generäle in unsern Reihen
die den Aufruhrmachern nichts verzeihen
Ehrenvolle Namen kannst du jetzt hören
die Frankreichs Einigung heraufbeschwören

ALLE VIER *Von der Trommel begleitet*
Da ist ein Kleber ein Fouché ein Marceau
ein Carrier ein Jourdan ein Collot und Carnot
und die verhaßten Figuren auf der andern Seite
sind einen Kopf kürzer oder geflohen ins Weite
Marat wenn dus noch hörst so kann es dich freuen
jene brauchen wir nicht mehr zu betreuen
Barbaroux und Pétion Salles und Guadet
Gensonné und Brissot Louvet und Buzot
Vergniaud und Roland Valazé und Duperret
und deine Mörderin Charlotte Corday

CUCURUCU, KOKOL *Begleitet von Laute, Flöte und Trommel*
Und mit fliegenden Fahnen kommen wir schon
und stürmen den Hochsitz der Gegenrevolution
Lyon wo wir ein Exempel statuieren
und dreitausend Mann auf einmal exekutieren
Auch nach Nantes sind wir jetzt gekommen
dort werden Massenertränkungen vorgenommen
und jedes Haus in dem ein Aufständischer gewohnt
wird niedergerissen und keins wird verschont

POLPOCH, ROSSIGNOL *Mit gleicher Musikbegleitung*
Und mit fliegenden Fahnen kommen wir schon
in die verräterische Stadt Toulon
und dabei ist einer wir werdens noch spüren
der kann uns zu großen Siegen anführen
der niemals zögert und mit Leben spart
unser Artillerieoffizier Buonaparte

ALLE VIER *Von der Trommel begleitet*
Du siehst Marat es geht voran
und jetzt packen wir auch die eigenen an
Wie du gesagt hast so müssen vor allem
die Schwachen und Unfähigen wegfallen
Wir hören Danton und Desmoulins haben uns betrogen
und Hérault und Hébert und Lacroix haben gelogen
Robespierre führt jetzt aus was du verlangtest
und wovor du selbst noch bangtest
er schickt unsern Freund Danton unters Beil
und sendet ihm nach in großer Eil
viele von unsern alten Vertrauten
auf die wir in unserm Unverstand noch bauten

CUCURUCU, KOKOL *Von Laute, Flöte und Trommel begleitet*
Marat wir glauben nicht unsern Augen
was die neuen Herrscher sich alles erlauben
zwischen den Adligen in den Karren
sehn wir jetzt treue Jakobiner fahren
und unterm Beil sind sie ihresgleichen
und nicht voneinander zu unterscheiden als Leichen
Und auch der ketzerische Mönch Jacques Roux
wird befördert zur ewigen Ruh
Marat wir stehen nur und staunen
vor des Schicksals seltsamen Launen

POLPOCH, ROSSIGNOL *Mit gleicher Musikbegleitung*
Und jetzt sehn wir Robespierre die Hände gebunden
und schon ist sein Kopf im Korb verschwunden
Marat wie hängt dies alles zusammen
daß die einen immer die andern verdammen
Marat muß denn das so sein
daß immer einer oben zum Schein
irgendwas leitet und irgendwas lenkt
und sich dabei den Kopf verrenkt

ALLE VIER *Von der Trommel begleitet*
Marat zum Trost können wir dir noch sagen
wer es ist den wir jetzt bei uns haben
Flöte, Laute und Harmonium kommen hinzu
der Buonaparte der ist jetzt da
kommt wie du aus Sardinien oder Corsika
und er verspricht uns den ewigen Frieden
und gibt uns Arbeit in den Waffenschmieden
und zu Ehren der Revolution
nennt er sich Kaiser Napoleon

das ist ein Schauspiel das können wir dir sagen
großer Akkord, dann nur Trommel allein
wir stehn nur und gaffen
und es knurrt uns der Magen
und es segnen uns die Pfaffen
Die Projektionen sind beendet, der Ausrufer reißt den Vorhang vor der Wanne wieder zurück, im gleichen Augenblick, flammt das Licht über der ganzen Bühne auf und alle Schauspieler und Patienten stoßen einen einzigen gemeinsamen Schrei aus. Corday zieht eben den Dolch von Marats Brust zurück. Marat ist blutüberströmt. Sade, Simonne, Coulmier stürzen als erste vor, gefolgt von den Patienten, die sich langsamer vorbewegen. Die vier Volksvertreter werfen sich über Corday, die den Dolch neben der Wanne fallen läßt, sie reißen sie zurück, während Simonne neben Marat niederfällt und die Arme um ihn schlägt. Charlotte Corday werden die Arme so weit zurückgebogen, daß ihr Brusttuch aufplatzt und sie mit entblößtem Oberkörper nach vorn gewandt steht. Sade zieht den Vorhang schnell zu. Gleichzeitig treten Ausrufer, Flötist, Lautenspieler und Trommler vor den Vorhang.

EPILOG in Fassung A (E, S. 130)

AUSRUFER *Sparsam von den drei Instrumenten begleitet*
Geehrtes Publikum in aufgeklärter Zeit
Nach diesem Blick in die Vergangenheit
wenden wir uns wieder der Gegenwart zu
die uns heute wenn auch nicht mit Ruh
so doch mit Zuversicht füllt vor dem Morgen
von dem es heißt es sei ohne Sorgen
Eh Sie hinausgehn aus den Türen
lassen Sie uns noch kurz rekapitulieren
was wir versuchten auszudrücken
in unsern gesprochnen und gesungnen Stücken
Zu diesem Zweck rufen wir noch einmal zum Leben
den Sie ermordet sahen soeben
sowie die andern die auch früher oder später
verreckten ohne großes Gezeter
Lebendig kam nur Herr de Sade davon
in der Geborgenheit von Charenton
Sade tritt vor
Sagen Sie uns Herr de Sade
war es um diesen Marat eigentlich schad
trifft ihn am Unglück nicht allzu viel Schuld
als daß er verdiene unsre Geduld
SADE *Von der Laute begleitet*
Marat war mein Freund und ich hielt ihn in Ehren

deshalb nahm ich mir die Freiheit mich zu beschweren
über seinen Drang mit Beilen und Messern
die Welt zu verändern und zu verbessern
Ich war selbst ein Fürsprecher der Gewalt
doch im Gespräch mit Marat sah ich bald
daß meine Gewalt eine andre war als seine
und daß ich seine Moral verneine
In einem aber geb ich ihm recht
die Welt wie sie ist so ist sie schlecht
nur sehe ich nicht wie mein Freund so weit
und habe im übrigen auch keine Zeit
an eine Änderung des Ganzen zu glauben
Ich weiß nur was meine eignen Gedanken taugen

AUSRUFER *Von Flöte und Trommel begleitet*
Was kann der Marat uns dazu sagen
jetzt wo es aus ist mit dem Baden
Marat tritt vor, in das Tuch gehüllt
Marat könntest du heut wieder wandeln
würdest du dann so wie früher handeln

MARAT *Ohne Begleitung*
Ich glaube nur an ein einziges Leben
drum trifft jetzt jedes Wort daneben
Nur ein einziges Mal hier in eurer Mitte
bin ich Herr über meine Schritte
und bei diesem einzigen Mal
mußte ich treffen meine Wahl
Was sich mir zeigte war eine einzige Welt
und diese war regiert vom Geld
doch die es besaßen waren nur wenige
und die's nicht besaßen waren unzählige
Diese Wahrheit war leicht zu erkennen
schwerer war es sie zu benennen
und wir warens auch satt und wir wollten nicht mehr
und es reichte jetzt keine andre Lösung mehr her
als die wenigen zu stürzen mitsamt ihrem Gott
und den Erlös zu werfen in einen gemeinsamen Pott
Es war eine Wahrheit leicht zu erkennen
denn die Betroffnen begannen gewaltig zu flennen
und angelockt von dem Geschrei
kamen jetzt alle die herbei
die glaubten sie könnten was erhaschen
für ihre eigenen leeren Taschen
Auch diese Wahrheit war leicht zu verstehn

denn sie hatten ja vorher nie Geld gesehn
und sie wollten doch gern einmal versuchen
wie Rehrücken schmeckt und Sahnekuchen
Da zeigte es sich mir daß es galt
diese Gier zu brechen mit Gewalt
eh es so weit war daß jeder ein Hüter
sein konnte unsrer gemeinsamen Güter
und daß wir nur durch einen Verzicht
erlangen konnten ein Gleichgewicht
Und der Verwirklichung dieser Wahrheit
widmete ich meine ganze Arbeit

CORDAY *Schnell vortretend, begleitet von Laute und Flöte*
Auch ich sah diese Veränderungen so
denn beide gingen wir aus vom großen Rousseau
doch der Grund daß wir uns nicht vereinten
ist daß wir beide was andres meinten
wenn wir die gleichen Worte wählten
mit denen wir unsre Wünsche aufzählten
Beide wollten wir die Freiheit erreichen
doch für ihn gings zur Freiheit über einen Berg von Leichen
Beide wollten wir den Frieden wecken
doch er brauchte zum Frieden einen Sturm von Schrecken
Beide hatten wir die Gleichheit zum Ziel
doch Hunderttausende waren ihm zur Gleichheit zuviel
Von Eintracht sprachen wir wie aus einem Munde
doch wie er sich die Eintracht vorstellte davon gab er uns Kunde
deshalb wollte ich auf seine Brüderlichkeit verzichten
und machte es mir zur Aufgabe ihn zu vernichten
und könnt ich meine Tat noch einmal begehn
ihr würdet mich wieder vor diesem hier sehn

ROUX *Schnell vortretend, ohne Musikbegleitung*
Und müßt ich mich mit meinem Tod nicht tarnen
so würd ich euch vor dieser hier warnen
zeigt auf Corday
denn immer wieder müssen wir für diese da zahlen
die uns aufhält mit ihren halben Idealen
die mit uns geht auf halbem Weg
und uns dann den Knüppel zwischen die Beine legt
Gefährlicher als die andern mit ihrem Geld
ist diese hier
zeigt auf Corday
weil sie sich verstellt
in den andern sehn wir deutlich den Feind

bei dieser
zeigt auf Corday
wissen wir nie was sie meint
Von den Seiten sind Cucurucu, Kokol, Polpoch, Rossignol, Simonne, Duperret und Coulmier herbeigekommen
ALLE *Von Flöte, Laute und langen Trommelwirbeln begleitet*
Jetzt aber leben wir in ganz anderen Zeiten
ohne Unterdrücker und ohne Pleiten
wir sind auf dem Weg uns zu erholen
wir haben Brot und es gibt auch Kohlen
und haben wir auch noch einen Krieg
so leuchtet vor uns doch schon der Sieg
und haben die meisten auch wenig und nur wenige viel
so nähern wir uns doch alle dem gemeinsamen Ziel
und wir dürfen uns äußern in jeder Weise
und was wir nicht äußern dürfen sagen wir leise
und selbst wir Internierten sind nicht mehr gekettet
im Hintergrund begleitet vom Harmonium, feierlich
und für immer ist die Ehre unsres Landes gerettet
nur von den drei andern Instrumenten begleitet
und um Politik brauchen wir uns nicht mehr zu streiten
denn einer ist da um uns alle zu leiten
um den Armen zu helfen und auch uns Kranken
und diesem einen haben wir alles zu verdanken
diesem einzigen Kaiser Napoleon
der glorreich beendete die Revolution
auch vom Harmonium unterstützt, sowie vom Chor der Patienten hinterm Vorhang
Es lebe der Kaiser und die Nation
es lebe unsre Heilanstalt
Charenton

In der Fassung B bleibt der Epilog der Fassung A bestehen, leicht verkürzt, an einigen Stellen mit verändertem Wortlaut. Die Reihenfolge der das Spiel rekapitulierenden Personen ist in B Marat, Corday, Roux; de Sade fehlt in dieser Fassung des Epilogs. In C schließlich fehlt die Rekapitulation ganz: C endet mit Konrad Swinarskis szenischer Erfindung der Allegorie Napoleon – Tod, mit dem Marsch der Patienten, der im Chaos endet. D ist bis auf die Bühnenanweisungen identisch mit C, endet jedoch mit dem vorstürzenden Roux, der durch den Tumult schreit: »Wann werdet ihr sehen lernen/ Wann werdet ihr endlich verstehen.« Erst in der Fassung E erscheint wieder der erste Teil des Epilogs (E, S. 131 ff.), die Rekapitulation des Spiels durch die Hauptpersonen, in der Reihenfolge Marat, Corday, Roux und de Sade.

DIE SZENISCHEN VORSTELLUNGEN DES AUTORS

Sind die Veränderungen des Textes innerhalb der fünf Fassungen mehr oder weniger bedingt durch die notwendige Organisation des sich in sich verändernden und entwickelnden Gesamttableaus des Stückes (als ein solches Tableau, d. h. ohne im klassischen Sinne fortschreitende Handlung, ist das Stück von der ursprünglichen Hörspielkonzeption her zu verstehen, ausgedehnt dann auf eine Totalität von Aktion, statischen Bildern, Musik, Geräuschen, Farben, Bewegungen etc.), so muß das Hauptinteresse den szenischen Vorstellungen gelten, die den Autor bei der ersten Niederschrift des Stückes leiteten. Gewiß gibt es im Verlauf der fünf Fassungen eine Entwicklung im Sprechtext selbst, die Verdeutlichung, Konkretisierung von Personen und Handlungsabläufen betreffen (z. B. Corday, die vier Sänger, Roux), doch bestehen die Hauptunterschiede der Fassungen in den Beschreibungen der Bühnenvorgänge selbst, Bühnenvorgänge, die oftmals voneinander getrennt oder parallel laufend als quasi autonome Handlungen und Bilder den Sprechtext begleiten. So ist über die verschiedenen Brechungen des Stückes hinaus (bedingt durch die Ebenen der Zeit, durch das Spiel im Spiel), die optisch-akustische Totalität des Dramas zu betrachten, die Weiss besonders in der Fassung B und C zu beschreiben versuchte. Da die Fassung C die Ergebnisse der Berliner Uraufführung einbezieht (sie ist in den meisten Punkten ein getreues Protokoll der Berliner Inszenierung), Ergebnisse, in die die szenischen Vorstellungen des Regisseurs, der Kostümbildnerin, des Komponisten eingeflossen sind, werden diese Vorstellungen, die an Hand des veröffentlichten Textes nachzuprüfen sind, hier nicht berücksichtigt. Es werden im folgenden durch einige typische Beispiele aus den Fassungen A und B die optisch-akustischen Vorstellungen des Autors bei der Niederschrift des Dramas gezeigt. Die Fassung A enthält sie kurzgefaßt, die Fassung B beschreibt sie ausführlich, so daß diese Fassung geradezu als eine Regiekonzeption des Autors (im Jahre 1963) anzusehen ist. An drei Beispielen wird die ursprüngliche Konzeption des Autors belegt.

1. Beschreibung der Bühne und des Eröffnungstableaus

Fassung A

Der halbhohe Vorhang wird schnell von der Hand weggezogen und es zeigt sich der Ruhe- und Badesaal der Nervenheilanstalt. Zu den Seiten zwei symmetrische Reihen von Liegebänken. Einige Patienten ruhen, andere gehen oder stehen umher, ein paar von ihnen sind völlig in autistischen Übungen verloren und lassen sich auch im Verlauf des Spiels kaum aus ihrer Versunkenheit herausreißen. Einige der Patienten befinden sich in halblaut gemurmelten Selbstgesprächen, die während des Spiels zuweilen aufklingen. Auch ein Gelächter, ein Jammern oder Aufschrein kann zuweilen entstehen. Die Patienten füllen die Funktion von Statisten und Choristen, behalten aber, wenn sie nicht in die Handlung hineingezogen werden, ihre Eigenheiten im Hintergrund bei, steigen auf eine Bank, nehmen eine verrenkte Haltung ein, legen sich auf den Boden, kauern sich auf einer Bank nieder, gehen ruhelos hin und her, drehen sich im Kreis, hüpfen usw.
In der Mitte der rückwärtigen Wand, über der Eingangstür, ein großes lorbeergekröntes Medaillon mit Napoleons Profil, umgeben vom Text FREIHEIT GLEICHHEIT BRÜDERLICHKEIT ES LEBE DER KAISER. Links vorn befindet sich eine Badewanne, in der der Spieler des Marat bereits Platz genommen hat. Dahinter eine Duschanlage und ein paar Massagetische. Die Mitglieder der Theatergruppe sind mit den Vorbereitungen zum Spiel beschäftigt. Ein Brett wird über die Wanne gelegt, daneben wird eine Kiste aufgestellt. Papiere und Schreibzeug werden darauf geordnet, eine große Landkarte Frankreichs wird an der Wand befestigt.
Die Darstellerin der Simonne Evrard legt Marat eine Binde um den Kopf und bedeckt seine Schultern mit einem Tuch.
Die Darstellerin der Charlotte Corday ist in ein Nachthemd gekleidet, das sie kokett herrichtet und eng um den Leib zusammenzieht, um ihre Formen zu zeigen. Sie bürstet sich das Haar, das zu einem langen rotbraunen Schweif gebunden ist.
Sade stellt die Schauspieler zurecht und gruppiert sie. Die Kostümierung ist durchweg notdürftig. Ein paar Phantasiehüte, Stiefel, Degen heben sich als Einzelheiten von der ärmlichen Krankenkleidung ab.

Rechts ein Gestell mit einer Projektionsfläche für die Bilder, die der Ausrufer anzeigt.
Rechts vorn steht das Harmonium. An der Wand darüber hängt ein großes Kruzifix. Eine Laute, eine Flöte und Trommel ergänzen das Orchester, das sich sichtbar rechts in der Ecke der Bühne aufhält. Die Musiker gehören zu den Insassen der Anstalt. Noch während der Vorhang zurückgezogen wird, tritt der Ausrufer vor und klopft mit seinem Stab dreimal auf den Boden.

Fassung B

Die Bühne stellt den Bade- und Behandlungssaal des Hospizes dar. Zu den Seiten verlaufen Estraden in zwei bis drei Stufen. Auf der unteren Stufe der linken Estrade befindet sich eine Reihe gleichförmiger Badewannen, dahinter erheben sich Duschanlagen. Oberhalb der Wannen eine Reihe von Pritschen.
Rechts sind die unteren Stufen der Estrade frei und bilden Sitzbänke.
Auf der oberen Stufe wieder Pritschen, die auch als Massagetische dienen, und auf denen ein Patient im Bedarfsfall festgeschnallt werden kann.
Stangen mit einer Längsverbindung sind rechts und links an den Estraden angebracht, hier können Kleidungsstücke, Tücher und Requisiten aufgehängt werden. Rechts und links vorn am Bühnenrand werden die Estraden durch Erhöhungen abgeschlossen, die den Pflegern als Wachstände dienen. Hier sind Schläuche aufgehängt.
Die Wände sind bis zu einer Höhe von etwa drei Metern weiß gekachelt.
Hoch oben in den Seitenwänden befindet sich eine mit Stäben vergitterte Galerie. Die rückwärtigen Enden der Galerie sind mit Vorhängen verdeckt.
Die kahle Rückwand ist in der Mitte von einem breiten Gang durchbrochen, der sich in Zentralperspektive so weit wie möglich nach hinten erstreckt.
Ein großes flaches Podium ist vorn auf der Bühne errichtet. Auf dem Podium befinden sich einige Podeste von verschiedener Größe.
Auch im Mittelgrund der Bühne stehen einige solche Podeste zum Spiel bereit.
Links auf dem Podium steht Marats Wanne, von gleicher Form wie die Wannen im Hintergrund. Sie ist nach vorn gewandt. Der Vorderteil der Wanne ist von einem Brett bedeckt.
Der linke Wachstand ist zu einer Tribüne für die Ehrengäste hergerichtet, unterhalb des Geländers hängt eine große Karte Frankreichs.
Der rechte Wachstand dient als Aufenthaltsort für die Musiker. Links, etwas zurückgeschoben zwischen Podium und Zuschauertribüne, befindet sich erhöht ein hochlehniger, thronartiger Sessel. Dies ist der Sitzplatz

Sades, auf dem er isoliert verweilt, wenn er nicht aktiv an der Handlung beteiligt ist.

Folgende Situation zeigt sich beim Aufzug:

Die Hauptdarsteller sind zu einem Tableau auf dem Podium aufgestellt.

Marat sitzt in der Wanne, mit Kopfbinde und Schultertuch. Seine linke Hand faßt ein Papier, das auf dem Brett vor ihm liegt. Seine rechte Hand ist zur Schreibfeder ausgestreckt, die sich im Tintenfaß auf dem Podest neben der Wanne befindet.

Simonne steht in schiefer Haltung links neben ihm, ein Tuch in der Hand. Ihre Anstaltskleidung ist mit ein paar Einzelheiten bereichert, einer Schürze und einem Kopftuch.

Hinter dem Kopfende der Wanne steht Sade in überlegener Haltung. Er trägt Kniehosen, Schnallenschuhe und ein weitärmeliges Hemd mit Brustlatz und Spitzenmanschetten. Er ist außerordentlich beleibt, sein Haar ist ergraut, doch das Gesicht noch glatt.

Zuweilen ist zu bemerken, daß er mühsam atmet. Er leidet an Asthma.

Rechts und links hinter der Wanne befinden sich zwei Pfleger, die Arme verschränkt.

Etwas zurückgeschoben steht Roux, in einer Mönchskutte, die Arme auf dem Rücken.

Rechts Corday, in einem Directoire-Gewand mit Brusttuch. Das Kleid soll dem Ideal der Nacktheit so nah wie möglich kommen. Corday hat ihr langes, rötlich-braunes Haar in einem Schweif an der Seite des Halses hängen. Ihre Schuhe sind zierlich und haben hohe Absätze.

Hinter Corday mit gebeugtem Knie Duperret. Seine Anstaltskleidung ist mit Kniehosen, Perücke und etwas Zierat ergänzt.

Die 4 Sänger sind außen rechts auf dem Podium aufgestellt. Auch sie tragen die Tracht des Hospizes, haben sich jedoch etwas reicher mit Kostümstücken versehen, die sie halb als Volkstypen, halb als Possenreißer kenntlich machen. Kokol und Polpoch haben Revolutions-Kokarden am Hut stecken.

Zwischen und vor ihnen die Patienten 1-10. Sie tragen die Anstaltskleidung, hier und da nur mit einer kleinen Einzelheit ausgestattet.

Während Patienten 2–10 mit heroischen Gebärden dastehen, hat Patient 1 eine verrenkte Haltung eingenommen.

Links vom Podium und hinter dem Podium stehen Schwestern.

Rechts vom Podium und hinter dem Podium stehen Pfleger.

Zwei Schwestern stehen außerdem hinter Corday und stützen sie.

Einzelne Patienten befinden sich rechts und links im Hintergrund auf den Seitenestraden, liegend, sitzend und stehend. Auch zwei der Wannen links sind von Patienten besetzt.

Sie haben alle eine bestimmte Haltung eingenommen. Nur in ein paar Fällen wird diese Haltung nicht durchgeführt:

Ein Patient richtet mit wiederholten stereotypen Bewegungen den steifen Oberkörper auf und läßt ihn zurückfallen, ein anderer Patient dreht sich langsam, mit ausgebreiteten Armen, im Kreise.
Rechts oben hinter den Gitterstäben der Galerie sind ein paar Patienten zu sehen, die sich dort festklammern.
Die Honoratioren und Coulmiers Familienmitglieder sitzen links auf der Tribüne.
Coulmiers Frau und Töchter in festlicher Kleidung.
Die Würdenträger der Polizei in Gala-Uniform.
Der Würdenträger der Kirche im Ornat.
Die Musikanten rechts sind Insassen der Anstalt, haben ihre Kleidung zur Feier des Tages aber mit ein paar farbigen Einzelheiten ausgeschmückt.
Der Ausrufer steht rechts am Fuße des Podiums.
Er trägt einen Dreispitz, eine breite Schärpe und einen langen Rock.
Im Gürtel hat er verschiedene Instrumente stecken, mit denen er im Bedarfsfall Lärm erzeugen kann. In der Hand hält er einen Zeigestab mit goldener Spitze.
Das Orchester intoniert eine kurze Eröffnungsmelodie, dann hebt der Ausrufer den Stab.

2. Beschreibung der Pantomime von Cordays Ankunft in Paris

Fassung B

Musik von Flöte, Laute und Trommel. Die Patienten vermitteln mit wenigen Verkleidungen und vorgezeigten Einzelheiten den Eindruck eines Straßentrubels. Einige stellen Stutzer und Gecken dar, andere stolzieren als halbentkleidete Damen, und die Typen der »Merveilleuses« und »Incroyables« werden um so lächerlicher, als ihre Utensilien nur aus ein paar zusammengerafften Fetzen, Schleifen und Papierhüten bestehen. Andere spielen Straßenhändler und Akrobaten.
Corday kommt aus dem Hintergrund hervor. Sie spielt das Mädchen vom Land, das zum ersten Mal in die große Stadt kommt. Naiv übertreibt sie das Erstaunen. Die vier Sänger stellen sich neben dem Podium auf.
(1. Strophe) In der Pantomime werden Fähnchen geschwungen. Promenierende und Verkäufer werden dargestellt. Corday verweilt und wird beraten. Es wird auf den Messerschmied hingewiesen, der im Hintergrund mit seinen Waren jongliert.
(2. Strophe) Der Messerschmied tänzelt nach vorn. Corday wird auf ihrem Weg zu ihm abgelenkt von Händlern, die ihr allerlei obskure Ge-

genstände anbieten. Akrobaten umspringen sie, Herren machen sich an sie heran und wollen sie festhalten. Bilder und Blumen werden ihr entgegengestreckt.

(3. Strophe) Corday tritt an den Messerschmied heran, dieser bietet ihr mit Grandessa seine Sammlung von Waffen an. Sie wählt ihren Dolch, nimmt ihn entgegen und bezahlt. Sie verbirgt den Dolch unterm Brusttuch. Der Verkäufer schaut ihr in den Busen und beschreibt eine Gebärde der Bewunderung.

(4. Strophe) Aus dem Hintergrund wird ein Leiterwagen nach vorn geschoben. Im Wagen stehen ein paar Patienten in Hemden. Einer hält ein Kreuz, das aus ein paar zusammengebundenen Besen besteht. Ein anderer trägt eine goldene Pappkrone. Es wird fast lautlos in die Hände geklatscht und gezischt. Zwei Patienten stellen, ineinander verhakt und von einem Tuch bedeckt, ein Pferd dar, auf dem einer reitet, in der hocherhobenen Hand einen Nachttopf, an den er mit einem Löffel schlägt. Das Zischen schwillt an. Dazu ein fortwährendes unterdrücktes Kichern.

Die Pfleger und Schwestern stehen seitwärts auf den Estraden und überwachen das Ganze.

Das Fuhrwerk wird vorn am Podium vorbeigezogen. Henker und Henkersknechte sind in rote Gewänder gehüllt. Ein paar Patienten nehmen den Umzug ernst, erregt laufen sie neben dem Wagen her, zischen und spucken. Die übrigen Patienten geraten im Mittelgrund der Bühne in ein orgiastisches Gewühl. Einige werden von Konvulsionen ergriffen, drehen sich verzückt und verkrümmt, andere werfen sich in Krämpfen nieder, tanzen, schütteln sich und reißen die Münder auf. Fortwährend das gedämpfte Kichern.

(5. Strophe) Das Pferd bricht zusammen, unter dem Umhang strampelt man sich frei. Vom Mittelgrund der Bühne ist das Stampfen und Scheuern der Füße zu hören. Dazu das Geräusch des schweren Atmens und Zischens. Die Musik ist zu Ende. Sade steht von seinem Sitz auf und überblickt die Bühne. Marat sitzt zusammengesunken über seinen Papieren.

Simonne ist auf ein Podest gestiegen und blickt sich um, verstört, die Hand vor dem Mund und das Tuch in der andern Hand wringend. Roux steht im Hintergrund auf der Estrade. Zwei Pfleger halten sich dicht in seiner Nähe. Ein paar Schwestern sondern sich ab und knien zum Gebet nieder.

(Corday: Was ist das für eine Stadt) Gleichzeitig: Kissen und Bündel werden auf Stöcken emporgehalten. Eine Carmagnole wird getanzt. Die Choreographie der Vorgänge hat etwas Ausschweifendes und Unheimliches. Im Mittelgrund der Bühne, hinter dem Podium, wird aus einigen Podesten ein Aufbau errichtet. Dort fährt der Karren vor. Der Scharfrichter nimmt auf der Erhöhung Platz. Zwei Patienten stellen die Guillotine dar. Die Verurteilten verlassen den Karren und müssen das Podest ersteigen.

Die Hinrichtung wird vorbereitet. Die vier Sänger halten einander umschlungen und vollziehen einen eigenen schaukelnden Tanz.
Die Corday ersteigt das Podium und setzt sich rechts auf ein Podest. Sie bleibt dort versunken sitzen. Duperret steht hinter ihr, unterhalb des Podiums. Marat richtet sich hoch in der Wanne auf. Die beiden Pfleger stehen schon da, um ihn wieder niederzudrücken. Simonne sitzt hinter der Wanne, besorgt, bereit, aufzuspringen.
Auf der Richtstätte wird die erste Guillotinierung vollzogen. Der Verurteilte wird auf den Bauch gelegt, die Hände hält er auf dem Rücken. Der eine Patient, der die Guillotine darstellt, läßt den ausgestreckten Arm niederfahren und zielt mit der flachen Hand auf seinen Nacken. Der Körper wird weggerollt und der Henkersknecht hält ein rundes Bündel in der Form eines Kopfes hoch. Die umstehenden Patienten bewegen die Hände in einem lautlosen Klatschen. Eine neue Hinrichtung wird eingeleitet. Im Hintergrund eilen ein paar Patienten mit einem großen wehenden schwarzen Tuch um die Bühne. Ein Patient wird von einem gewaltsamen Anfall ergriffen und von den Pflegern zu einem Tisch getragen und dort festgeschnallt.
(Coulmier: Herr de Sade / so geht das nicht) Sade reagiert nicht auf die Anrede. Er blickt mit spöttischem Lächeln über die Bühne.
(Ausrufer: Wir zeigen nur was sich in unserer Stadt) Zeigt mit dem Stab auf die Hinrichtungsszene. Langer Trommelwirbel. Abermals wird eine Hinrichtung pantomimisch ausgeführt. Zwei Verurteilte stehen vor der Guillotine. Der eine wird niedergelegt. Der andere steht mit hocherhobenem Kopf, die Hände auf dem Rücken.
(Corday: Seht wie ihr da oben unbeweglich steht) Sade tritt langsam zum Podium. Corday bleibt auf dem Podest stehen. Sie schließt die Augen und scheint im Stehen zu schlafen. Die Bewegungen der Patienten im Hintergrund sind zu Ende. Sie werden von den Pflegern rechts und links zu den Estraden geführt, wo sie sich hinlegen. Die Ausstattungsgegenstände werden abgelegt. Einige Schwestern stehen in einer Reihe hinter der Pantomimengruppe, falten die Hände und beten. Die Hinrichtungspantomime ist beendet.

3. Pantomime und Projektionen zum Gespräch über Leben und Tod

In der Fassung A zeigt der Ausrufer während des Dialogs Projektionen:
Sade: Das Prinzip alles Lebendigen sei der Tod: Projektion von Breughels Totentanz.

Sade: Jeder Tod auch der grausamste / ertrinkt in der völligen Gleichgültigkeit der Natur: Projektion einer Gebirgslandschaft.
Sade: Die Natur aber würde schweigend zusehen: Projektion einer Wüstenlandschaft.
Sade: O dieses reglose Zusehn dieses Gesicht aus Eis: Projektion einer Polarlandschaft.
Sade: Wie versuchten wir nicht seit jeher ihren Grundsatz zu erfüllen / nach dem der Schwache dem Starken / auf Gnade und Ungnade ausgeliefert ist: Projektionen von Folterwerkzeugen, danach Abbildungen von mittelalterlichen Torturen.
Im folgenden erscheinen zeitgenössische Bilder von den beschriebenen Hinrichtungen. Die Hinrichtung des Damiens.
Sade: Und unsere Inquisition: Es erscheinen jetzt in kurzer Folge Projektionen von einer Kriegsmaschine Leonardos, einem Panzerkreuzer der Jahrhundertwende und dem Rauchpilz einer Atombombe.

La Lanterne Magique

Venez voir La Réligion de nos pères et mères
pour 20 sols

Die gleiche Szene in der Fassung B:
Marat: Ich las bei dir Sade / in einer deiner unsterblichen Schriften / das Prinzip alles Lebendigen sei der Tod.
Die Pantomimengruppe hinter dem Podium steht bereit. Eine Figur stellt mit primitiver Maske den Tod dar. Eine Figur steht mit entblößtem Ober-

körper da. Eine Figur trägt die Haube eines Inquisitors. Zwei andere spielen die Folterknechte. Patient 1 schleicht sich von hinten herbei und nimmt zwischen den Pantomimen seine verrenkte Haltung ein. Eine Schwester nähert sich auf Zehenspitzen, ergreift ihn und trägt ihn in ihren Armen fort.

Die Tortur-Pantomime beginnt. Der Tod steht erhöht über der Gruppe. Unterhalb des Todes sitzt der Inquisitor. Das Opfer kniet mit ausgebreiteten Armen davor. Die Folterknechte stellen einzelne Phasen der Peinigung dar. Das Gesicht des Opfers ist schneeweiß und reglos. Es wird gezeigt, wie das Opfer mit Messern geschnitten wird, wie ihm die Nägel ausgezogen werden, wie ihm die Haut abgetrennt und ihm die Augen ausgestochen werden. Es wird gezeigt, wie das Opfer gepeitscht, aufgehängt und gerädert wird, wie es erdrosselt und zerbrochen wird.

Die Pantomime geht über in die Darstellung der Hinrichtung des Damiens:

Das Opfer lehnt an einem Brett, Arme und Beine seitwärts ausgestreckt. Die Pantomime zeigt die genannten Torturen an. In der Pantomime wird dem Opfer ein schwarzes Tuch über den einen Arm gehalten, dann auch über den anderen (»so verlor er den ersten Arm und dann den zweiten«). Das Opfer reißt den Mund weit auf. Das eine Bein des Opfers wird verdeckt, dann das zweite. Das Opfer schließt und öffnet den Mund. Das Besenkreuz wird vorgehalten. Der Gefolterte verendet. Die Pantomimengruppe zieht mit straffen, geregelten Bewegungen ab.

III. Proben zu ›Marat/Sade‹

Theaterexperimente, deren Erfolge ungewiß sind, leisten sich heute nur wenige deutsche Theater. Das Schillertheater in Berlin wagte es mit dem neuen Stück von Peter Weiss. Ein großer Aufwand war nötig: 22 Schauspieler, 40 Choristen und Statisten sowie 5 Musiker wirkten mit. Peter Weiss als Autor und Bühnenbildner, Frau Palmstierna-Weiss (Kostüme), Majewski als Komponist und Deryk Mendel (Choreographie) standen dem Regisseur Konrad Swinarski als Team zur Seite.
Die Probenzeit betrug drei Monate, die Premiere fand am 29. April 1964 statt.

Die drei Fassungen des Stückes
Als das Schillertheater im Herbst 1963 Swinarski die Regie für Weissens Stück übertrug, diskutierten Autor und Regisseur die Möglichkeiten einer Realisierung der 1. Fassung des Stückes. Das Stück stellte hohe Ansprüche an die Realisierung auf der Bühne:

- räumliche und zeitliche Vielschichtigkeit der scheinbar zufällig aneinandergereihten Szenen,
- die Handlung, die Ermordung Marats, dient nur als Vorwand, ein philosophisches Gespräch zu etablieren,
- teilweise pantomimische Illustration des Textes,
- Musik nicht nur als begleitender, sondern mitbestimmender Faktor,
- schließlich waren Projektionen von Schlachtschiffen und Atombomben als außerzeitliche Elemente vorgesehen.

Swinarski regte Weiss an, die Anforderung, welche das Stück an das Theater stellt, zu reduzieren, um der Gefahr einer »Überfüllung« der Szenen aus dem Wege zu gehen. Weiss erklärte sich bereit, Änderungen vorzunehmen.
Zunächst fielen die Projektionen weg, die mittels einer zeitgenössischen Laterna Magica auf ein Tuch im Hintergrund projiziert werden sollten. Die Projektionen waren gedacht während der Gespräche zwischen de Sade und Marat über Leben und Tod, bei den Hinrichtungsszenen sowie während

der pantomimischen Umzüge. An die Stelle der Projektionen trat nun in der 2. Fassung eine realistische Illustration des vorn auf der Bühne gesprochenen Wortes durch pantomimische Bewegung der Patienten. Aber in den Diskussionen über die 2. Fassung erwies sich an einigen Stellen (z. B. bei der Hinrichtung des Damien) jede über das Wort hinausgehende zusätzliche bildliche oder pantomimische Darstellung als ein Zuviel und wurde in der 3. Fassung herausgelassen. Hier in der 3. und letzten Version des Stückes waren dann auch erstmals die einzelnen Abschnitte des Stückes mit Überschriften versehen, die der Ausrufer ankündigen sollte; doch bei der Probenarbeit reihten sich die Szenen so harmonisch aneinander, daß nur noch wenige Szenen einer Ankündigung durch den Ausrufer bedurften.
Entscheidenden Einfluß hatte Swinarski auf die Änderung des von Weiss vorgegebenen Schlusses (siehe Interview mit Weiss), sonst änderte sich während der Arbeit an den drei Fassungen der *Text* im wesentlichen nur in der Konventszene, die Weiss auf Anregung Swinarskis kürzte und umschrieb, und die Szene *Marats Gesichte* erfuhr eine Änderung in der textlichen Anordnung. Die zur Aufführung gelangte dritte Fassung unterscheidet sich von der Buchausgabe (*edition suhrkamp*, Band 68) nur auf Seite 90/91. Für die Berliner Aufführung hat der Autor einen Textabschnitt, der die Verurteilung Marats in *Marats Gesichte* (26) vervollständigt, aus den ersten beiden Fassungen wieder hineingenommen (von S. 90 Marat: »Simonne« bis S. 91 Vertreter des Militärs: »Damen«).

Kostüme
Die Differenzierung der Personen erforderte eine deutliche Abstufung der Kostüme in Form und Farbe. Die Hauptdarsteller sollten sich von den übrigen Patienten klar abheben, und die einzelnen Stände und Gruppen unterschieden werden. Dem Entwurf der Kostüme durch Frau Palmstierna-Weiss, gingen längere Studien des historischen Bildmaterials in der Pariser *Bibliothèque Nationale* voraus.
1. Gruppe: De Sade, Marat, Corday und Duperret erscheinen als reiche Leute, sie tragen auch in der Anstalt ihre eige-

nen Kleider. Die Kostüme halten sich eng an die historischen Vorlagen, sind aber in der Farbe weitgehend auf ein graues Weiß reduziert.

2. Gruppe: Die Sänger. Als farbigste Gestalten stellen sie den vierten Stand in der Revolution dar. Sie tragen alle vier rote Jakobinermützen, eine rote Linie, die ihre Gruppe als Einheit verdeutlicht.

3. Gruppe: Diese Gruppe wird gebildet aus der Familie Coulmier und dem Personal der Anstalt: den Pflegern und Nonnen.

Coulmiers Kostüm ist in zwei Farben gehalten: blaß-lila und grau. Der überwiegende Grau-Ton stellt die Verbindung zu der grauen Kleidung der Pfleger und Nonnen her. Die Nonnen trugen anfangs noch lange, weiße Schürzen. Dadurch waren sie aber zu wenig von den Patienten unterschieden, deshalb ließ Frau Palmstierna-Weiss später die Schürze wegfallen. Das Lila setzt sich in den Kostümen von Coulmiers Frau und Tochter fort, die den typischen Prunk der damaligen Neureichen tragen. Das überaus farbige Napoleonbild, welches in der Schlußszene als Soffitte heruntergelassen wird, gehört auch in diese Gruppe.

4. Gruppe: Die Patienten sowie die Gestalten der pantomimischen Umzüge. Die Patienten sind alle mit einer Art Zwangsjacke bekleidet und weiß geschminkt, so daß sie sich als anonyme Masse im Hintergrund wenig vom Bühnenbild abheben. Bei den Gestalten der Umzüge bildet die Anstaltskleidung die Grundlage, dazu kommen besondere farbige Effekte oder Requisiten zur Verdeutlichung.

Der Chor der Patienten

Die Anordnung der ununterbrochen auf der Bühne weilenden Patienten (Chor und Statisten) bereitete einige Schwierigkeiten. Swinarski dachte anfangs an einen realistischen Aufbau mit Pritschen und Wannen. Da aber so im Hintergrund ständig Bewegung und Unruhe entstand, die die Aufmerksamkeit des Publikums ablenken konnten, wurde ein 2–3 Meter hoher Vorhang erwogen (den auch Weiss im Stück vorschreibt), der seitlich zugezogen die Patienten verdeckte, wenn sie nicht unmittelbar am Geschehen teilnahmen. Doch bevor dieser Plan

verwirklicht wurde, kam Swinarski auf die Idee, die Patienten in einer Art Chorgestühl, wie eine Bienenwabe im Hintergrund angeordnet, unterzubringen, so daß sie sich isoliert voneinander in das Bühnenbild eingliederten.
Frage: Welche Funktion hat der Chor in der Inszenierung?
Swinarski: Der Chor ist in dem Stück zweimal vertreten: einmal durch die vier Sänger und zum anderen durch die Patienten. Die vier Sänger vertreten den vierten Stand in der französischen Revolution. Der Chor der Patienten ist eigentlich Kommentator, sowohl für Sade als auch für Marat. Er ist einstudiert und stellt eine Masse dar, die für jeden Gedanken zu bewegen ist. Er sitzt in einer Art Chorgestühl (wie man es in Gefängnissen findet) und kann dadurch nur beschränkt agieren.

De Sade und Marat
Das Grundarrangement veranschaulicht den Gegensatz zwischen den beiden. De Sade sitzt ganz links, Marat rechts. Allerdings ließ die Trennung durch die zwischen den beiden liegende »Spielfläche« einige Probleme aufkommen, denn während der Gespräche störte jede Bewegung auf oder hinter der Spielfläche. Nachdem der hintere »Estradenvorhang« durch das Chorgestühl ersetzt worden war, probierte Swinarski aus, ob das Gespräch in Gegenwart der Patienten oder ohne sie stattfinden sollte. Er entschied sich für die letzte Form. Diese Szene bedurfte mehrerer Einzelproben, bei denen systematisch die Stellung der Schauspieler zu ihren Rollen erörtert wurde. Beide Schauspieler trugen intensiv zur Klärung der Fragen bei.
Swinarski achtete darauf, daß das Gespräch für das Publikum mehr ein »konzipiertes Spiel« als ein »wahres Spiel« zwischen Links und Rechts (im politischen Sinne) ist.

Der Schluß
Ein wichtiges Stadium der Probenarbeit war die Festlegung des Stückschlusses. Im ersten Probenmonat schon arbeitete Swinarski an verschiedenen Möglichkeiten.
Der Marsch, welchen die Patienten nach der »Napoleon-Apotheose« formierten, war schnell gestellt. Coulmier gab

seinen Wächtern das Zeichen zum Zurückdrängen der Patienten, nachdem er vergeblich versucht hatte, den Zug aufzuhalten. Während die Patienten von den Wächtern niedergeschlagen wurden, triumphierte der Tod als tanzendes Gerippe über dem Geschehen.
Doch diese Lösung erzielte nicht den erhofften Effekt einer direkten Widerlegung Napoleons, dessen Bild als Wahrzeichen der Restauration über der Szene hing.
In abendlichen Besprechungen wurde nun der Schluß Schritt für Schritt durchdiskutiert und Swinarski setzte neue Proben an.
Coulmier, der während des Stückes nur beobachtend und protestierend auf seinem Podium weilte, direkt in das Spiel eingreifen zu lassen, erschien jetzt nicht mehr überzeugend genug. An seine Stelle trat Roux, der sich dem Marsch entgegen wirft und ihn aufzuhalten sucht. Der Tod, der in der ersten Konzeption schon bei Beginn des Schlußmarsches auf der Bühne tanzte, trat jetzt nur noch kurz auf. Und da der Marsch sich auf das Publikum zu bewegen sollte, bot sich für den Auftritt des Todes der Souffleurkasten geradezu an. So sah man ihn – mit dem Rücken zum Publikum – als Napoleon langsam aus dem Souffleurkasten steigen, alle jubelten ihm zu, blitzschnell drehte er sich um und erschien als Gestalt des Todes. Über den vor Schreck erstarrten Gesichtern der Patienten senkt sich der Vorhang, während de Sade über seinen gelungenen Witz lautlos lacht.
Frage: Warum haben Sie Weiss dazu angeregt, den Schlußmarsch mit dem Auftritt des Todes enden zu lassen?
Swinarski: Ursprünglich endete das Stück mit einer höhnischen Napoleon-Apotheose, was besagt, daß aus der Ermordung Marats die napoleonische Diktatur folgt. Auf diese Andeutung sollte sich ursprünglich das Finale beschränken. Aber wenn das Stück eine Zeitbezogenheit haben soll, so muß aus der durch den Tod unterbrochenen Diskussion eine Lehre, ein Schluß gezogen werden, nämlich der, daß die ungehinderte Diskussion zwischen einer Rechten und einer Linken innerhalb einer Gesellschaft einem Zustand entspricht, den man als Demokratie auslegen könnte. Ist die Möglichkeit dazu in einer Gesellschaft aufgehoben, so ist diese Gesellschaft der

Macht der Herrschenden ausgeliefert. Das Stück endet damit, daß Kranke sich hinreißen lassen zu einem Marsch, der alle individuellen Wünsche in ein blindes, gemeinsames »Vorwärts« aufgehen läßt. Und wenn der Tod zum Schluß alle zum Stillstand bringt, ist es wiederum nur ein Witz in de Sades Inszenierung und sollte niemals mit einer »objektiven Interpretation der Geschichte« gleichgestellt werden. Zieht das Publikum trotzdem diesen Schluß, so ist es sein Recht und seine Schuld.

Dieter Stér

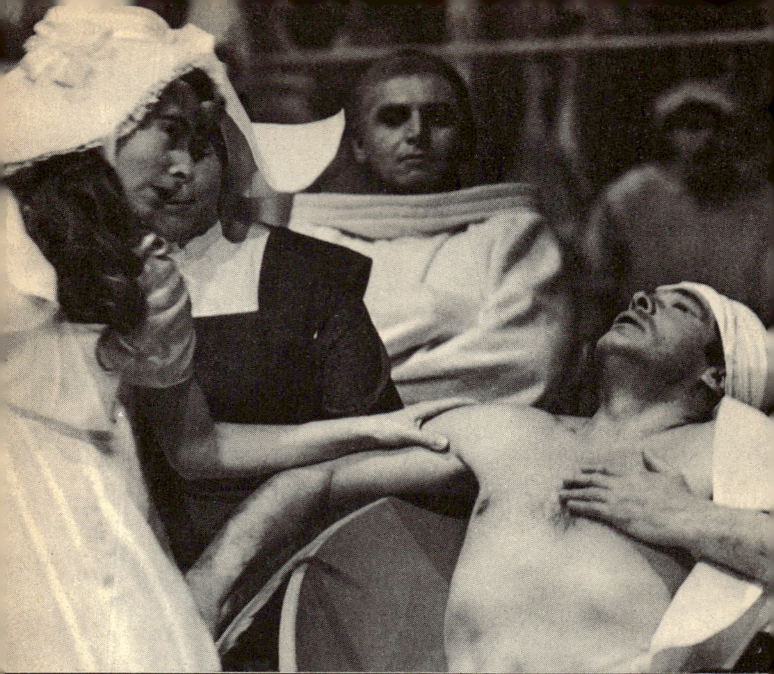

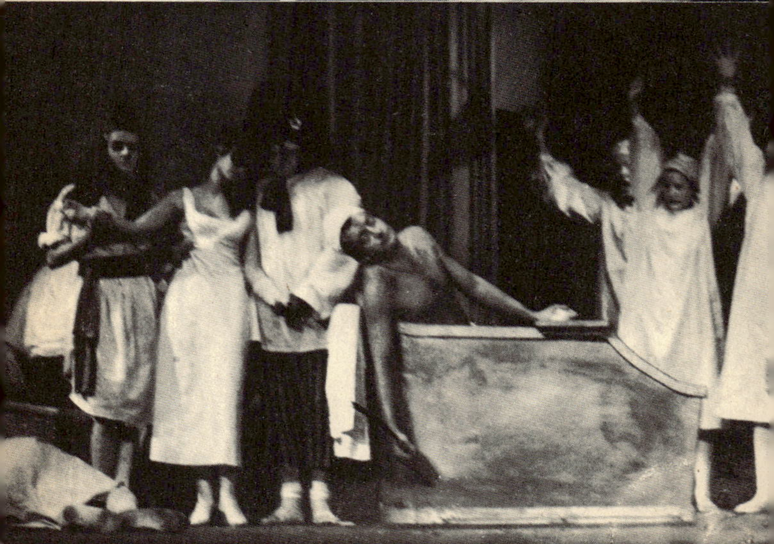

IV. Vier Kritiker über vier Aufführungen

HENNING RISCHBIETER
SWINARSKIS INSZENIERUNG IN BERLIN

Der Erfolg war stürmisch. Die Mehrheit des Publikums erwärmte sich am Beifall, Autor und Regisseur wurden mit Bravorufen überschüttet. Wenige Buhs gingen im langanhaltenden Applaus unter. An derselben Stelle, an der vor anderthalb Jahren Walsers *Eiche und Angora* durchfiel, im Berliner Schiller-Theater, siegte Peter Weissens Stück mit dem monströsen Titel *Die Verfolgung und Ermordung des Jean Paul Marat, dargestellt durch die Schauspielgruppe des Hospizes zu Charenton unter Anleitung des Herrn de Sade.*

Nichts im bisherigen Werk des heute siebenundvierzigjährigen Autors scheint auf dieses Stück vorzuweisen. Weiss, der seit langem malt, schreibt und auch Filme gedreht hat, ist nicht in dem Gastland Schweden, das er seit Jahrzehnten bewohnt, sondern erst in seinem Geburtsland Deutschland, in das er (literarisch) spät zurückkehrte, zu Erfolg gekommen, zu relativem Erfolg. Er trat 1960 bei Suhrkamp mit experimenteller, mikroskopscharfer Prosa *(Der Schatten des Körpers des Kutschers)* auf, publizierte 1961 und 1962 zwei fließend, ziehend erzählte Bände Autobiographie *(Abschied von den Eltern* und *Fluchtpunkt)*, rückhaltslos, gefühlvoll und analytisch. 1963 erschien wieder ein experimentelles Prosastück, eine dunkle, zerstückte Wort- und Bildballade *Das Gespräch der drei Gehenden*, strindberghaft in der Schilderung der dunklen Verstrickungen des Geschlechts, surrealistisch in der Technik der am Rand ineinander verschwimmenden, im Kern traumscharfen Einzelheiten.

Dann, ebenfalls 1963, ein erster Text für das Theater, das Gruselstück *Nacht mit Gästen*, eine raffiniert primitive Bauern- und Räubergeschichte in gereimten Versen (siehe *Theater heute* 1/1964). Weiss ging von der Prosa zugleich zum Vers und zum Theater über. Nun das Stück über Marat und de Sade. Es ist die erste literarische Frucht der (Wieder-)

Entdeckung de Sades für Deutschland (seit zwei Jahren erscheinen Werke des »göttlichen Marquis« in deutscher Sprache, am pfleglichsten vom *Merlin-Verlag* in Hamburg ediert). Weiss ist fasziniert von der Unerschrockenheit, der Illusionslosigkeit, der Außenseiterrolle de Sades in seinem Jahrhundert. Er stieß in der Biographie dieses Enzyklopädisten der sexuellen Verhaltensweisen auf zwei Fakten: de Sade hatte 1793 als Mitglied des Jacobinerklubs die Totenrede auf den von Charlotte Corday ermordeten Marat gehalten, und er hatte, von 1801 bis zu seinem Tode 1814 in der Heilanstalt Charenton interniert, mit den Insassen Theateraufführungen veranstaltet. Die Stücke, die de Sade zu diesem Zweck schrieb, bestanden (so Peter Weiss in den Anmerkungen zu seinem Stück) zumeist »aus Deklamationen im herkömmlichen Stil«. De Sades dramatische Auffassung werde vielmehr in seinen Prosadialogen, vor allem in *La philosophie dans le boudoir,* deutlich, in denen »analysierende und philosophische Dialoge gegen Szenerien körperlicher Exzesse gestellt werden«.
Da haben wir die Formel auch für Weissens Stück. Denn er läßt vor einer bewegten, brodelnden Kulisse von Irren de Sade mit Marat (genauer mit einem Irren, der den Marat figuriert) philosophische und politische Grundfragen erörtern. Kein Drama findet statt, sondern Positionen begegnen sich, Anschauungen werden demonstriert. Die Sympathie des Autors scheint vorab der Position de Sades zu gehören. Er vertritt den bis »zum äußersten geführten Individualismus«, er haßt die Natur, sieht im Tode das Prinzip alles Lebendigen. »Ich bin fähig zu allem und alles füllt mich mit Schrekken.« De Sades ans Verbrecherische grenzender Erkenntnisdrang im Bereich des Geschlechtlichen wird von ihm selbst sozial interpretiert: »in einer Gesellschaft von Verbrechern / grub ich das Verbrecherische aus mir selbst hervor«. Die Revolution ist ihm entzaubert: sie führt »zu einem Versiechen des Einzelnen ... unter einem Staat / dessen Gebilde unendlich weit / von jedem einzelnen entfernt ist«. De Sades Gewißheit am Ende seines Lebens heißt dagegen: »nah ist nur dieser Leib / ... / als ich in der Zitadelle lag / dreizehn Jahre lang / da habe ich gelernt / daß dies eine Welt von Leibern ist / ... / diese Gefängnisse des Innern / sind

schlimmer als die tiefsten steinernen Verliese / und so lange sie nicht geöffnet werden / bleibt all euer Aufruhr / nur eine Gefängnisrevolte /«. Radikale Emanzipation des Geschlechts, Befreiung der Triebe heißt also de Sades Folgerung – der Chor der Irren nimmt sie verzerrt auf: »Denn was wäre schon diese Revolution / ohne eine allgemeine Kopulation /«.

Hat Weiss die Position des aufs Kollektiv gerichteten Revolutionärs, des egalisierenden Sozialisten Marat, schwächer ausgestattet? Der vom Ausschlag befallene, halbnackte Mann in der Badewanne ist ein fanatischer Unruhiger, er kapituliert nicht vor der »großen Gleichgültigkeit«, sondern müht sich, ihr »einen Sinn zu erfinden«. Er weiß um die schwere Geburt des Neuen, er formuliert Marxens Ansicht über die Verzahnung von Theorie und Praxis, von Denken und Handeln auf seine Weise: »Wie wir uns auch abmühen / das Neue zu fassen / es entsteht doch erst zwischen ungeschickten Handlungen /«. Er hält Gewalt für unentbehrlich, auch er spricht wie de Sade in die Zukunft, in unsere Gegenwart: »Laßt euch nicht täuschen / ... wenn es heißt / daß die Zustände sich jetzt gebessert haben / Auch wenn ihr die Not nicht mehr seht / weil die Not übertüncht ist /.«

In mehrerlei Weise wird Marats Stimme verstärkt: durch die des ehemaligen Mönches Jacques Roux, einen fanatischen, terroristischen Sozialisten – und durch die vier Sänger, »halb Volkstypen, halb Possenreißer«. Sie sind die Stimme des Lumpenproletariats, des künftigen Anarchismus, der fröhlichen Unordnung. Sie wiederholen oftmals die vier Verse: »Marat was ist aus unserer Revolution geworden / Marat wir wollen nicht mehr warten bis morgen / Marat wir sind noch immer arme Leute / und die versprochenen Änderungen wollen wir heute /«.

Schließlich gehören zum Konzert der Stimmen und Positionen noch Charlotte Corday, die Mörderin, und ihr Liebhaber Duperret, girondistischer Abgeordneter, elegant und blasierter Liberaler. Charlotte wird von einer Somnambulen dargestellt, ihre Klage über den Blutgeruch der Revolution gehört zu den schönsten »Arien« in freien Rhythmen, die das Stück durchsetzen. Sie ist vom Blut, vom Geschlecht und von

Marat ebenso fasziniert wie angewidert – ein schwankendes Bündel starker, widerstreitender Gefühle.
De Sade ist zugleich Partner und Dirigent des rationalen und emotionalen Konzerts – außer ihm hat der Autor aber noch zwei Außenfiguren hinzugefügt. Coulmier, den Direktor der Heilanstalt Charenton, einen bornierten Anhänger Napoleons, den die Radikalismen Marats erschrecken und zum Einspruch nötigen. Er hält das Spiel in Charenton (1808) fest, sorgt dafür, daß es weder allzusehr in die Vergangenheit (1793) noch in die Gegenwart (1964) entgleitet – und Coulmier bereitet auch den Theatereffekt des Schlusses vor: die gänzlich entfesselten, nach Gewalt dürstenden Irren formieren einen Zug, an dessen Spitze sich der Diktator Napoleon setzt – der sich als der Tod enthüllt.
Aber nicht genug mit dem Regisseur de Sade und dem Zensor Coulmier. Es gibt überdies noch einen Ausrufer im Harlekinskittel. Er fungiert als Erzähler und Inspizient, er stellt auch am unmittelbarsten, wenn auch nicht immer auf höchstem Niveau, die Beziehung zum Publikum von heute durch Anspielungen her (»Wir bitten geehrtes Publikum / zu bedenken, wie unüberlegt und dumm / das Volk immer wieder ins Unglück gerät / ... Anstatt solch kopflose Ungeduld zu zeigen / sollte es in dieser schwierigen Zeit lieber schweigen / und für jene arbeiten und ihnen vertrauen / die aus eigener Kraft wieder was aufbauen / Genau wie Sie meine Damen und Herren /« – so und ähnlich hört sich das an).
Der Ausrufer spricht nur in Knittelversen, in unregelmäßigen, vierhebigen mit dem groben Kitt der paarweisen Reime. Es ist nicht immer ganz auszumachen, wo diese Verse rauhe Frische haben und wo sie sprachliches Ungeschick verdecken – holpert der Autor oder wollte er seine Figuren redend holpern lassen? Jedenfalls ist der Kontrast der Knittelverse zu den weiter oben ausgiebig zitierten freien Rhythmen (nach Brechtschem Muster) von hohem Reiz – die dünne, aber vielfädige Gedanklichkeit des Stückes wird so Klang, Bild. Die wahre Raffinesse des Werkes aber liegt darin, daß Wort, Klang und Bild noch kontrapunktiert werden durch Körper und Fleisch.
Hier ist der Punkt, wo man nicht mehr allein vom Stück zu

reden hat, sondern zugleich von der Berliner Aufführung. Sie ist vom Autor zusammen mit dem Regisseur Konrad Swinarski erarbeitet worden. Swinarski half Weiss schon bei der Herstellung der dritten, jetzt im Druck veröffentlichten Textfassung (edition suhrkamp, Band 68), die auch der Aufführung zugrunde liegt. Weiss entwarf selbst das Bühnenbild, einen realistischen Raum, den Baderaum des Hospizes, grau, mit Fliesen, Rohren, Wannen, eine Tribüne mit Krankenkabinen (an Chorgestühl erinnernd) im Hintergrund, links Coulmier mit Familie auf einem höheren Podest, de Sade im Sessel auf einem niederen, rechts Marat halbnackt in der Wanne. Die Kostüme hat Weissens Frau, Gunilla Palmstierna-Weiss, entworfen. Auch sie sind im gedruckten Text, wie fast das ganze Arrangement, schon vorgezeichnet. Da steht: »Coulmiers Frau und Tochter bilden zusammen eine Gruppe in der Farbe von bleichem Lila und Perlgrau, von Juwelen und glitzerndem Silber überschüttet.« Charlotte Corday trägt ein dünnes, durchsichtiges, weißgraues Seidenhemd »vom Schnitt eines Directoire-Gewandes«. Die Farbenskala der Bühne und der Kostüme ist von sparsamer Raffinesse, von weiß zu grau in vielen Nuancen. Helle weißlichrote und weißlichblaue Farbflecke bei den Harlekinsflicken der Sänger- und Ausruferkostüme. Grauweiß überstäubt auch das Fleisch. Es wird entblößt: wenn der Vorhang aufgeht, steht ein nackter Mann in der Mitte der Bühne, zeigt dem Publikum den Hintern. Krankenpfleger spritzen aus großen Zerstäubern weißlichgraue Flüssigkeit auf sein Fleisch. Hinter einem weißen Tuch geht der Nackte ab (dieser Auftakt, die ästhetische Spannweite der Aufführung präludierend, steht nicht im gedruckten Text).
Auf dem Höhepunkt des Stückes entblößt de Sade seinen Oberkörper, um sich von der Corday auspeitschen zu lassen und unter der Geißelung sein Credo zu sprechen. Ernst Schröder, der in Berlin den de Sade spielt, bringt es fertig, seinen massigen, fetten Körper zu zeigen, ohne daß der unangenehme Effekt eintritt, den sonst bloße Haut auf der Bühne verursacht. Das Grau, das unendlich abgestufte, von Geist zu Fleisch ausgespannte, hilft ihm, aber auch seine eigene Sprechkunst, die doch wohl im Kern Denkkunst, Mitdenk-

kunst, ist. Die Faszination, die von diesem Schauspieler in dieser Rolle ausgeht, ist einzigartig. Er spricht aus der Tiefe der Trauer, eher leise, aber immer klar. Es gibt da keine Trübung, nichts Ungeklärtes. Gesten sind selten, schweres, in sich versacktes Stehen, Sitzen genügt. Einmal ein zeitlupenhaft langsamer, ausdrucksvoller Gang über die halbe Bühne: de Sades Vergötzung des Leibes wird Ereignis in diesen Bewegungen wie aus einem klaren Alptraum.

Wird nicht durch diese exzellente Darbietung des Textes, der Figur der Eindruck verstärkt, daß des Autors Sympathie de Sade gehört? Natürlich ist die Rolle des Marat, des Eiferers, die schwerere, diejenige, die dem deutschen Publikum von 1964 kaum annehmbar erscheinen wird. Wo denn auch in der politischen Realität der Bundesrepublik ist Jakobismus spürbar und wirksam? Peter Mosbacher, dem in Berlin der Part des Marat zufiel, zieht sich mit heftigem Nachdruck des Tonfalls aus der Affäre. Leider wird kein ebensolcher Nachdruck des Denkens in seiner Darstellung wirksam. Hohe, formbewußte Sentimentalität zeigt Liselotte Rau als Corday, Lothar Blumhagen als Duperret wird von seinem Kostüm (anliegende, bis an die Brust hochgezogene Beinkleider aus weißer Seide, Spitzenjabot, orangerote Perücke) schon getragen. Wolfgang Kühne spricht den Coulmier mit hinterlistiger, scheinheiliger Salbung. Stefan Wigger (Ausrufer) zieht aus der ironischen Untertreibung elegante, leichte Wirkungen. Aus dem Quartett der Sänger sticht strahlend die proletarische Trompetenstimme der Barbara Morawicz hervor, Helmuth Wildt wirft kompakte Expression in die Darstellung des Roux.

Die Vollkommenheit des Abends aber rührt schwerlich aus Einzelnem her: es ist eine in sich vielfältig kontrastierende, aber ästhetisch ganze, unteilbare Vision, die hier Bühnenereignis wird. *Ein* Ausdruckswille hat sich des Theaters bemächtigt, hat sich etabliert, manifestiert. Wir haben das seit Brecht und seinem Theater nicht mehr gehabt (so sehr viel enger, spezieller, ästhetisch verletzlicher und gewagter auch Weissens Vision sein mag).

Dazu gehört wie selbstverständlich die Verwendung vieler Theatermittel. Ich hätte wegen dieser Selbstverständlichkeit fast vergessen, daß Hans-Martin Majewski eine sehr geschickte, geschickt eingepaßte Musik für das von Weiss gewünschte merkwürdige Instrumentarium Harmonium, Laute, Flöte, Trompete und Trommel geschrieben hat und daß Deryk Mendel die proletarischen Sänger in ihren Märschen und Karrees, die Irren in ihren Attacken und Ausbrüchen zu pantomimischer Plastik führte.

GÜNTHER RÜHLE
HEYMES INSZENIERUNG IN WIESBADEN

Was im Frühjahr das Ereignis in Berlin war, kommt nun in die Provinz. In andere Dimensionen, zu anderen Kräften. Die Sensation um *Die Verfolgung und Ermordung Jean Paul Marats, dargestellt durch die Schauspielgruppe des Hospizes zu Charenton unter Anleitung des Herrn de Sade* hält an. Ja, sie verstärkt sich.

Im Wiesbadener Kleinen Haus – aus dem die Salonatmosphäre bisher kaum auszutreiben war – zog an diesem Abend ein neuer Geist ein. Dieses Stück verändert (da der Vitalismus, da die bösen Rituale der Genetschen *Neger* nur mit Verlust auf unsere Bühnen zu bringen sind) das Theater. Es gebiert Regisseure. Nach Swinarski in Berlin nun Hansgünther Heyme in Wiesbaden. Es weckt im Ensemble wieder die totale Lust am Zusammenspiel; am gemeinsamen Schrei, am wüsten Exzeß.

In Berlin erlebte man ein Wunder an Regie. Man traf auf Witz, Eleganz, spielerische Leichtigkeit, ironische Einfallskraft, höchste schauspielerische Konzentration (Ernst Schröder als Marquis de Sade). In Wiesbaden stehen die Schauspieler weit hinter den Berlinern zurück. Aber ihre Mängel werden fast ausgeglichen, weil die Regie sich auf eine neue Art mit dem Stück verband. Sie treibt den Exzeß heraus, der in ihm liegt. Swinarski kostete in Berlin den Reiz der Weiss'schen Knittelverse. Dort wurde über Reime gelacht, die leicht ihren Inhalt desavouieren, weil sie genießerisch ablenken. In Wiesbaden wurden die Reime unterdrückt oder bis zur Sprengung überbetont.

Nicht in Berlin, erst in Wiesbaden wird man in eine Irrenanstalt versetzt. Blöde, derangierte Gesichter, zuckende Glieder, wilde Grimassen. Im Hintergrund keine ansteigenden, ordnenden Sitzzellen (wie in Berlin), sondern zwei Gesimse, auf denen die Irren hocken wie Affen, zuckend, wackelnd, schlafend in Apathie. Auf der Vorderszene links der nackte Marat in der Wanne, neben ihm die blöde Simonne, die ihm die Tücher reicht (Manuela Bruhn), rechts auf dem Stuhl entspannt der Chef der Truppe, de Sade und die schlafende Mörderin Marats: die Corday. Das irre Volk wird durch Aufseher abgeriegelt, es wird zeitweise weggerückt durch einen Zwischenvorhang, wenn de Sade mit Marat spricht. Von dort bricht es immer wieder hervor. Es überflutet tobend die Szene. Unzügelbares, unkontrollierbares Element, Tier mit vielerlei Wünschen. Der Ansager (Wolfgang Robert) ist selber ein derangiertes Stück Natur, eine Visage, grell im Ton (ein Gegenstück zu dem tänzelnden, luziden, schönen Stefan Wigger in Berlin), sich überschreiend, wie die ganze Inszenierung auf Übermaß angelegt ist. Auf Exzesse. Marat, wie ein Christus auf der Wanne stehend, streckt schief die Arme aus, verzerrten Gesichts, als die irren Verleumder, die tatterigen Greise auf dem Wagen anrollen zur großen Szene seiner Diffamierung. Exzesse von Umzügen. Ein Chaos, als Marat nach einem neuen Staatschef ruft. Wildheit. Dann wüst dreinschlagende und erst nach langem das Volk siegreich niederknüppelnde Aufseher. Im Tumult fährt ein Eisengatter von oben herab und wird dann wieder aufgezogen, als sich die Szene beruhigt. Der Direktor, der das Spiel von Marats Ermordung kontrolliert, ist eine bullige Natur (Karl Supper).

Was in Berlin unbefriedigt ließ, war nicht die Qualität der Swinarskischen Inszenierung, sondern ihre Nähe zu einer früheren Form des Stücks. Sie hatte nicht überwunden, von wo sie noch ausgehen mußte. Von einem früheren Text, der erst auf den Proben ausgearbeitet wurde. Darum war sie mehr orientiert auf das, was in einer heute nicht mehr aufgenommenen Variante Marquis de Sade in der Schlußszene zu sagen hatte. »Es war unsere Absicht in den Dialogen, / Antithesen auszuprobieren / und diese immer wieder gegeneinander zu stellen, / um die ständigen Zweifel zu erhellen. /

Jedoch finde ich, wie ich's auch dreh' und wende, / in unserem Drama zu keinem Ende. So sehn sie mich in der gegenwärtigen Lage / immer noch vor einer offenen Frage.«

Im Berliner *Schillertheater* war das Hauptgewicht auf den philosophischen Disput zwischen Marat, dem Antreiber der französischen Revolution, und dem Individualisten de Sade gelegt, der die Revolution verließ, weil er die Unveränderbarkeit der menschlichen Natur erkannte. Der Disput wurde dort gestochen vorgetragen. Er wurde so ausgespielt, daß die nur leicht variierende Argumentation beider zeitweise ermüdete. In Wiesbaden wirken diese Dispute knapp und straff. Marat und de Sade kämpfen noch miteinander. Sie reden aufeinander ein, und für Marat (Günter Mack) wird jeder Satz wichtiger als die Rücksicht auf seinen Körper, der sich dauernd überanstrengt.

Die »offenen Fragen«, von denen das obige Zitat spricht, wirkten in Berlin als Unentschiedenheit. Damit das Ganze als ein nicht zu Ende gekommenes Stück. In Berlin wurde der Schluß, der Marsch des Volkes hinter Napoleon her, zwar noch wilder, ekstatischer und virtuoser gespielt als in Wiesbaden. Aber in Berlin wirkte er angehängt (*FAZ* vom 2. Mai). In Wiesbaden ist er organisch, weil er nur ein neuer, aber jetzt durch das Bild des Totengerippes abermals gesteigerter und enthüllter Exzeß ist.

In Berlin reichte dieser Schlußexzeß nicht mehr, um das ganze Stück zu einem Schreckbild zu machen. Was diesem Schauspiel von Artauds »Theater der Grausamkeit« innewohnt, wurde (auf dem deutschen Theater) erst in Wiesbaden frei. Erst hier fordert das Stück als Ganzes heraus. Als Schreckbild, als Bild der totalen Irrnis, der schlimmen Ziellosigkeit, in der die Argumente sich gegenseitig ersticken. Hier erst wurde die ästhetische Wirkung (die moralische Fragen intellektuell nimmt und die formale Virtuosität dieses Stücks betonte) aufgehoben von der wirklich moralischen. Man sieht in die Fratze Mensch, in der die einzige, die alte Frage des Theaters herausgepeitscht ist, die es zu stellen hat, die Frage: »Mein Gott, was sind wir?« Heymes Inszenierung endete damit, daß das Anstaltsgatter fiel, die Irren vorstürmten und sich in die Gefächer hängten, mit wüsten Blicken, dazu der blutende Marat: ein groteskes Bild von Schlächterei und Irrsinn. Die Hängenden begannen, sich selber Beifall zu klatschen.

Hier war jene »Offenheit« der Fragen, die erreicht werden muß. Nicht Unentschiedenheit in der Argumentation, sondern Ungewißheit über uns selbst: Die Aggression dieses »Marat« liegt in diesem Schock. Darum läßt der Sadist de Sade das Stück aufführen.

Der Wiesbadener de Sade (Werner Rundshagen) war im Vergleich mit Berlin fast unbedeutend. Aber er wurde durch den Ton, den Verlauf der Inszenierung herausgehoben und gerechtfertigt. Nur die Darstellerin der Charlotte Corday, der Mörderin Marats (Helga David), ist der Ruhepunkt der Inszenierung. Daß die Bühne, daß Regie dem Stück diese schokkierende Entschiedenheit zuführen kann, beseitigt jetzt (jetzt erst, wenn der Rezensent das sagen darf) seine Vorbehalte gegen das Stück. Erst so fordert es heraus. Erst so ist es die Negation eines selbstgewissen Publikums. Erst so läßt der Autor es nicht mit seinen eigenen Fragen allein.

ERNST WENDT

BROOKS INSZENIERUNG IN LONDON

Peter Brook, derzeit auf den Spuren Antonin Artauds experimentierend und auf eine Erneuerung des »Theaters der Grausamkeit« aus, beförderte die exzessiven Kräfte in Weissens Stück, die Kulisse aus Irrsinn darin. Daß es gelingt, Wahnsinn auf dem Theater ohne Peinlichkeit realistisch und individuell nuancierend vorzuführen, ist die ganz seltene Ausnahme. Swinarski in Berlin hatte sich vor dem Problem durch einen überzeugenden ästhetischen Effekt, das »Chorgestühl«, die Bienenwabe, in die er die Verrückten packte und mit dem Bühnenbild eins werden ließ, gerettet. Brook dagegen ließ sich auf das Äußerste ein: er reduzierte die Zahl der Patienten in Charenton, der Heilanstalt, auf ein gutes Dutzend und individualisierte sie. Jedem wies er eine persönliche Maske zu, je eigensinnige Verrücktheiten und Eigentümlichkeiten, je eine klar herausgearbeitete und über drei Stunden

hin entschieden durchgehaltene »Krankheit«, körperlich sichtbare geistige Verzerrung. Ein Dutzend klinischer Fälle, gerade genug Varianten des Wahnsinns, um dem Stück die angstmachende, alpdrückende Folie zu unterlegen.
Der Kontrast der Inszenierungen in Berlin und London läßt sich bezeichnend am Auftakt des Spiels ablesen: In Berlin hob sich der Vorhang über einem »monochromen«, zwischen Weiß und Grau äußerst differenziert abgestuften Bild, dem um den Kreis in der Bühnenmitte angeordneten Arrangement, der Chortribüne im Hintergrund; vorn, für Augenblicke nur, der nackte Hintern eines fetten Mannes, umgeben von den weißen Kitteln der Pfleger und dann eingestäubt, überpudert in Weißgrau wie die ganze Szene. – In London dagegen lag die ganze Bühne offen: man sah einen hochgeschlossenen Baderaum aus grau-roten kleinen Fließen, an dessen hinterer Wand eine Reihe hölzerner Badebänke stand, in dessen Boden an verschiedenen Stellen Versenkungen, die Wannen, eingelassen waren, in dessen Mitte hölzerne Fußroste zu einem mit Trikolore und Napoleonbild garnierten Tableau hochgestellt waren. Und auf der Vorderbühne lagerte allerlei realistisches Gerät: Eimer und Trittleitern, Wasserrohre und Heizrohre, Schläuche, Ketten.
Noch ehe im Parkett das Licht verlosch, traten Patienten auf, in roh geschnittenen, groben Leinenkitteln, umdüsterte oder verzerrte oder still vor sich hinlächelnde Verrückte, einige mit harmlosen, andere mit drohenden Ticks, sie gingen herum, setzten sich, warteten – wie Publikum im Theater. Das Spiel begann, nachdem die Familie des Anstaltsdirektors Coulmier rechts vorn vor der Proszeniumsloge auf einem Podest Platz genommen hatte – nicht ohne sich vorher deutlich als Teil des Publikums, des im Aldwych Theatre sitzenden, auszuweisen. In den Reaktionen Coulmiers, Vertreter des Establishment – sollte das heißen – mag das Publikum bestürzt die eigenen erkennen, um sich von ihnen zu distanzieren.
Die Akteure des Spiels auf der Bühne wiesen sich viel deutlicher als in der Berliner Aufführung als Kranke aus. Die Symptome des Klinischen grundierten durchweg die historischen Figuren, die sie spielten. Simonne Evrard strich mit schiefen, zuckenden Haltungen der Arme und Beine, schräg

gelegtem Kopf, verdrehten Augen und bös vorgeschobener Unterlippe um Marats Wanne; Duperret war ein spinnedürrer, bleicher Erotomane, auf staksigen Beinen, mit aufgeschlagenen Knien, der vor Geilheit nie den Sachverhalt begriff – nämlich daß er hier eine »Rolle« spielen sollte –, sondern nur auf Augenblicke lauerte, unbewachte, in denen er sich bocklüstern an Cordays Brüsten oder Schenkeln vergreifen konnte; schon bei der zweiten Begegnung mit ihr mußten sie ihn an eine schwere Kette fesseln. Und der Kranke, der den Marat spielte, schien wahrhaft gepeinigt von seinem Hautekzem, die Pein preßte ihm die spitzen, hohen Töne ab, hart dran, sich mehr als einmal zu überschlagen.
Brooks Aufführung deckte also die vielfältigen Spiegelungen des Stücks klarer auf als die Berliner. Sade blieb hier immer erkennbar als der Autor eines Stücks, das in der Heilanstalt gezeigt wird, und zugleich als sein eigener Regisseur, der all das arrangiert hat, sich selbst zur insgeheimen Belustigung. Er griff häufig und entschieden ein, er gab Stichworte, arrangierte Auftritte, übergab Requisiten – und er übernahm die Funktionen des Ausrufers, immer wenn dem die Kontrolle über das Spiel zu entgleiten drohte. Er genoß es, wenn das Spiel die Patienten aufreizte und böse und gefährlich machte. Er trieb das Spiel bis an die Grenzen, wo es zu entarten drohte, er zügelte es im letzten Augenblick und lenkte es zurück in ruhige Bahnen. »It's easy«, sagte er im englischen Text, »to make mass mouvements mouving.«
Die hinreißende Gewalt der Aufführung lag nun darin, daß man – als Zuschauer – mehrmals Angst bekommen konnte, dem Sade möchten die Zügel über die Bewegungen, die er arrangiert hatte, entgleiten und der grausige Irrsinn möchte über dem Parkett zusammenschlagen. Diese jammernswerten Gestalten auf der Bühne, so nah, so voll tückischer Einfälle, Bildern Goyas entstiegen, in Hysterie ausbrechend und in rhythmisiertes konvulsivisches Zucken, in obszöne Kopulationsbewegungen und rauschhafte Gewalttätigkeit – die machten wirklich mehr als einmal fürchten. Die Wirkung auf den Zuschauer war – ganz im Artaudschen Sinne – eine aus psychischer und physischer »Verletzung« gemischte; für Augenblicke stockte einem der Atem, zog sich das Herz zu-

sammen: wenn die Irren sich blitzartig in der vordersten der Versenkungen zu einem Schreckbild perverser Selbstguillotinierung formierten, nur noch ihre Köpfe, verzerrte Gesichter mit übergehenden Augen und zitternden Zungen, zu sehen waren, wie grad vom Fallbeil abgetrennte Häupter, die noch für Augenblicke weiterleben. Die Spannung löste sich dann in einem befreiend komischen Einfall: ein Eimer Bluts, roter Farbe, wurde von einem der Spieler durch ein Baderost gegossen.

Es gab andere, ähnlich bedrückende Szenen. Die »Auspeitschung«: Augenblicke höchst perverser Lust mit Schauder gemischt, wenn die Corday, statt mit Peitschenhieben den nackten Körper Sades zu schlagen, sich tief über seinen gekrümmten Rücken beugte und ihm mit den herabfallenden Haaren zu einem unbeschreibbar »weichen«, lüsternen Aufstöhnen der Patienten über die Haut strich. Oder, andere Szene, Cordays letzte Vorbereitung zum Mord; während sie mit angstvoller Gefaßtheit den Augenblick der Guillotinierung zu erfahren sucht (»dieser Augenblick / der Kopf eingespannt in das metallene Joch / hinabblickend in den triefenden Korb ...«), kauern die Patienten im Hintergrund auf ihren Baderosten, und langsam steigert sich aus ihrer kindhaften Versunkenheit ein bösartiger Rhythmus hervor; mit der flachen Hand, zu einem gemeinen, sausenden Pfeifgeräusch und trockenem Zungenschnalzen, trennen sie imaginäre Köpfe vom Rumpf.

RAINER KERNDL
PERTENS INSZENIERUNG IN ROSTOCK

Ein Stück, knapp vor Jahresfrist am Westberliner Schiller-Theater uraufgeführt, ist mit Recht im Gespräch: *Die Verfolgung und Ermordung Jean Paul Marats, dargestellt durch die Schauspielgruppe des Hospizes zu Charenton unter Anleitung des Herrn de Sade.* Peter Weiss, 1934 mit seinen Eltern aus Deutschland emigriert, heute als schwedischer Staatsbürger in Stockholm lebend, hat mit diesem Schauspiel eine große politische Frage auf die Bühne gebracht: die Frage nach gewaltsamer Veränderung gesellschaftlicher Verhältnisse. Und

eben wegen der Art der Fragestellung, wegen des Unbehagens mit den kapitalistischen Verhältnissen ist Peter Weiss nun neben Dramatikern wie Walser, Hochhuth, Dürrenmatt und Frisch zu nennen.
Nach anfänglicher Begeisterung ob der formalen Eigenarten des *Marat* verhält man sich im Westen recht reserviert. In dem Maße, wie die gesellschaftliche Brisanz des Stückes offenkundig wurde, wurden die Enthusiasten stiller. Die wenigen Aufführungen, die es gab, manipulierten vornehmlich mit formalen Besonderheiten des Schauspiels, machten die Tendenz verschwinden. Zugegeben, *Marat* bietet solche Möglichkeiten. Die Braunschweiger Aufführung hieß ihr Publikum sich besonders an pathologisch-sadistischen Zügen delektieren, Peter Brooks' Londoner Inszenierung stellte dem Vernehmen nach die Vorgänge in mystisches Dunkel, Swinarski in Westberlin gewann dem Stück vor allem sarkastische Resignation ab – immer waren dem Schauspiel einige Elemente genommen, andere überbetont worden, nie aber das große Anliegen des Autors.
Vor etwa acht Wochen schrieb ich an dieser Stelle: »Weiss fragt nach dem Sinn der Revolution. Er tut es vor allem in der Konfrontierung Marats mit dem Individualisten – und schließlich Renegaten – de Sade. Er siedelt sein auf mehreren Ebenen spielendes Stück im Badesaal der Heilanstalt Charenton an (in der nachweislich während der napoleonischen Zeit sehr viele politisch suspekte und mißliebige Personen interniert waren). Unter de Sades Regie – Weiss stützt sich da auf authentische Quellen – spielen Patienten der Anstalt die Geschichte der Ermordung Marats (und treffen damit die Klassenwidersprüche in der Alternative: Gewalt oder Resignation?) ... Er macht deutlich, daß die Frage nach Änderung der sozialen Verhältnisse die Frage nach Änderung der politischen Verhältnisse bedeutet. Weiss entzieht sich letztlich der Antwort (oder kann sie nicht liefern). Aber er stellt die Frage, und das ist viel ... Szenische Details, reiches Ausschöpfen theatralischer Möglichkeiten, souveränes Nebeneinanderstellen verschiedenster Stilmittel geben dem Stück faszinierenden Reiz, bieten freilich andererseits dem Autor auch genügend Möglichkeiten, der gedanklichen Konsequenz seines Themas

auszuweichen: Während der wirkliche de Sade seine aus Erfahrung gewonnene Resignationshaltung – die in dieser Konstellation objektiv konterrevolutionär ist – vorspielt, voll die Szene beherrschend und damit szenisch mit großer Vorgabe bedacht, kann der von einem Patienten markierte Marat die Revolution nur verteidigen: Gefangener seiner Badewanne...«

Im Volkstheater Rostock hat nun Hanns Anselm Perten den *Marat* inszeniert. Wie bewältigte er die Schwierigkeiten des Stückes, welche neuen Aspekte gewann er ihm ab?

Die Frage richtig beantworten macht nötig, auf einen seiner Selbstverständlichkeit wegen oft übersehenen Umstand hinzuweisen: In der Rostocker Aufführung wird das Stück zum erstenmal mit dem Theaterpublikum einer sozialistischen Gesellschaft konfrontiert. Das bedeutet – und nicht nur im Falle *Marat* – andere Fragestellungen, andere Wirkungen im Ergebnis eines anderen, gesellschaftlich gewachsenen Bewußtseins. Für dieses Publikum sind revolutionäre Vorgänge normale Voraussetzung für seine politische Existenz. Marat hat hier dank seiner historisch-revolutionären Mission a priori die Sympathie des Zuschauers.

Über den historischen Vorgang hebt sich die erregende Aktualität geistig-politischer Auseinandersetzung. Der unermüdlich revolutionärer Tätigkeit Verpflichtete steht wider den demagogischen Verächtlichmacher jeder gesellschaftlichen Veränderung, der Klassenverbundene wider den heimatlosen Befürworter eines »dritten Weges«.

Marat: »Gegen das Schweigen der Natur / stelle ich eine Tätigkeit / erfinde ich einen Sinn / Anstatt reglos zuzusehen greife ich ein / und ernenne gewisse Dinge für falsch / und arbeite daran, sie zu verändern und zu verbessern.« Und an anderer Stelle: »Wie wir uns auch abmühen das Neue zu fassen / es entsteht doch erst / zwischen ungeschickten Handlungen... / Wir sind die Erfinder der Revolution / doch wir können noch nicht damit umgehen.«

Dagegen die These de Sades, der die Notwendigkeit des Klassenkampfes verfälschen will mit Behauptungen über das Gefangensein des Menschen in sich selbst: »Du wolltest dich einmengen in die Wirklichkeit... / Ich habe es aufgegeben, mich mit ihr zu befassen / mein Leben ist die Imagination / Die Revolution / interessiert mich nicht mehr ... / Ich pfeife auf alle Opfer / die für irgendeine Sache gebracht werden / Ich glaube nur an mich selbst.« Darauf Marat: »Ich glaube nur an die Sache, die du verrätst.«

Pertens Inszenierung macht deutlich, was der Autor zwar geschrieben, aber keiner der genannten Regisseure inszeniert hatte, und Weiss bestätigte, daß diese Inszenierung der Grundhaltung von Stück und Autor entspricht. Sie wendet sich parteilich gegen die leisen, zersetzenden Feinde der Revolution, gegen die »geistvollen« Alles-in-Frage-Steller, gegen die lähmenden Verbreiter ästhetischer Resignation.

Das beginnt mit der Rolle, die hier dem Chor, der Masse der Patienten von Charenton beigemessen ist, und die eben nicht – wie in bisherigen Aufführungen – eine hysterische Masse von Irren ist, vor dessen Hintergrund jedes Bemühen Marats schon im Keime sinnlos erscheinen muß. Hier sind es augenfällige Opfer der Konterrevolution, von bulligen Bütteln im Schwesterngewand reglementiert. Perten findet für den Chor Arrangements und Haltungen, die der Lage der von Napoleons Diktatur Unterdrückten entsprechen, ohne die örtlichen Gegebenheiten – Irrenhaus Charenton – zu verlassen. Er bedient sich des Symbols zur realistischen Darstellung.

Das gilt weiter für die vier Sänger (Erika Solbrig, Horst Ziethen, Fritz Bartholdt, Ernst Heise), die in der Rostocker Aufführung eindeutig zu Interpreten Marats mit anderen Worten werden, die deutlich gegen de Sade, gegen die Coulmiers spielen (die »realen« Figuren des Stückes, der Direktor der Heilanstalt mit Frau und Tochter, dümmlich und neureich die Nutznießer der Gegenrevolution repräsentierend). Die vier Sänger treiben nirgends Possen, wie's noch in den Regieanweisungen steht; ihr Tun ist immer einem Sinn unterstellt, immer revolutionärem Wachsein verpflichtet.

Das gewichtigste Problem: Marat im szenischen Verhältnis zu de Sade. Die Parteinahme des Publikums ist ihm hier gewiß – ist's auch seine dramaturgische Überlegenheit? Gerd Micheel spielt ihn mit klarer Leidenschaftlichkeit, bemüht um aus tiefer Überzeugung geborene Souveränität. Seinen Text spricht er überprüfbar, seine Reaktionen sind folgerichtig.

Und die szenischen Vorgänge, seine Visionen und Erinnerungen, sprechen in dieser Inszenierung für ihn, für die Revolution. (Allerdings werden manche zu agitatorisch aus dem Fluß des Spiels herausgehoben.) Marat wird deutlich als ein noch an den historischen Gegebenheiten, nicht an sich und seinen Idealen Scheiternder. Sein großer Gegenspieler wurde unnötigerweise verkleinert. Ralph Borgwardt als de Sade ist zu sehr gehalten, gegen die Rolle zu spielen. Die Absicht, seinen barbarischen und volksfeindlichen Ästhetizismus als objektiv konterrevolutionär und historisch unterlegen zu zeigen, müßte auch ohne Beeinträchtigung der Rolle zu erreichen sein.
Zum erstenmal komplett gespielt wird auch das Finale: nach dem napoleonischen Kriegsfurioso die blutige Rechnung, die wiederum vom einfachen Volk zu bezahlen ist. So stellt sich dar: Nicht volksfeindliche Diktatur ist die Folge der Revolution, sondern blutiger Terror das Ergebnis der verratenen, von innen zersetzten Revolution.
Die Rostocker Aufführung hat die Bedeutung des Stückes mit einer hochinteressanten Aufführung bestätigt.

V. Peter Weiss über das Theater, über ›Marat/Sade‹ und üb[er] die Inszenierungen des Dramas

DIES HIER IST BÜHNE

Antwort von Peter Weiss auf eine Umfrage der Zeitschrift *Theater heute*, August 1963

1. Soll das Theater die heutige Welt darstellen?
Sie fragen nach einer »heutigen Welt« als sei diese heutige Welt etwas Bestimmtes. Je nach meiner Phantasie, meinen augenblicklichen Interessen, meiner politischen, sozialen, psychologischen oder ästhetischen Einstellung verschieben sich die Projektionen der heutigen Welt.
Ein Thema ist die Notwendigkeit der gesellschaftlichen Veränderung, das Gegenthema dazu: die Pleiten der errichteten Systeme. Ein Thema ist die ungeheuerliche Vielfalt, das äußerst erweiterte Bewußtsein, das Gegenthema: das Mikroskopische, die winzigen Variationen im kleinsten Detail. Ein Thema ist die nüchterne aufklärende Schilderung allgemeingültiger Vorgänge, das Gegenthema: das Unbestimmbare und Fließende aller Vorgänge und die autistische Traumwelt. Ein Thema ist die Gegenüberstellung von Personen, die aus wiedererkennbaren Milieu-, Familien- und Berufsverhältnissen stammen, das Gegenthema: das Auftreten von Automaten oder Lebewesen, für die die konventionellen Ordnungen nicht gelten. Ein Thema ist der absolute Augenblick (als konsequenteste Bezeichnung der »heutigen Welt«), in dem durch Improvisation (Psychodrama, Happening, Rollenspiel) etwas Unvorbereitetes, Unberechenbares entsteht, das Gegenthema: die Aktualisierung einer der unzähligen Vergangenheiten, mit denen die Gegenwart überladen ist.
Alles was sich heute auf der Bühne darstellt, ist repräsentativ für irgendeinen Gesichtspunkt in der heutigen Welt.
2. Ist die heutige Welt auf dem Theater überhaupt darstellbar?
Oft stellt sich gerade in den Halbheiten und in der Ambivalenz die heutige Welt dar. Das gesättigte gutbürgerliche Theater, mit perfekten ideelosen Vorstellungen, ist Ausdruck für diese Welt. Auch das Experiment, der Versuch des radikalen Angriffs, bleibt zumeist in der konservativen Welt eingebettet und verbraucht sich darin. Zwischen den Extremen einer Revolte und dem Bekenntnis zur Verlorenheit spielen sich die Darstellungen der heutigen Welt ab. Was auch an Erneuerungsversuchen stattgefunden hat: übrig bleibt immer der Salon und die Bühne. Ich verstehe auch

hier Ihre Frage nicht, denn was ringsum auf diesen Bühnen stattfindet, so schauderhaft, verlogen und mißglückt es oft ist, es ist immer ein Bild der heutigen Welt.

3. Welche Mittel wären dazu tauglich?

So wie die Aspekte ständig wechseln, wechseln auch die Mittel der Darstellung. In einem Fall ist die konstruktive Zeitkritik angebracht, in einem andern Fall gelten Antonin Artauds Thesen. Der gewaltsame grausame Angriff auf den Zuschauer, mit dem Ziel, ihm den Boden unter den Füßen wegzureißen und ihn mit den unüberstandenen Katastrophen zu konfrontieren, ist ein legales Mittel, ein anderes Mittel ist es, die psychologischen Wahrheiten in grotesker Form hervorzurufen und durch das Gelächter zu befreien. Neben dem individualisierten Charakter, mit dessen Konflikten, Krisen und »Seelenkäse«, steht der Clown oder Kasper, der die Probleme mit dem Knüppel löst. Wüste Schlägereien und Schimpfereien können ebensoviel über die heutige Zeit aussagen wie differenzierte Analysen. Als Ausdrucksmittel taugt fast alles, wenn der Stückeschreiber damit seine Ansichten manifestieren kann: vom schizofrenen Welttheater bis zum Bänkellied.

4. Ist sie noch oder wieder mit realistischen Mitteln darstellbar?

Was für ein Realismus ist eigentlich gemeint? Der soziale, politische, psychologische, poetische oder gegenständliche? Auf dem festen, begrenzten, realistischen Boden der Bühne ist das meiste realistisch, sobald Lebewesen oder andere Figuren sich zwischen Dingen und Lichterscheinungen bewegen und Sprachlaute oder sonstige Geräusche hervorbringen. Auf der Bühne soll etwas mitgeteilt, in Frage gestellt oder erneuert werden, der Zuschauer soll etwas entdecken, und dazu bedarf es der Anschaulichkeit und Greifbarkeit. Wenn mit Realismus die genaue Abbildung der Außenwelt gemeint ist, dann ergibt sich allerdings etwas sehr Fadenscheiniges. Je mehr die Bühne versucht, die äußere Realität vorzuspiegeln, desto mehr wird sie zum Illusionstheater und damit unwirklich. Die Bühne hat ihre eigene Realität und der Eindruck, den sie weckt, ist am realistischsten, wenn sie sich ganz an die Gesetze dieser Realität hält. Der Ausgangspunkt dieser Gesetze ist immer: Dies hier ist Bühne, dies hier ist unser Anliegen, das Ihnen vorgeführt wird.

GESPRÄCH MIT PETER WEISS, FRÜHJAHR 1964

Wann haben Sie mit der dramatischen Bearbeitung des Stoffes begonnen?

Im Herbst 1962. Eigentlich auf Anregung meines 14jährigen Sohnes, der einen Film über die Französische Revolution gesehen hatte. Daraufhin vertieften wir uns zusammen in Bücher über die Französische Revolution und stießen immer wieder auf Marat, und es ergaben sich wieder Assoziationen zu meinen eigenen Jugendüberlegungen. Daraufhin begann ich mit dem Quellenstudium, den ganzen Herbst und Winter hindurch. Die Niederschrift der 1. Fassung erfolgte dann zwischen Februar und April 1963. Die 2. Fassung entstand im Herbst 1963 und die 3. Fassung unmittelbar darauf, im Winter 1963/64.

Wieso war es gerade die Figur des Marat, die Sie interessierte?

Marat war als politisch denkender Mensch seiner Zeit weit voraus. Er gehörte zu den Schöpfern des sozialistischen Gedankens, wie er dann einige Jahrzehnte später von Marx ausgearbeitet wurde. Marat ging in seinem Denken sehr weit über den im allgemeinen unklaren philosophischen Rummel der Revolutionspolitik hinaus. Seine Ideen waren für die damalige Zeit so kühn, daß er von seinen Zeitgenossen erbittert angegriffen wurde und als der blutrünstige Marat verschrien war. Dieser »Sündenbock«, auf den alle Schandtaten der Revolution abgeladen wurden, war der einzige wirkliche Revolutionär.

Wie stießen Sie auf die Figur des Marquis de Sade als Gegenspieler zu Marat?

Sade war ein Zeitgenossse Marats. Er hat sich weitgehend mit der Revolution identifiziert, blieb jedoch gleichzeitig ein extremer Individualist. Außerdem war seine Persönlichkeit faszinierend genug, um als Marats Gegenspieler benutzt zu werden. Auf diese Weise ergab sich ein interessantes Spiel von These und Antithese. Anfangs wußte ich noch nicht genau, wie ich ihn mit Marat koordinieren konnte, aber da stieß ich plötzlich auf die Gedenkrede, die Sade auf den Tod Marats gehalten hatte. Daraus ergab sich die Voraussetzung, die beiden in einen szenischen Zusammenhang zu bringen. Jetzt bestand also die Situation: Sade–Marat–Corday, aber irgend etwas fehlte noch, was dieses Dreieck lebendig machen konnte. Die Lösung war da, als ich plötzlich las, daß Sade die letzten Jahre seines Lebens in dem Irrenhaus von Charenton zugebracht und da die Möglichkeit hatte, Stücke mit den Patienten zu inszenieren. Auf diese Weise konnten die drei Personen, diese drei Themen, miteinander verein: werden, und es ergab sich somit der dramatische Hintergrund des Theaters im Theater.

Wie verhalten sich die historischen Personen, Marquis de Sade und Marat, zu den Figuren in der dichterischen Bearbeitung?

Die Figur des Marat entspricht weitgehend dem Original. Die meisten Aussprüche Marats sind seinen Schriften, teilweise sogar wörtlich, entnommen. Seine Laufbahn als Arzt und Wissenschaftler, und daß er während der letzten Jahre seines Lebens an einer Hautkrankheit litt und viele Stunden am Tag in der Badewanne verbrachte, um seine Leiden zu mildern, dies alles entspricht den Tatsachen. Historisch ist auch, daß Corday am 13. Juli 1793 (also am Vorabend zur Feier der Revolution) dreimal an seiner Tür war, bis sie schließlich eingelassen wurde. Sade ist dagegen viel freier behandelt, obgleich er inhaltsmäßig nichts aussagt, was nicht seinem philosophischen Denken entspricht.

Welches ist der Standpunkt des Marquis de Sade?

Sade als Vorkämpfer der absolut freien Menschen befürwortet auf der einen Seite die soziale Änderung (die Marat fordert), doch sieht er auf der anderen Seite die Gefahren, die bei einem entarteten Sozialismus in einem totalitären Staat entstehen können. Er weiß nicht, auf welche Weise die Änderungen zu verwirklichen sind. Er befürchtet, daß der ideale sozialistische Staat, wie Marat ihn sich vorstellt, nicht erreicht werden kann. Wie ein moderner Vertreter des dritten Standpunkts befindet er sich zwischen dem sozialistischen und individualistischen Lager.

Welche der verschiedenen Fassungen des Stücks haben Sie den Theatern zugeschickt?

Die erste Fassung wurde den Theatern angeboten, und auf diese Fassung hin wurde das Stück bei einigen Theatern angenommen, obgleich Anfragen kamen, auf welche Weise man das Stück überhaupt inszenieren könne.

Sie haben die 1. Fassung mit einem Epilog enden lassen. Was bewog Sie dazu, diesen Epilog herauszunehmen?

Der Epilog sollte eine Art Zusammenfassung des Geschehens sein. Er war aber nicht dramatisch genug und gab dem Stück nicht den nötigen Abschluß. Dieser kam erst in der letzten Fassung durch einen gewaltsamen Schlußmarsch hinein, in dem gezeigt werden sollte, daß nach der Ermordung Marats, nach dem Niederschlagen der Revolution, der neue Herrscher kam, Napoleon, der Mann, der alles lenken und ordnen wird, der »uns Arbeit in den Waffenschmieden gibt«. Er führt uns wieder an, und es wird schon alles gut werden, und der Krieg wird schon zu Ende gehen. Und durch dieses Einhämmern von Phrasen, die man immer wieder und wieder hört, geraten die Patienten in einen Trancemarsch. Dieser gewalttätige Schluß, der weitgehend in Diskussionen und Gesprächen mit Swinarski entstand, war stärker als der ironisch ausklingende Schluß der 1. Fassung.

Wie unterscheidet sich das Bühnenbild der 3. Fassung von dem in den beiden ersten Fassungen?

Der Badesaal bildet in allen 3 Fassungen den szenischen Hintergrund. In der 1. Fassung dachte ich noch an ein einheitliches Podium vorn auf der Bühne. Davor sollte ein halbhoher Vorhang hängen. Alles spielte sich auf diesem Podium ab. Die Wanne Marats stand links (in der 3. Fassung rechts) auf dem Podium. Sade hatte noch keinen festen Standort. Dann in der 2. Fassung saßen beide fest auf dem Podium, der eine links, der andere rechts. So konnte das Zwiegespräch, diese These–Antithese, über die entweder leere oder bevölkerte Spielfläche hinweggehen. Während der Arbeit an dem Stück wurde immer klarer, daß Marat und Sade ganz deutlich szenisch voneinander abgegrenzt werden sollten, um dadurch ihre gegensätzlichen Thesen zu unterstreichen. Dazu kam es dann in der 3. Fassung. Das gemeinsame Podium fiel weg und Marat erhielt ein Podest rechts mit einer Wanne und Sade ein Podest links mit einem erhöhten Stuhl.

Vor dem Vorhang auf der Bühne dachten Sie an einige Zuschauer der damaligen Zeit. Warum reduzierten Sie sie in der 3. Fassung auf den Direktor der Heilanstalt und seine Familie?

Es erschien mir als ein zu illusionistisches Theater, denn das Publikum sitzt hier nicht im Jahre 1808 im Irrenhaus von Charenton, sondern 1964 in unserem heutigen Theater. Es ist besser, der Hauptvorhang geht auf, und man blickt in dieses Milieu hinein, das ja aufgebautes Theater im Theater ist, für uns aber eine Wirklichkeit vorstellen soll. In dieser Wirklichkeit spielt sich dann das Spiel im Spiel ab, so daß von vornherein offen gezeigt wird: es ist Theater, wir spielen Ihnen eine Wirklichkeit vor, und in dieser Wirklichkeit wird Theater im Theater gespielt.

Welche Funktionen hat dieses Theater auf dem Theater und besteht eine Verbindung zwischen der Verwendung dieses Mittels bei anderen Autoren und Ihnen?

Vielleicht nicht direkt einem bestimmten Autor gegenüber, sondern einer Idee, die in der Literatur heute oft genug verwendet wird, der Idee der Vielzeitigkeit (Rückblende, Blende in die Zukunft und Gleichzeitigkeit von Gegenwart und Vergangenheit). Diese Idee ist heutzutage durch die Relativitätstheorie fast Allgemeingut der Literatur geworden.

Welchen Einfluß hatte der Regisseur bei der Bearbeitung der beiden letzten Fassungen?

Es fielen die Projektionen weg. Es wurden überflüssige pantomimische Illustrationen einzelner Textstellen gestrichen. Hauptsächlich wurde das Finale erarbeitet, sowie die große Rede Marats vor dem Konvent durchgearbeitet.

Bei der Inszenierung in Berlin haben Sie selbst aktiv mitgewirkt, welcher Art war Ihre Mitarbeit?

Vor allen Dingen als Theaterstudierender. Für mich war es sehr wertvoll, von Anfang an bis zum Premierentag einer Inszenierung beizuwohnen. Da es sich gleichzeitig um mein eigenes Stück handelte, war es natürlich doppelt so interessant. Erstens habe ich dabei gelernt, wie eine Regiearbeit vor sich geht, und zweitens war es interessant für mich zu sehen, wie die einzelnen Texte sich hielten. Im Verlauf der Arbeit zeigte es sich, daß hier und da noch einzelne Monologe zerteilt oder auf verschiedene Stimmen aufgeteilt werden mußten.

Wie gestaltete sich die Arbeit am Bühnenbild?

Das Bühnenbild wurde nach sehr eingehenden Gesprächen mit Swinarski gemacht. Es war eine konstruktive Arbeit ohne dekorative Elemente. Die Bauzeichnung des ganz funktionellen Raumes wurde dem Bühnenbildner des Schiller-Theaters übergeben, der für uns das Modell anfertigte. Nach

den Besprechungen über die Inszenierung war die szenische Situation klar gegeben: vorn die beiden Podien, dazwischen die Spielfläche, außen links die Zuschauertribüne für Coulmier, rechts die Tribüne für das Orchester, im Hintergrund die Estrade für die Patienten.
Wieso wählten Sie im Bühnenbild als Grundton die weiße Farbe?
Damit wird zuerst die klinische Atmosphäre eines Badesaals gekennzeichnet. Außerdem stellt sie in ihrer chemischen Reinheit einen neutralisierenden Hintergrund für die zahlreichen Personen dar, die ständig gleichzeitig auf der Bühne sind. Außerdem wird durch die weiße Farbe erreicht, daß die Patienten, wenn sie sich nicht bewegen, in ihrem Chorgestühl fast verschwinden und erst durch ihre Bewegung Leben bekommen.
Ihr Stück erfordert einen sehr großen Aufwand an Schauspielern, Musikern und Statisten, glauben Sie, daß man hier reduzieren könnte?
Es wäre in einer anderen Inszenierung sicher möglich, die Zahl der Patienten zu verringern. Ebenso wie es für ein Theater ohne größeres Budget auch möglich wäre, mit weniger Musikern zu arbeiten.
Entspricht die Berliner Inszenierung Ihren eigenen Vorstellungen?
Ja, weil deutlich dargestellt wird, daß sich hier nicht eine Handlung im herkömmlichen Sinne entwickelt, sondern ein einziger Zustand dargestellt wird. Das Ende ist von Anfang an gegeben, die Ermordung Marats ist ständig gegenwärtig, Corday führt ja schon am Anfang fast den Mord aus.
Halten Sie Projektionen bei späteren Aufführungen für ausgeschlossen?
Es ist sehr gut möglich, daß ein Regisseur auch mit Projektionen arbeiten könnte. Eine aufgestellte Laterna Magica wäre im Stück auch zeitgemäß. Ich finde, ein Regisseur soll alle Mittel ausnutzen, um die Vielschichtigkeit des Stückes auszudrücken. Ich hatte ja in der 1. Version sogar Bilder, kriegerische Details von Schlachtschiffen und Atombomben, die aus der authentischen Zeit des Dramas herausbrachen.
(Das Gespräch führte Dieter Stér)

GESPRÄCH MIT PETER WEISS, 1965

Wir beginnen von vorn, bei seiner Kindheit:
Ich bin in Deutschland aufgewachsen, wir sind vor dem Krieg emigriert, und ich frage mich oft, was aus mir geworden wäre, wenn ich nicht das Glück gehabt hätte, einen jüdischen Vater zu haben, so daß ich emigrieren mußte. Alle meine Freunde sind dageblieben, und ich weiß nicht, was ich getan hätte, wenn ich damals in Deutschland geblieben wäre.
Sie fürchten, daß der Naziwahn auch Sie gepackt hätte?
Was die Sache so schrecklich macht, ist, von einer Strafe verschont geblieben zu sein, die alle anderen getroffen hat. Ich erinnere mich, daß ich, als

ich Deutschland damals gleich zu Beginn verließ, mich nicht wie ein Held fühlte, der auszieht, gegen den Faschismus zu kämpfen. Ich war sehr enttäuscht und dachte: »Jetzt habe ich alles verloren, meine Freunde und mein bisheriges Leben.« Ich mußte mich in einem neuen Leben zurechtfinden, das mir völlig fremd war, ein Leben, an dem ich nur von außen teilnahm.

Und doch setzten Sie Ihre Emigration fort. Sollte daraus ein Bedürfnis, eine Gewohnheit geworden sein?

Meinen Sie, daß dieser Zustand der psychischen Staatenlosigkeit irgendwelche Vorteile hat?

Wer zu keinem Land gehört, wird dadurch zum Weltbürger. Alles was heute auf der Welt geschieht, betrifft mich. Ich lebe nicht eigentlich in dem kleinen Ort, wo ich wohne, und dadurch ist jedes Ereignis aktuell für mich.

Sie meinen, daß Sie mit Ihrer Arbeit auch die Gesellschaft verändern wollen?

Ich halte das für notwendig. Ich glaube nicht, daß es genügt, einfach zu schreiben; es genügt nicht, über meinen persönlichen Kram zu schreiben. Ich meine, man sollte gar nicht anders schreiben als mit der Absicht, die Gesellschaft zu beeinflussen oder zu ändern.

Wollen Sie damit sagen, daß Sie als Künstler die gleichen Intentionen haben wie Brecht?

Man kann wie Brecht eine Vorstellung von der idealen Gesellschaft, dem idealen sozialistischen Staat haben. In all seinen Stücken sagt er: »Das Leben, wie es ist, ist schlecht und wird auch schlecht bleiben, solange die einen die anderen unterdrücken.« Doch konnte er niemals dieses völlig veränderte Leben zeigen, denn wenn man die sozialistischen Länder betrachtet, wo seine politischen Konzeptionen verwirklicht wurden, fallen uns sofort die dort herrschenden Mißstände ins Auge. Ich könnte niemals in einem Land leben, wo ich als Individuum unterdrückt werde, wo ich nicht lesen darf, was ich will, und nicht sagen darf, was ich sagen möchte. Andererseits weiß ich genau, wie es auch Brecht wußte, daß diese Gesellschaft, die westliche bürgerlich-kapitalistische Gesellschaft, nicht so beschaffen ist, daß ich in ihr leben möchte.

Und doch möchten Sie, wie Sie sagen, nicht in einem Land des kommunistischen Blocks leben. Sie haben sich für eine kapitalistische Gesellschaft entschieden und leben in ihr.

Die Enttäuschung über den Sozialismus spielt dabei auch eine Rolle; es gibt dort so viele Dinge, mit denen man nicht länger einverstanden sein kann. Das hat Sartre sehr klar ausgedrückt, finde ich, als er begründete, warum er den Nobelpreis nicht annehmen wolle. Er sagte, daß er natürlich immer noch auf der Seite stehe, die er die bessere Seite nennt, das ist für ihn die sozialistische Seite. Und doch könne er sie irgendwie nicht ganz bejahen. Da er in einer bürgerlichen Gesellschaft lebe und darin aufgewachsen sei, wäre er dadurch selbst in gewisser Weise ein Bürgerlicher. Seine Schwierigkeit besteht also darin, sich aus der bürgerlichen Gesellschaft zu befreien, in der wir leben. Das hindert ihn aber nicht, all die negativen Aspekte der sozialistischen Gesellschaft wahrzunehmen. Für ihn gibt es keine Lösung, er hat keinen Kompromiß anzubieten.

Glauben Sie, daß das Werk Becketts eine lebensfähige Alternative bietet?

Er erkennt die Hoffnungslosigkeit der Lage an und findet sich damit ab, daß der Mensch keine Möglichkeit hat, irgend etwas zu ändern. Er lebt in dieser schrecklich beklemmenden Atmosphäre weiter. Er lebt wie eine Art Embryo in einer Welt, die zu stark und zu groß für ihn ist, als daß er an ihr teilhaben könnte. Ich bin der Ansicht, daß Kunst die Kraft haben muß, das Leben zu verändern, sonst hat sie ihr Ziel verfehlt.

Das ist alles sehr bewundernswert, ich finde aber, daß es sehr wenig mit der Praxis zu tun hat. Die während des letzten Vierteljahrhunderts entfesselten Gewalten – im Weltkrieg, in den Konzentrationslagern und den Atombomben – liegen schon fast jenseits der Politik, ganz gewiß aber außerhalb der politischen Sphäre, die Sie von der Bühne aus manipulieren können.

Auch das ist Politik, da die Welt ja in den Händen von Politikern ist und wir ihnen auf die Finger sehen können. Wir wissen genau, was geschehen wird, sind aber zu schwach, um aufzustehen und sagen zu können: »So geht es nicht. Die Bombe muß weg. Ich bin dagegen.« Das hilft nichts. So muß ich nach einem Weg suchen, der meine Lage unter der Bedrohung durch die Bombe zeigt. Das Ideal für einen Künstler wäre natürlich, die Situation, in der wir leben, so eindringlich zu schildern, daß die Leute, wenn sie darüber lesen oder es auf der Bühne erleben, auf dem Nachhauseweg sagen: »Das müssen wir ändern. So kann es nicht weitergehen. Das machen wir nicht mehr länger mit.« Solange mir das noch nicht gelungen ist, habe ich mich noch nicht als Künstler bestätigt.

Haben Sie deshalb eine Irrenanstalt als Ort der Handlung für Marat/Sade *benutzt, um das Publikum durch einen Schock zur Aufmerksamkeit zu zwingen?*

In einer solchen Umgebung kann man fast alles sagen. Unter Geistesgestörten hat man völlige Freiheit. Man kann sehr gefährliche und verrückte Sachen sagen, überhaupt alles, und gleichzeitig noch die politische Agitation hineinbringen, der man Gehör verschaffen will. Hätte ich es in diesem Stück mit pädagogischen Mitteln versucht, wie Brecht das vielleicht getan hätte, wären mir nicht die starken emotionalen Effekte gelungen, die ich haben wollte. Gerade weil diese Leute verrückt sind, wirken ihre Äußerungen soviel stärker. Sie haben sehr viel Ähnlichkeit mit ganz gewöhnlichen Leuten, sie leben in diesem Irrenhaus, möchten etwas sagen und haben große Schwierigkeiten, sich auszudrücken. Sie haben keinerlei

Freiheit, dürfen nicht sagen, was sie wollen, und wenn sie es doch täten, würde es mißverstanden oder die Machthaber würden sagen, daß es ja doch nur Irre sind.

Mir scheint, Sie lehnen jede politische Lösung ab, bevor Sie sie überhaupt definieren.

Selbst wenn ich der Ansicht bin, daß die ganze Welt und die der Politik im besonderen eine Welt des Wahnsinns ist, bin ich doch davon betroffen, und es hilft mir gar nichts zu sagen: »Die Politiker sind verrückt, die ganze Situation ist jetzt völlig verrückt, und ich will nichts damit zu tun haben.« Ich stehe auf jeden Fall mitten drin, und alles, was geschieht, betrifft auch mich. So muß ich Stellung nehmen, selbst wenn ich finde, daß alles verrückt ist. Und darin liegt gerade die große Schwierigkeit, in dieser Ambivalenz zwischen den beiden Standpunkten, denen wir uns nicht entziehen können: auf der einen Seite extremer Individualismus und auf der anderen die Veränderung der Gesellschaft in dieser Irrenhauswelt.

Sind Sie der Meinung, daß Politik an sich eine Art Irrsinn ist? Wenn ja, folgt daraus, daß Sie kein politischer Schriftsteller sind – trotz Ihrer Absichten.

Nein, vielleicht nicht, denn ich brauche mich nur mit Politik zu beschäftigen, um mit dieser verrückten Welt in Berührung zu kommen, in der wir leben. Ich brauche nur die Reden unserer Politiker zu lesen, um zu sehen, wie nahe sie dem Wahnsinn sind; das geht so weit, daß ich überhaupt nichts mehr verstehe. Andererseits muß ich sie verstehen können, muß wissen, was sie meinen, denn ich bin gezwungen, in ihrer Welt zu leben. Darum kann ich oft keine klaren Lösungen anbieten, weil die Welt, in der ich lebe, auch nicht klar ist. Sie ist verrückt und zu kompliziert, als daß ich sie begreifen könnte.

Schaffen Sie aber nicht als Künstler eine Alternativwelt, die von Ihnen stammt und Ihrer eigenen Konzeption entspringt?

Nein, meine einzige Alternative besteht darin, daß ich meine Zweifel zeige, das Zweifelhafte meiner Situation und die Schwierigkeiten, die ich durchmache, um irgendeine Lösung zu finden. Mehr vermag ich nicht.

So ist das ewige Irrenhaus Ihre politische Antwort?

Weil ich nicht an politische Gesellschaftsformen glaube – so wie sie heute sind – wage ich es nicht, irgendeine andere vorzuschlagen. Natürlich ist das ein Zeichen von Schwäche. Es wäre viel besser, wenn ich von mir sagen könnte: »Ich bin überzeugter Kommunist« oder »Ich bin extremer Sozialist«. Dann könnte ich etwas sagen. Ich stehe aber nur in der Mitte. Ich vertrete den dritten Standpunkt, der mir selber nicht gefällt. Vielleicht kann ich, wenn ich weiter schreibe, langsam eine Konzeption herausarbeiten. Ich schreibe, um herauszufinden, wo ich stehe, und deshalb muß ich jedesmal all meine Zweifel hineinbringen. Bis jetzt sehe ich noch keine Alternative, ich hoffe aber, eines Tages dahin zu gelangen.

(Das Gespräch wurde von A. Alvarez für die BBC London *aufgezeichnet und zuerst in der Londoner Zeitschrift* Encore *gedruckt. Hier gekürzt wie in* Theater heute.)

PETER WEISS, BRIEF AN DIE ZEITSCHRIFT ›THEATER HEUTE‹

Stockholm, 3. September 1965
In der Sondernummer von *Theater heute* sind ohne meine Genehmigung, und ohne daß ich die Gelegenheit gehabt hätte, die Übersetzung ins Deutsche zu kontrollieren, Auszüge aus einem Interview wiedergegeben worden, das – übrigens auch dort ohne mein Wissen – im August in der englischen Theaterzeitschrift *Encore* erschien. Das Gespräch wurde im November 1964 von A. Alvarez für die *BBC London* aufgezeichnet. Es stammt aus einer Periode, während der ich mich sehr mit dem Rohmaterial zu meinem neuen Stück herumschlug.
Nun ist es überhaupt eine zweifelhafte Sache, ein Gespräch, dessen Charakter das Suchende ist, im Druck wiederzugeben: vieles würde bei einer zum Druck bestimmten Bearbeitung definitiver ausgeformt werden. Der Teil des Interviews, der gerade dieses Suchen nach einer Form behandelt, wurde von *Theater heute* nicht mit übernommen. Das Stück, von dem hier die Rede ist, lehnt sich an Dantes *Divina Commedia* an, stellt Dante jedoch in unsere Zeit und konfrontiert ihn mit den Vorgängen in der heutigen Welt.
Vor einem Jahr, als ich die Linien dieser dramatischen Arbeit noch nicht übersah, fehlten mir noch viele Kenntnisse über die Zusammenhänge der Weltpolitik, auch befand ich mich damals noch in der Situation eines dritten Standpunktes, von dem aus ich die meisten der gegenwärtigen politischen Lösungen anzweifelte. Ich habe seitdem, im Verlauf meiner Studien, meine Ansichten weitgehend geändert.
Zunächst sah ich, daß das Unverständliche und Verworrene vieler Erscheinungen auf diesem Gebiet auf meinen eigenen Mangel an Erfahrungen zurückzuführen war. Sobald ich kontinuierlich den Sachverhalt verfolgte und ihm, mich dabei der Weltpresse bedienend, von den verschiedensten Gesichtspunkten aus nachspürte, nahm das Bild Klarheit an. Die Zeit, in der ich allein aus subjektivem Material arbeitete, war vorüber. Was ich früher, aus Selbstbegrenztheit oder aus Bequemlichkeit, nicht gesehen hatte, drängte sich jetzt auf, und es gab keinen Vorgang, für den ich nicht, da ich damit gleichzeitig in der gleichen Welt lebte, mitverantwortlich war. Heute ist mir die Errichtung einer unabhängigen, künstlerischen Region nicht mehr möglich.
Den Standpunkt des Abwartens und der konstanten Ungewißheit, über den ich mit Alvarez vor einem Jahr sprach, habe ich aufgegeben, und ich

habe seitdem bei verschiedenen Gelegenheiten deutlich gemacht, welche sozialen und politischen Ziele ich mit meiner Arbeit anstrebe.
Ich bin für eine offene Diskussion und gegen die verantwortungslose Taktik einer Presse, die sich, ohne vorherige Absprache, herausgerissener Einzelheiten vom Eigentum eines Autors bedient, um sie für ihre eigenen Zwecke zu verwenden.

GESPRÄCH MIT PETER WEISS, FRÜHJAHR 1965

Herr Weiss, Ihr Drama wurde zu einem Welterfolg. Weitere Inszenierungen in Stockholm, Kopenhagen, Reykjavik, Prag, Warschau und in Jugoslawien, in zahlreichen Ländern der westlichen Welt und auf westdeutschen Bühnen stehen bevor. Sie selbst waren Gast der Westberliner Uraufführung und Londoner Premiere. Welchen Eindruck haben Sie von der Aufführung im Volkstheater Rostock?
Hier wurde eine von der Regiekonzeption konsequent verwirklichte, jeden Darsteller, Musik, Bühnenbild und Beleuchtung umfassende, einheitliche Aufführung geboten. Für mich als Autor war es eine Freude, ein Ensemble zu erleben, das so bewußt in den Text eindringt. Während bei der Uraufführung im Westberliner Schillertheater auf die Schönheit der Form und Erscheinung besonderer Wert gelegt und in London die Düsterkeit der grausamen Ereignisse betont wurde, bietet Rostock eine analytische Inszenierung, in der die politische Aussage des Stückes im Vordergrund steht.
Läßt sich trotz der vielschichtigen Aussage und Form des Bühnenwerkes – Ihr Anliegen mit wenigen Sätzen skizzieren?
Das Thema der durch Napoleon betrogenen Französischen Revolution von 1793 hat mich lange beschäftigt, nicht zuletzt deshalb, weil der Gang der damaligen Ereignisse Parallelen in der Gegenwart der westlichen Welt findet. Ich habe ausschließlich historische Tatsachen verarbeitet, glaube aber, daß z. B. die Gestalt des de Sade eine sehr moderne Figur ist. Ihren extrem individualistischen, unbeteiligt betrachtenden und passiv den eigenen Untergang erwartenden Ansichten steht das aktive, notwendige Handlungen vorbereitende Denken Marats gegenüber. Ich habe immer wieder betont, daß ich das Prinzip Marats als das richtige und überlegene ansehe. Eine Inszenierung meines Stückes, in der am Ende nicht Marat als der moralische Sieger erscheint, wäre verfehlt. Angesichts der Entwicklung bis 1815 und der Erfahrungen meiner Generation von 1918 bis nach 1945 stimme ich allen völlig zu, die mein Drama für ein aktuell-politisches Gegenwartsstück halten.
Wie beurteilen Sie die szenische Verwirklichung ihrer Absichten am Volkstheater Rostock?

Ich verwies schon darauf, daß hier gleichsam eine analytische Inszenierung zu sehen ist. Hier werden These und Antithese über die Revolution so deutlich gegeneinandergestellt, daß die wesentliche Problematik eines sogenannten dritten Standpunktes nicht überdeckt wird durch eine zum absoluten Gleichnis ausgewertete Überbetonung des Irrenhaus-Milieus. Ich habe in Rostock zum ersten Mal die Gestalt des Marat in ihrer ganzen politischen Tragweite dargestellt gesehen, weil in dieser Inszenierung die Aussage des Dramas klar erkannt und die Interpretation vor allem auf das Wort gestellt wurde, ohne auf die Vielfalt theatralischer Mittel zu verzichten. Der Epilog, zum ersten Mal in Rostock gespielt, hat auf mich stark gewirkt. Er war bei der Berliner Uraufführung und den anderen bisherigen Inszenierungen des Stückes aus dramaturgisch-ästhetischen Erwägungen weggelassen worden. Nach meinem Eindruck beeinträchtigt er jedoch nicht das Theatererlebnis, sondern läßt es durch anregende Gedankengänge weiterwirken. Auch finde ich, daß ein Theater nie deutlich genug sein kann. Der Schriftsteller und das Theater müssen Mut zum Bekenntnis beweisen, um fruchtbare Überlegungen und Einsichten zum Vorteil nachfolgender Handlungen zu vermitteln.

GESPRÄCH MIT PETER WEISS, AUGUST 1965

Herr Weiss, zunächst herzlichen Dank, daß Sie bereit sind, sich mit mir über aktuelle Fragen der Dramaturgie zu unterhalten. – Ich hatte vor ungefähr fünf Jahren die Gelegenheit, mit Friedrich Dürrenmatt über das gleiche Problem zu diskutieren, und wir kamen auch auf die Frage, ob das sogenannte historische Drama, das Geschichtsdrama, noch eine Chance in unserer Zeit habe. Dürrenmatt gab sich sehr skeptisch und äußerte damals unter anderem: »Das historische Drama ist nur in einer naiven Zeit möglich gewesen. Die erdichtete Welt, das ›Modell‹ in Parabelform, hat heute viel größere Möglichkeiten, ›verpflichtend‹ zu sein, zu stören. Ja, nur sie kann, als Umänderung der Wirklichkeit, die Veränderungen der Wirklichkeit deutlich machen ...« Und in seinem Buch Theaterprobleme *schrieb er: »Cäsar ist für uns kein reiner Stoff mehr, sondern ein Cäsar, den die Wissenschaft zum Objekt ihrer Forschung gemacht hat. Es ist nun einmal so, daß die Wissenschaft, indem sie sich und immer heftiger nicht nur auf die Natur, sondern auch auf den Geist und die Kunst stürzte, Geisteswissenschaft, Literaturwissenschaft, Philosophie und wer weiß was alles wurde, Fakten schuf, die nicht mehr zu umgehen sind (denn es gibt keine bewußte Naivität, welche die Resultate der Wissenschaft umgehen könnte), dem Künstler aber dadurch die Stoffe entzog, indem sie selber das tat, was doch Aufgabe der Kunst gewesen wäre.« Er meinte: »Hätte Shakespeare Mommsen gekannt, hätte er den Cäsar nicht geschrieben, weil ihm in die-*

sem Augenblick notwendigerweise die Souveränität abhanden gekommen wäre, mit der er über seine Stoffe schrieb.« Über einen wissenschaftlich geklärten und beschriebenen Stoff ein Drama schreiben zu wollen, wäre nach Dürrenmatt »eine Tautologie, eine Wiederholung mit untauglichen Mitteln, eine Illustration zu wissenschaftlichen Erkenntnissen: gerade das, was die Wissenschaft in ihr sieht«. Mir will das als eine ziemlich schroffe, um nicht zu sagen zu schroffe Ausschließung der Möglichkeit erscheinen, historische Stoffe mit Bedeutung für unsere Gegenwart dramatisch zu adaptieren. – Sie, Herr Weiss, haben den Gegenbeweis zu Dürrenmatts Ansicht mit Ihrem zweiaktigen Drama Die Verfolgung und Ermordung Jean Paul Marats, dargestellt durch die Schauspielgruppe des Hospizes zu Charenton unter Anleitung des Herrn de Sade *geliefert. Jetzt haben Sie den Bühnen ein Drama vorgelegt,* Die Ermittlung, *das einen Vorgang von schrecklicher Bedeutung aus der jüngsten Geschichte, die Massenvernichtung der Juden durch die Nazis, zum Gegenstand hat. Vielleicht können Sie erläutern, wie Sie mit diesem Thema fertig geworden sind; also, wie nach Ihrer Meinung vergangene Geschichte für die Bühne der Gegenwart adaptiert werden kann.*

Wenn ich geschichtliche Themen aufgreife, dann interessiert mich vor allem daran die Bezogenheit zur Gegenwart. Beim *Marat*-Stück gab es für mich in der Auseinandersetzung mit dem Stoff sehr starke Anklänge, die aktuell sind und noch stärker aktuell waren, als ich das Stück vor zwei Jahren schrieb; die ganze Problematik der Auseinandersetzung zwischen diesen beiden historischen Figuren des Marat und des de Sade war eigentlich eine gegenwärtige Auseinandersetzung. Im neuen Auschwitz-Stück ist es ein ganz klar historischer Prozeß. Es ist die deutsche Geschichte, die im Drama lebendig und aus heutiger Sicht beurteilt wird, es ist also auch nicht Schilderung der Vergangenheit, sondern Schilderung der Gegenwart, in der die Vergangenheit wieder lebendig wird. Ich glaube, wenn ich mir einen historischen Stoff suche, dann bemühe ich mich vor allem darum, ihn zu aktualisieren, in meine Gegenwart zu versetzen und vielleicht auch zu revidieren. Ich habe auch Theaterpläne, indem ich einen Stoff von Dante, die *Göttliche Komödie*, bearbeite, wobei es sich ausschließlich um eine Revidierung des Dante handelt. Ich glaube, da taugen die geschichtlichen Themen immer sehr gut als typische Grundlage für einen aktuellen Konflikt.

Sie wollen sagen, daß Sie – zumindest bei Marat – die Geschichte als Medium für die Gegenwart genommen haben?

Ja, um auch zu zeigen, wie die Ideen der Revolution, wenn sie in einer Gesellschaft auftauchen, die dieser Revolution entgegengesetzt ist, erdrückt werden, und wie die Diskussion verläuft zwischen dem Revolutionär, der die Gesellschaftsordnung, heute also die bürgerliche, verändern will und dem Repräsentanten dieser bürgerlichen Gesellschaftsordnung, der auch nicht einseitig, aber immerhin in dieser Gesellschaftsordnung völlig zu Hause ist.

Vorwärtstreibend, scheint mir die Frage zu sein, ob die Wissenschaft Ihnen genützt oder Sie behindert hat. Dürrenmatt zweifelt, ob man im »Zeitalter der Wissenschaft«, um eine Formulierung von Brecht zu gebrauchen, überhaupt noch historische Stoffe bearbeiten kann. Ihre Lösung hat nach meiner Meinung bewiesen, man kann es, allerdings, man muß zu neuen Formen greifen.

Im *Marat* habe ich zu theatermäßig ganz modernen Formen gegriffen, in denen der geschichtliche Stoff ständig transponiert wird und ständig Einflüssen von verschiedenen Richtungen her ausgesetzt ist; die gegenwärtigen Aspekte dringen immer wieder ein. Aber ich glaube, daß im Grunde genommen die Art, wie auch Brecht mit geschichtlichen Stoffen gearbeitet hat, auf eine ganz aktuelle Aussage abzielt; denn Brecht schreibt ja nicht den *Coriolan,* um nur alte römische Geschichte darzustellen, sondern um eine moderne Welt darin widerzuspiegeln.

Die Schwierigkeit scheint mir darin zu liegen, daß man mit dem »Komplex« Geschichte auf der Bühne fertig werden muß. Dabei sind nach meiner Meinung ganz bestimmte dramaturgische Mittel notwendig geworden. Das Marat-*Stück ist vor allem deshalb interessant, weil es die »vierte Dimension«, die Zeit, in einer neuen Form bewältigt. Sie arbeiten mit mehreren Brechungen der Zeit. Sie unterbrechen auch die »Zeit in der Zeit« wiederum. Das vermittelt dem Zuschauer eine ganz neue Durchdringung des Stoffs. Hier sehe ich eine exemplarische Lösung für das Herangehen an geschichtliche Stoffe.*

Das glaube ich auch, und das beschäftigt mich immer wieder: diese Zusammenhänge zwischen Themen, die schon früher ausgesprochen worden sind, mit Themen, die heute aktuell sind, so darzustellen, daß man eine Einheit der Geschichte sieht. Man sieht die Anlässe von Sachen, die sich vor langen Zeiten angebahnt haben, und man sieht, wie sie sich weiterentwickelt haben. Aus heutiger Sicht können wir also die Geschichte, die Vergangenheit, immer wieder kontrollieren, immer wieder revidieren. Das finde ich so sehr interessant. Wenn ich einen Stoff nehme, der ganz im Gegenwärtigen spielt, ist er oft sehr einseitig, denn ich habe nur die Welt, die ich gerade heute um mich herum habe, und das beschränkt mich. Natürlich ist aber auch das dramatisch sehr gut möglich.

Ich weiß nicht, ob es »sehr gut« möglich ist. Der Stellvertreter *von Hochhuth scheint mir eigentlich das Gegenteil zu beweisen. Hier haben Sie eine Fabel im alten Sinne, ein Theater, das Schillerschen Tenor besitzt, nicht nur Duktus in der Dramaturgie. Trotzdem wird gerade durch den* Stellvertreter *das Prinzip der Wahrscheinlichkeit, eines der ästhetischen Grundprinzipien der aristotelischen Dramatik, in sehr starkem Maß in Frage gestellt. Sie erinnern sich, daß Hochhuth in seinen geschichtlichen Anmer-*

kungen selber sagte, es wäre an sich in der Wirklichkeit gar nicht möglich gewesen, den »protestierenden« Pater überhaupt vor den Papst kommen zu lassen. Damit er aber den klassischen »Helden« wiedergewinnt, für unsere Zeit rezipiert, muß er hier die Wirklichkeit beschönigen, die im Grunde viel härter war. Er selber gibt in seinem geschichtlichen Anhang praktische Beispiele, wie hart die Wirklichkeit dieses Papsttums ausgesehen hat. Hier, glaube ich, stößt die alte Dramaturgie notwendig auf Grenzen. Sie hat natürlich einen Vorteil, daß der klassische »Held« in einem gewissen Sinn erhalten bleibt, mit dem sich der Zuschauer in einem stärkeren Maß identifizieren, mit dem er seine Gefühle für die positive Haltung des Protestierenden, die moralische Verantwortung stärker teilen kann, als es bei »montierten« Stücken Ihrer Art möglich ist. Aber wenn man wirklich die Zusammenhänge herausarbeiten, die Simultaneität der Zeiten erfassen will, die sich in unserem Kopf in immer stärkerem Maß vollzieht, dann scheinen mir gewisse Prinzipien der alten Dramaturgie in Frage gestellt.

Mir auch. Ich glaube, gerade wenn man einen umfassenden Stoff aufgreift für ein Drama, muß man vereinfachen, konzentrieren und dann die Wirklichkeit natürlich auch nach seinem dramatischen Schema ganz stark verändern. Das hat Hochhuth gemacht, und ich glaube, man kann gar nicht anders arbeiten, wenn man nicht völlig davon überzeugt ist, daß dieser Grundstoff, der in unserer heutigen Welt so ungeheuer kompliziert ist, nur in geordneten, wenn Sie so wollen »montierten« Stücken dargestellt werden kann.

Wenn Sie mir in diesem Zusammenhang ein Stück weiterzugehen erlauben. Ihr neues Stück, Die Ermittlung *– Sie nennen es ein »Oratorium in 11 Bildern« –, besitzt praktisch keine Fabel im alten Sinne mehr. Es gibt dort das Dokument auf der Bühne, die Darstellung dieser ungeheuerlichen Fakten der Massenvernichtung. Und trotzdem bestehen auch dort neue Möglichkeiten der Identifizierung. Auch Sie haben, indem Sie scheinbar nichts anderes tun als Fakten auf der Bühne berichten zu lassen, gleichzeitig große Beispiele geschaffen für Heldentum, Heldentum in einem wirklichen Sinne, ohne den Beigeschmack des Pathetischen, Verlogenen, Falschen, der ja diesem Begriff in unserer Zeit sehr stark anhaftet. Gerade im Dokumentarischen offenbaren sich da ganz neue Möglichkeiten des Emotionalen, des Berührtseins dessen, der unten sitzt.*

Die Figuren auf der Bühne selbst sprechen scheinbar frei von Emotionen, sie machen nur ihre Aussagen, die direkt dem Wort entnommen sind, dem faktischen Wort, das in diesem Prozeß geäußert wurde. Aber der Inhalt dieser Worte ist so stark und enthält so viele gefühlsmäßige Werte, daß sich die natürlich auf den Zuhörer verpflanzen. Theater, in dem die Figuren auf der Bühne so sein müssen, daß der Zuhörer sich mit ihnen identifiziert, ist für mich fremd. Ich glaube, daß es viel stärker ist, wenn man die Figur, wie's Brecht beschrieben hat, auf der Bühne darstellt als Figur,

die eine ganz bestimmte Aussage tut, und daß der Zuhörer diese Aussage entgegennimmt, bewertet, auch kritisiert.
Und Sie verzichten auch völlig darauf, Charaktere im herkömmlichen Sinne abbilden zu wollen. Sie lassen Zeugen auftreten, die keinen Namen besitzen, stellvertretend für die vielen Vernichteten, die nicht mehr sprechen können, und nennen andererseits die Angeklagten bei ihrem Namen, aber auch diese »Benamung« ist im Grunde nur ein Zeichen für die Anonymisierung dieses Apparats. Das ist doch etwas ganz Neues, was es im Drama bisher nicht gegeben hat: daß die Charaktere sozusagen völlig »verschwinden« angesichts des ungeheuerlichen Vorgangs.
Es ist hier die Schwierigkeit, aus großen Massen einzelne Stimmen herauszuheben und diese einzelnen Stimmen symbolisieren zu lassen, was Millionen geschah. Da muß man Mittel suchen, in denen das klar wird. Ich habe es so gemacht, daß die Zeugen keinen Namen haben, weil sie im Lager auch keinen hatten, nur Nummern waren, und habe diese Zeugen aus zahlreichen anonymen Stimmen zusammengesetzt. Die Angeklagten waren im Lager sehr stark an ihrem eigenen Namen haftend, und deshalb haben sie ihn auch heute noch.
Das Eigentümliche liegt für mich eben darin, daß diese scheinbar reine Dokumentation doch ungeheuerliche Gefühlswerte beim Aufnehmen auslösen muß, und hier haben Sie einen sehr geschickten dramaturgischen Weg gefunden. Sie stellen der Schilderung der Massenvernichtung gleichzeitig Beispiele »individueller« Vernichtung gegenüber. Ich erinnere an den Gesang über Lili Tofler. In diesem Gesang tritt das Individuelle in seine Rechte und ist trotzdem gleichzeitig wiederum repräsentativ für das Schicksal von Tausenden, die sich ebenso heroisch benommen haben, auch auf die Gefahr des Vernichtetwerdens hin. Gerade hierin erweist das objektivierende dramatische Dokument seine ungeheure Kraft, auf heutige Menschen eine emotionale Wirkung auszuüben.
Ja, das ist gerade so im Fall Lili Tofler, die hier als Einzelmensch erscheint in einem Gesang, in dem als Gegenspieler eigentlich die große Vernichtungsindustrie steht. Dieses Mädchen hatte einem Mithäftling, mit dem sie ein Liebes- oder jedenfalls ein Freundschaftsverhältnis hatte, einen Brief zugeschmuggelt; sie wurde deshalb zum Tode verurteilt. Dieses System um sie herum, das sie dann ausstößt und verleugnet, ihre Vorgesetzten, die sie plötzlich fallen lassen, und dann die Industrie, die um das Lager herum aufgebaut war und Lili Tofler beschäftigt hatte, ist eigentlich jetzt der Partner dieses ganz kleinen isolierten Einzelwesens. Dagegen bekommt Lili Tofler eine ganz starke, menschliche Qualität, gerade das Heroische oder sagen wir nur: das Anständig-Menschliche; sie hat eine Anständigkeit bewahrt in dieser Entmenschlichung. Sie verrät ihren Freund nicht, als sie an den Reihen der Mithäftlinge vorbeigeführt wird. Es wird nur ganz wenig darüber gesagt und auch nur von Zeugen, die das

gesehen haben. Mit ganz kurzen, mangelhaften Worten wird das alles beschrieben, und da kommt dann ziemlich klar heraus, wie so ein einzelner Mensch plötzlich zwischen Hunderttausenden zermahlen wird.

Den Gesichtspunkt der »Vernichtungsindustrie«, den Ihr neues Drama aufwirft, halte ich für die Dramatik, die sich mit der Bewältigung dieses ungeheuerlichen Geschehens auseinandersetzt, für wichtig. Sie sind meiner Meinung nach der erste, der nicht nur die Mitverantwortung der deutschen Industrie an diesem Verbrechen ausspricht, wie das ja auch Hochhuth tut, sondern der den verallgemeinernden Schritt weitergeht und sagt: Dieses System der Vernichtung war im Prinzip nur die letzte Konsequenz des Systems der Ausbeutung.

Es ist natürlich wichtig, in so einem Stoff nicht nur die Tatsachen zu geben, auch die Ursprünge aufzuzeigen und Hinweise zu geben, wie diese Ursprünge sich weiterentwickeln und wohin sie führen, um einen geschichtlichen Rahmen zu erhalten. Und das läuft durch das ganze Stück als Faden: wie dieses System sich entwickelt hat, was es für Menschen erzeugte, mit welchen Mitteln diese Menschen auf der einen Seite zu den Henkern und auf der anderen Seite zu den Häftlingen geworden sind, und wie da manchmal die Grenzen zwischen diesen beiden Menschentypen verfließen, wie auch viele von den Häftlingen durch Not und Selbsterhaltungstrieb gezwungen werden, kleine Handlangerdienste zu leisten, um überhaupt zu überleben. Das ist die eine Seite. Dann gibt es natürlich auch wieder einzelne, die auf Grund einer politischen Überzeugung und Solidarität überlebten oder sich zumindest etwas länger am Leben erhalten konnten, während die Masse dieser Menschen ja überhaupt nicht wußte und auch nicht bis ins letzte verstand, was mit ihr geschah, und das ist das eigentlich Tragische. Das Furchtbare sind doch diese Menschenzüge, die da ankamen und sogar noch glaubten, sie würden irgendwo angesiedelt, um dann plötzlich in die Gaskammern zu kommen. Das alles ist drin, aber das alles, dieser riesige Stoff, will natürlich geordnet sein, und da muß ungeheuer stark geschnitten werden.

Damit sind wir wieder beim Ausgangspunkt unseres Gesprächs: Wie kann man solche gewaltigen, für alle bedeutsamen, jeden berührenden Stoffe, die die Geschichte aufgeworfen hat, in eine Form bringen, die Komplexität ausdrückt und gleichzeitig den Menschen etwas besagt, auch vom Theatralischen her. Ich glaube, daß Sie eben mit Ihren beiden Dramen zwei zukunftsträchtige Formen wieder aufgenommen oder herausgearbeitet und vorbildlich gestaltet haben. Das eine ist das »totale« Theater, in dem alle Mittel Verwendung finden, die aus der Geschichte des Theaters und der Dramaturgie bekannt sind, und das andere ist die »reine Dokumentation«, das reine »epische Theater«, episch im Sinne von Bericht, im Sinne der Urform der klassischen Tragödie.

Es sind natürlich jedesmal neue Versuche. Beim *Marat* ging es für mich darum, Theaterformen überhaupt wieder neu zu entdecken. Ich war ziemlich lange der Ansicht, daß das Theater mir als Ausdrucksmittel nichts Neues geben könne. Ich glaubte, Film wäre das eigentliche Ausdrucksmittel für unsere Zeit und für meine Generation, daß wir uns dabei ganz unbeschränkt bewegen und damit alles aussagen können, während die Bühne nur noch ein ganz beschränkter Raum ist, in dem es nicht mehr gibt als diesen Kasten, auf dem die ganze Welt dargestellt werden muß. Dann kam ich aber auf diesen Umwegen über den Film doch wieder dazu, es mit dem Theater zu versuchen. Nach ein paar Vorübungen, Einaktern und so, kam dann dieser Stoff. Der Bühnenapparat dazu, die bühnentechnischen Mittel, die Bewegungen auf der Bühne, das Gestische, die Tänze, Chöre, Pantomimen – alles das war es eigentlich, was in mir selbst den Spaß am Theater wieder weckte. Das ist natürlich sehr entwicklungsfähig, nach dieser Richtung hin kann ich auch weiterarbeiten. Aber in der *Ermittlung* ist es ganz anders. Da ist überhaupt keine, jedenfalls kaum Bewegung auf der Bühne, der Raum ist eigentlich statisch, besteht aus großen statischen Gruppen, Chor und Gegenchor und Vorsänger, und da ist nichts vorhanden, was dem Regisseur die Möglichkeit gibt, theatralische Mittel einzusetzen. Dieses Stück baut nur auf der Dimension der Sprache auf, mit ganz geringen Bewegungen, indem Personen voreinander hintreten und zueinander sprechen, und das ist auch alles.

Keines der Stücke, die das, was in diesen Lagern geschehen ist, zu gestalten versuchten, hat einen wirklich überzeugenden Beweis zu liefern vermocht, daß mittels der alten Dramaturgie, einer Fabel mit individuellen Verwicklungen, der Ungeheuerlichkeit des Vorgangs, der neuen Dimension in der Systematik der Vernichtung, beizukommen wäre. Ich muß nochmals auf den Stellvertreter *von Hochhuth zurückkommen. Nehmen Sie die zweite Szene des fünften Akts: dieser dämonisierte Doktor, das Weltanschauungsgespräch zwischen ihm und dem Pater Riccardo vor dem Feuerschein der Krematorien, schließlich die letzte Szene, das Zusammentreffen des Paters mit Carlotta, der römischen Jüdin, die Ermordung Carlottas und Riccardos – das hat alles melodramatische Züge, es steckt voller Unwahrscheinlichkeit. Um dieses System der Vernichtung auf die Bühne zu bringen, gibt es wahrscheinlich nur diese letzte Konsequenz, die Sie gezogen haben, nämlich »nur« berichten zu lassen und auf die Assoziations- und Konkretionsfähigkeit der Zuschauer zu vertrauen, daß damit die Ungeheuerlichkeit des Vorgangs rational und emotional bewältigt werden kann.*

Es ist vielleicht möglich, daß man das auch mit traditionellen Mitteln darstellen kann. Aber mir ist keine Lösung dafür eingefallen, und alles, was ich gesehen habe, auf dem Theater, im Film, der doch viel größere Möglichkeiten hat, das Lager authentisch darzustellen, hat mir da keinen Hinweis gegeben. Denn selbst im Film sind die Menschen, die KZ-Häftlinge darstellen, Menschen aus der heutigen Gesellschaft, und die sehen nicht so aus, wie diese Menschen ausgesehen haben. Es bleibt Spiel, und so wie man es vergleicht mit einem einzigen Bild aus einem wirklichen Dokumentarfilm aus jener Zeit, ist sofort ein solch ungeheurer Unterschied, daß es kaum noch miteinander zu vereinen ist.

Dieser Überzeugung bin ich auch. Aber lassen Sie uns vielleicht noch über eine andere Frage diskutieren. Sie haben weitere Pläne, und die Dramatik ist ja insgesamt – möchte ich behaupten – in einer gewissen Krise. Die Krise führe ich darauf zurück, daß die gesellschaftliche Entwicklung große bedeutsame Konflikte aufzuweisen hat, die aber für die Dramatik schwer zu fassen sind, besonders auf dem Theater. Nehmen wir die weltweite Auseinandersetzung zwischen Kapitalismus und Sozialismus, die sich zuspitzt in solchen Krisen wie um Kuba. Viele wissen, an diesem Oktobertag des Jahres 1962 wird eigentlich auch über dein Leben entschieden. Millionen aber leben nur so dahin, sie haben keine Ahnung, was da geschieht, aber auch über ihnen hängt diese Gefahr eines neuen Weltkriegs, der höchstwahrscheinlich mit der Vernichtung eines großen Teils der Menschheit identisch wäre. Ich meine, das sind große Konflikte, die auf ganz neuer Stufe solche Konflikte wiederholen wie den Kampf zwischen England und Frankreich, den Shakespeare aufgegriffen hat. Wie kann man heute diese weltgeschichtlichen Prozesse auf dem Theater noch gestalten?

Für mich ist das eigentlich das einzige, was Wert hat, auf der Bühne – übrigens auch in der Prosa – dargestellt zu werden. Ich meine das nicht im beschränkten Sinne, daß man jetzt nur noch über den Konflikt Ost-West schreiben soll, sondern daß man in allem diesen Konflikt sehen muß. Besonders in den letzten Jahren habe ich immer mehr und mehr gelernt, daß alles, was ich schreibe, in diesem Konflikt eine Stellung ergreift. Deshalb wird man als Schreiber, wenn man überhaupt bewußt schreibt und nach der – gebrauchen wir das Wort – Wahrheit sucht, gezwungen, sich damit zu befassen. Ein Thema, das nur einen internen Konflikt hergibt, interessiert mich also überhaupt nicht. Ich finde, alles, was auf der Bühne dargestellt wird, die Ehegeschichten, die Liebesgeschichten und was überhaupt so die bürgerlichen Bühnen überschwemmt, das ist aus der Steinzeit – so ungefähr. Was heute wesentlich ist, das ist der Versuch, sich zurechtzufinden in dieser Masse von gegensätzlichen Strömungen. Man muß da irgendwo eine Spur finden, auf der man weitergehen kann, und man muß wissen, wohin man gehen will.

Aber es scheint schwierig zu sein, Fabeln zu finden, die diesen großen Aspekt, diesen großen Horizont aufweisen. Das Schicksal der Bühne besteht nun einmal darin, daß dort in sehr starkem Maß das Individuum die Szene beherrscht. Wir wissen aber andererseits, daß das Individuum immer weniger die weltgeschichtliche Szene beherrscht, sondern dort eher große Kollektive, also »kollektive Helden«, in letzter Instanz entscheidend sind. Und hier eine Form zu finden, die der Bühne gerecht wird und gleichzeitig diese neue Dimension zur Anschauung bringt, das scheint den Dramatikern eine große Schwierigkeit zu bereiten.

Was Sie mit der »Fabel« meinen, verstehe ich nicht recht. Für mich ist da ein Geschehnis auf der Bühne, das braucht gar keine Fabel zu haben, sondern das kann auch ein Zustand sein. Es braucht nicht von einem Punkt auszugehen und sich zu einem ganz bestimmten Ziel, zu einem Ende hin zu entwickeln. Ich brauche den Stoff, den ich allgemein vor mir sehe; das gilt nicht nur für die Bühne, sondern auch für die Bücher, die ich schreibe. Das ist ein Ausschnitt aus einem riesenhaften Gebilde, ein Zustand, und innerhalb dieses Zustands befasse ich mich mit bestimmten Auseinandersetzungen, mit Figuren; es brauchen auch gar keine individuell ausgeformten zu sein, sondern sie können Sprachrohre sein für bestimmte Anschauungen. Und ich glaube, es gibt heute auch wieder die Möglichkeit, ein Welttheater zu machen im Sinne des umfassenden Blicks, indem man versucht, diese großen Bestrebungen auf die Bühne zu bringen, die heute aktuell sind, diese heutige Auseinandersetzung aufzugreifen und sich darin zurechtzufinden. Es ist klar, der Vereinfachung wegen kann man auch ein kleines Einzelschicksal herausnehmen und sagen: In diesem Einzelschicksal symbolisiert sich jetzt die ganze Welt in einem einfachen Konflikt, ob der nun im Beruf oder im persönlichen Verhalten liegt. Das kann vielleicht auch genügen und zu sehr großen Konsequenzen führen. Aber zur Zeit habe ich mehr den Wunsch, die Welt in größerem Sinn darzustellen und dann aus diesen großen Zügen, die es da gibt, einzelne Figuren herauszugreifen und sie gegeneinander zu stellen. Ich kann mir auch ein Drama denken, in dem nur Ideen zur Sprache kommen und nur Kräfte gegeneinander stehen als Gruppen und Chöre. Es braucht ja gar nicht alles immer ein naturalistisch-individualistisches Theater zu sein.

In Verallgemeinerung gesprochen: Sie geben dem »dramatischen Poem« eine große Chance, gerade um solche weltbedeutsamen Konflikte zur Darstellung zu bringen?

Das glaube ich sehr ...

... so wie es Majakovskij mit Mysterium Buffo *versucht hat. Oder, anders, Johannes R. Becher mit dem* Großen Plan. *Ich glaube, bei der Aufführung in Berlin wurde viel zuwenig analysiert, welche Möglichkeiten gerade diese Form des »dramatischen Poems« hat, um weltumfassende Konflikte darzustellen.*

Brecht hat ja auch gerade in der letzten Zeit seines Lebens darüber gesprochen, daß er versuchen möchte, große Gruppen auf die Bühne zu bringen, kollektive Massen darzustellen. Man muß irgend etwas finden, um diese Massen auf der Welt darzustellen, diese enormen Schübe, die von allen Seiten aufeinander eindringen.

Damit ist auch das Problem des Helden, der welthistorischen Persönlich-

keit, neu gestellt; denn wir alle wissen, daß die Menschen, die heute Kollektive repräsentieren, eben doch in einem sehr starken Maß aufgehört haben, ihre Individualität zur Geltung zu bringen. Sie sind im Grunde doch sehr stark funktionalisiert, und das schafft, glaube ich, auch ganz neue Probleme der Darstellung. Charaktere, wie sie etwa seinerzeit Shakespeare mit welthistorischen Persönlichkeiten verbunden hat oder wie wir sie heute zu verbinden gewohnt sind, wenn wir von diesen Figuren reden, können heute wahrscheinlich nicht mehr in derselben Form gestaltet werden.

Nein, man kann das nicht, ob man nun vom sozialistischen Staat ausgeht oder ob man ein Thema aus der kapitalistischen Gesellschaft nimmt. Wenn man den Vorsitzenden eines Aufsichtsrats nimmt, dann ist das auch nicht mehr ein König im alten Sinne, sondern der hat seine Konzerne und seine ganzen riesenhaften Gruppierungen um sich herum; eine Einzelfigur ist da auch ständig nur ein Sprachrohr für eine ganz große, umfassende Lebensweise.

Vielleicht darf man zusammenfassend folgern, daß zur Darstellung geschichtlicher Prozesse, die für uns von Bedeutung sind oder sein sollten, starke dramaturgische Verkürzungen nötig sind und daß dazu demonstrative Formen, wie Sie sie in Ihrem Marat-*Stück angewendet haben, oder eine reine »Episierung«, wie in Ihrem Oratorium* Die Ermittlung, *sehr geeignet sind. Ich danke Ihnen sehr für dieses Gespräch, Herr Weiss.*

(Das Gespräch führte Ernst Schumacher.)

PETER WEISS ÜBER DIE INSZENIERUNG DES ›MARAT/SADE‹

Der folgende Brief von Peter Weiss beantwortet einige Fragen, die die Aufführungspraxis des Marat *betreffen. Anlaß war eine Diskussion mit dem Regisseur der Rostocker Inszenierung, die Weiss im vorigen Jahr nach Presseberichten als authentisch bezeichnet hatte. In ihr wurde die das Stück tragende Auseinandersetzung zwischen de Sade und Marat zugunsten Marats vorentschieden. Der Regisseur Perten rechtfertigte das mit Hinweisen auf die »historische Basis«, die er in doppelter Weise einbezogen habe: einmal müsse Marat als Wortführer des vierten Standes in der Französischen Revolution gegenüber dem sexualpathologischen Individualisten Sade deutlich abgesetzt werden, zum anderen werde der Marat in Rostock schon vor »seinem« Publikum gespielt. Daran schloß sich die Frage an Peter Weiss, ob das Stück etwa in beiden deutschen Staaten von deren historischer Basis her richtig, aber von der möglichen politischen Intention aus gesehen verkehrt inszeniert worden sei. Hier spielerisch entfesseltes Theater (die Berliner und Wiesbadener Inszenierung) – dort ein Stück Geschichte nur als Vorläufer und Bestätigung des erreichten Zu-*

stands? Die Antwort zeigt, was von westdeutschen Äußerungen wie der Hans Mayers zu halten ist: »Es will aber scheinen, als sei gegenwärtig der Autor selbst des ›Marat‹ ... gewillt, die Offenheit der Fragestellung und Form zugunsten von Ganzheiten und Gewißheiten preiszugeben, die keine sind. Wenn sich Peter Weiss als Interpret seines Schauspiels nachträglich und vorbehaltlos für Marat entscheidet, wird sein Schauspiel sinnlos« (»Theater heute« 12/1965).
Eine weitere Frage betraf die zehn Thesen, in denen Weiss sich zur Politisierung der Kunst bekannt hatte, andererseits aber die »Durchsetzung der kühnsten Formen« für deren Produzenten in Anspruch nahm. Ob hier nicht ein unaufgelöster Widerspruch vorliege, der für den nicht bloß weltanschaulich »engagierten« Literaten« nur im Sinne des Realismus zu lösen ist; und ob »kühnste Formen« nicht unter Umständen – siehe de Sade als Schriftsteller – Ausdruck eines Privilegs seien, das mit den Notwendigkeiten der materiellen Umwälzung zusammenstößt. Beispiele für eine praktische Auflösung dieses Konflikts lassen sich finden (Majakovskij, Brecht oder auch Martin Walser: »Realismus ist aber immer zuerst eine Auffassungsart und dann erst eine Art der Darstellung«). Dafür, daß er von der politischen Seite stets erneuert wird, ist die jüngste Entwicklung der Kulturpolitik in der DDR beispielhaft. A. d. Red. »neue kritik«

Natürlich ist es auch dialektisch wichtig, daß im Marat-Stück die beiden Hauptfiguren Marat und Sade gleichstark einander gegenüberstehen. Je profilierter Sade dargestellt wird, desto mehr Kraft muß Marat aufbringen, um mit seinen Argumenten gegen ihn anzukommen. Sade ist der Schreiber des Stücks, er hat aber selbst auch soviel revolutionären Geist in sich, daß er die Figur des Marat zum Leben rufen kann. Marat macht sich dann selbständig, und die Wahrheiten Marats müssen so durchdringen, daß das was Sade sagt, immer fadenscheiniger wird. Sade untergräbt sich also selbst, indem er sich mit Marat konfrontiert. Er äußert alle die Vorbehalte, die wir vom modernen dritten Standpunkt aus kennen, und mit unserer heutigen Welt vor Augen müssen wir zu dem Ergebnis kommen, daß das ständige Ausweichen Sades, seine Skepsis, sein Zynismus, sein Pessimismus, nichts anderem dienen als seinem eigenen Untergang. Von meiner sozialistischen Stellungnahme her habe ich Marat nicht nur als die geschichtliche Figur aus einer betrogenen Revolution zeichnen wollen, sondern als einen Visionär, von dem aus die Linie zu künftigen Revolutionen läuft. Ich habe deshalb auch in der späteren Fassung des Stücks diesen Aspekt noch verstärkt, indem ich den ursprünglich geplanten Epilog wieder aufnahm, in dem Marat auf die Kontinuität des Revolutionsgedankens hinweist.
In der Rostocker Aufführung war Marat von Anfang an als der positive Held gezeichnet. Es schien dies, da das Stück starke Schwierigkeiten hatte,

in der DDR überhaupt zur Aufführung zu kommen, der einzige Weg zur bühnenmäßigen Verwirklichung. Gewonnen wurde dadurch, was ich auch begrüßte, daß Marat zum ersten Mal mit der politischen Schlagkraft erschien, die ich gewünscht hatte. Die konterrevolutionären Tendenzen Sades, die in den Vorbesprechungen über eine eventuelle Aufführung in der DDR stark kritisiert wurden, erhielten dann in der Rostocker Ausformung die negative Färbung, unter der Sade von Anfang an als der Dekadente, der Libertin und Lebensuntüchtige erschien. Dies machte ihn als Person undifferenziert – bis zur Uninteressantheit, und es war schwer vorstellbar, daß dieser de Sade das Stück ersonnen haben sollte. Daß Marat von Anfang an als der Sieger auftrat und Sade als der Verlierer, ist in einer sozialistischen Gesellschaft als Tendenz verständlich, jedoch wäre die Wirkung stärker, wenn dieser Sieg auf eine kompliziertere Weise dargestellt würde. Die Schwarz/Weiß-Zeichnung Pertens war jedoch außerordentlich konsequent durchgeführt, und ich kann sie akzeptieren als Gegenwurf zu zahlreichen westlichen Vorstellungen, in denen Sade als der Überlegene geschildert wurde und Marat als der Irre und Irrende.
Was die Berliner Inszenierung Swinarskis betrifft, so bin ich da etwas voreingenommen. Es war die erste Vorbereitung des Stücks, das damals in Theaterkreisen noch für schwierig und kaum aufführbar galt. Ich nahm an der gesamten Probenarbeit teil, und da dies für mich auch die erste praktische Theatererfahrung war, lernte ich viel vom Regisseur und von dessen Fähigkeit, die geschriebene Vorlage auf der Bühne zu konkretisieren. In einer ständigen Folge von Überraschungen entdeckte ich, wie all diese erdachten Figuren und Vorgänge plötzlich Leben bekamen. Swinarskis Verdienst liegt darin, daß er, zusammen mit erstklassigen Schauspielern, eine Originalkonzeption des Stücks entwickelte, er hatte ja noch keine Vergleichsmöglichkeiten, wie sie dann bei folgenden Inszenierungen gegeben waren.
Als Schreiber eines Stückes, das sich aus zahlreichen dramatischen Ebenen zusammensetzt, kann ich angesichts der verschiedenartigen Interpretationen nur hervorheben, was mir besonders geglückt scheint, oder was direkt als ein Mißverständnis bewertet werden könnte. Die besondere Qualität in Swinarskis Aufführung lag in dem durch und durch musikalischen Aufbau, in der Fülle der dramaturgischen Einfälle und in der von Humor durchsetzten Spielfreude. Ich kann mir jedoch denken, daß Swinarski, wenn er das Stück heute noch einmal inszenieren würde, den großen Theaterapparat etwas zurücknähme, zugunsten der intellektuellen Auseinandersetzung zwischen Sade und Marat.
Andere Aufführungen in der Bundesrepublik, die ich nur vom Hörensagen kenne, scheinen mir das Treiben der in Charenton Internierten zu stark hervorzuheben, so daß das eigentliche Anliegen des Stücks darin ertrinkt.
Perten reduzierte diesen Hintergrund bis aufs äußerste. Die Heilanstalt

war eine Art sanitäres KZ, in dem politisch Mißliebige inhaftiert waren. Der Humor war ausgeschlossen. Die Qualität hier: Sachlichkeit und überdeutliche Klarheit. Was, zum Schluß, die revolutionäre Kunst in einer revolutionären Gesellschaftsordnung betrifft, so beziehe ich mich dabei auf die erste Zeit nach der russischen Revolution, in der ja auch die sowjetische Kunst in all ihren Zweigen sich in einer Umwälzung befand und zu vorbildlichen neuen Formen gelangte. Ob Kunstwerke zur Veränderung der elementarsten materiellen Bedürfnisse des Menschen beitragen können, mag dahingestellt bleiben, jedoch spiegelt die Kunst den revolutionären Geist wider, der auf allen Gebieten Erneuerungen erreichen will. Ich glaube, viel von der Auffassung, die revolutionäre Kunst müsse mit einfachen Mitteln arbeiten und sich dabei vor allem des sozialen Realismus bedienen, hängt mit der etwas herablassenden Vorstellung zusammen, daß die Bevölkerung (der bisher die Muße und die materielle Grundlage zum Verständnis künstlerischer Problematik fehlte) »kühnste Experimente« auf diesem Gebiet nicht akzeptieren könne. Ich meine jedoch, daß gerade in einer sozialistischen Gesellschaft (neben der realistischen, gesellschaftsschildernden und gesellschaftskritischen Kunst) auch jene Kunst ihren Platz haben soll, die nach einer neuen Sprache sucht und sich dabei auch Laboratoriumsversuche leisten kann. Ich sehe darin ebensowenig den Ausdruck eines Privilegs, wie Experimente auf dem Gebiet der Wissenschaft Privileg sind. Jedes Mitglied der Bevölkerung eines Staates, in dem die Klassenunterschiede und die privaten Spekulationen aufgehoben sind, kann teilnehmen an den Entdeckungen neuer künstlerischer Ausdrucksformen.

(12. 12. 1965)

PETER WEISS
10 ARBEITSPUNKTE EINES AUTORS IN DER GETEILTEN WELT

1

Jedes Wort, das ich niederschreibe und der Veröffentlichung übergebe, ist politisch, d. h. es zielt auf einen Kontakt mit größeren Bevölkerungsgruppen hin, um dort eine bestimmte Wirkung zu erlangen. Auf meine Mitteilung, die ich einem der Kommunikationsapparate übergebe, folgt die Verarbeitung meiner Mitteilung durch die Konsumenten. Die Art, in der meine Worte aufgenommen werden, ist weitgehend bedingt von der jeweiligen Gesellschaftsordnung, unter der sie verbreitet werden. Da meine Worte immer nur einen verschwindend kleinen Teil ausmachen innerhalb der allgemeinen Opinion, muß ich die größtmögliche Präzision erreichen, um mit meiner Meinung durchdringen zu können.

2
Die Wahl der Sprache, die ich zum Schreiben benutze, hat nur handwerkliche Funktion. Ich wähle die Sprache, die ich am besten beherrsche. In meinem Fall ist dies die deutsche Sprache.
Der Vorteil in der Benutzung dieser Sprache liegt darin, daß jedes Wort sogleich in eine verschärfte Beleuchtung gerät. Die Aufteilung Deutschlands in zwei Staaten von diametral entgegengesetzter Gesellschaftsstruktur stellt die Teilung der Welt dar. Die Aussagen eines deutschsprachigen Autors liegen sogleich auf der Waagschale, wo sie den beiden verschiedenen Bewertungssystemen unterworfen werden. Dies vereinfacht meine Arbeit. Was ich schreibe, gerät unmittelbar in den Brennpunkt der Opinionen. Jedoch sind die Probleme und Konflikte, die ich benenne, nicht an dieses bestimmte Sprachgebiet gebunden, sondern nur Teil des Themas, das heute in allen Sprachen behandelt wird.

3
Obgleich die Zweiteilung der Welt in sich vielfach gebrochen und von komplizierten, einander oft bekämpfenden Tendenzen durchsetzt ist, ergeben sich aus ihr doch zwei deutliche Machtblöcke. Der eine Machtblock enthält die teils etablierten, teils sich heranformenden sozialistischen Kräfte, sowie die Freiheitsbewegungen in den ehemals kolonialisierten oder noch unter Gewaltherrschaften stehenden Ländern. Der andere Machtblock enthält die vom Kapitalismus bedingte Ordnung, ansteigend vom freien, unbändig miteinander konkurrierenden Unternehmergeist, bis zu den höchsten imperialistischen Konzentrationen. Innerhalb dieses Blocks sind jedoch auch, vor allem in den skandinavischen Staaten, umfassende Demokratisierungen zu finden und vom Klassenkampf hervorgezwungene soziale Einrichtungen. Das Werk der Arbeitsbewegungen oder -regierungen bleibt letzten Endes eingeschlossen unter der Oberherrschaft der Großkapitalverwalter, die ihren Besitz nie freiwillig herausgeben. Die hochentwickelte Wohlstandsgesellschaft ist nichts anderes als eine Klassengesellschaft auf erhöhtem Niveau, wo das ehemals revolutionäre Arbeitertum die Neigung entwickelt, die Normen der Bürgerlichkeit zu übernehmen.

4
Meine Aufgabe ist, zu untersuchen, auf welche Weise meine Worte von den Gesprächspartnern in der geteilten Welt aufgenommen werden.
Die Erfahrung zeigt mir, daß innerhalb jenes Blocks, der sich selbst FREIE WESTLICHE WELT nennt, jede künstlerische Äußerung, die von subjektiven Erlebnissen und formalen Experimenten geprägt ist, Anerkennung findet, wie auch eine soziale Kritik gewürdigt wird, soweit sie die unter Humanismus und Demokratie getarnten Grenzen der Gesellschaftsordnung nicht durchbricht. Während im Ästhetischen keinerlei Grenzen gezogen

sind und jede Neuentdeckung auf diesem Gebiet seine geschäftstüchtigen Zwischenhändler und Konsumenten findet, werden Vorstöße im Sozialen genauester Kontrolle unterzogen. Für den Autor ist das Erkennen der sozialen Grenzen mit großen Schwierigkeiten verbunden, da er die Freiheit, die ihm zugesprochen wird, oft für eine absolute Freiheit hält. Er hat einen langen Weg zurückzulegen, bis er dorthin gelangt, wo seine Freiheit der Gesellschaft nicht mehr ungefährlich ist.

5

So wie die künstlerische Arbeit im westlichen Block den größten Kaufwert hat, wenn sie dem Konsumenten einen ästhetischen und geistigen Genuß, oder eine emotionale Sensation vermittelt, so wird auf der Gegenseite nach der praktischen Funktion des Kunstwerks gefragt. Das formale Experiment, der innere Monolog, das poetische Bild bleiben wirkungslos, wenn sie der Arbeit an der Neuformung der Gesellschaft nicht von Nutzen sind.

Herangewachsen unter der Vorstellung einer unbedingten Ausdrucksfreiheit, sehen wir uns hier in unserm Vorhaben behindert – solange wir den Eigenwert der Kunst höher schätzen als ihren Zweck. Erkennen wir den Zweck, können wir auch um die Durchsetzung der kühnsten Formen kämpfen, denn wir wissen: zu einer Revolution der Gesellschaftsordnung gehört auch eine revolutionäre Kunst.

Es ist deshalb ein Widerspruch, wenn in einigen Ländern des Sozialismus die Kunst auf Grund ihrer innewohnenden Kraft niedergehalten und zur Farblosigkeit verurteilt wird, während sie sich in den bürgerlichen Ländern aus Mangel an Bindungen bis zum Anarchismus entfaltet.

6

Hier tritt die Frage der Wahl schon an mich heran. Für welche der beiden Seiten entscheide ich mich? Auf welcher der beiden Seiten sehe ich hinter den Unvollkommenheiten, den Widersprüchen und Fehlern die Möglichkeit zu einer Entwicklung, die meinen Vorstellungen von Humanität und Gerechtigkeit entspricht? Kann ich meine eigene Ungewißheit, meine Ambivalenz überwinden und in meine Arbeit bewußt die politische Wirkung einbeziehen, die sich bisher nur passiv äußerte, indem ich mich den Konsumenten als anonymer Gesprächspartner anbot? Kann ich den bequemen dritten Standpunkt aufgeben, der mir immer eine Hintertür offen ließ, durch die ich in das Niemandsland bloßer Imagination entweichen durfte?

7

Schon das Aufwerfen dieser Frage ist der Beginn ihrer Beantwortung. Im Verlauf der Untersuchungen, die ich betreibe, um zu einer Antwort zu

gelangen, sehe ich, daß es nur zwei Möglichkeiten gibt, und daß das Verharren im Außenstehn zu einer immer größer werdenden Nichtigkeit führt.
Wenn ich als Arbeitsbeispiel meinen deutschen Sprachbereich wähle, so finde ich, daß im westlichen Staat meine Unentschlossenheit, meine Zweifel nicht nur akzeptiert, sondern auch gutgeheißen werden. Dies ist natürlich: solange ich nur meinem Unbehagen, meinem Überdruß in der Gesellschaft Ausdruck gebe, bleibt dies ein psychologisches Problem, das die Herrschenden in ihren Machenschaften nicht stört. Unbehindert darf ich den Zustand meiner Ausweglosigkeit schildern, denn meine Ausweglosigkeit setzt ja die Stärke ihrer Institutionen voraus. Abgekauft werden mir auch meine absurdesten Ideen, mein Hohn, meine Ironie, denn dadurch erstelle ich den Machthabenden nur den Beweis für ihre Freigebigkeit. Sie fühlen sich so sicher in ihren Positionen, daß ich für vieles eintreten darf, was mir fortschrittlich erscheint. Sie genehmigen wohlwollend, wenn ich mich der Meinung hingebe, die bestehenden sozialen Unterschiede ließen sich allmählich ausgleichen. Eines der Hauptargumente der Steuernden ist ja, daß diese Unterschiede schon weitgehend behoben seien und daß sich Arbeitgeber und Arbeitnehmer heute in einer gleichberechtigten Interessengemeinschaft befänden. Hier stehe ich ihrer ganzen Welt von raffiniert gelenkten Wirklichkeitsfälschungen gegenüber. Indem sie im Besitz der Kommunikationsmittel sind und das Unterrichtswesen beherrschen, haben sie alle Bevölkerungsschichten mit ihren Ansichten durchsetzt. Da sie eine linke Opposition teils unschädlich gemacht haben, oder diese Opposition sich teils auf Grund der äußerlichen Erfolge einer Illusion des Wohlstands angepaßt hat, wird die Frage nach dem Hintergrund dieses Wohlstands und die Frage, auf wessen Kosten dieser Wohlstand erlangt wurde, nur selten gestellt. Wenn es geschieht, dann wird der Fragende allerdings auf das Unflätigste beschimpft und es zeigt sich, wie fadenscheinig der Begriff von Humanität und Demokratie im Wappen der Besitzenden ist.

8

Im östlichen deutschen Staat wird mein Mangel an Farbebekennen als Zeichen eines Untergangs bewertet. Selbst meine negativsten Schilderungen der bürgerlichen Zivilisation bleiben sinnlos, solange ich darin nicht den Versuch unternehme, mich aus der Eingeschlossenheit zu befreien. Solange ich mir einbilde, daß sich dort meine Integrität und Bewegungsfreiheit bewahren läßt, bleibe ich ein Gefangener dieser Gesellschaft, und meine ich, daß sie noch durch soziale Bestrebungen verändert werden könnte, so beruhige ich damit nur mein Gewissen und idealisiere die Tatsache, daß ich von dieser Gesellschaft meinen Lebensunterhalt beziehe.
Die Angriffe auf die Korruption, die Ausbeutung und die von privaten Monopolen geleitete Meinungsverseuchung führen zu nichts, wenn sie nicht

eine deutliche Alternative anzeigen. So wie im westlichen Staat vor allem eine politische Zurückhaltung vom Autor erwartet wird, so wird im östlichen Staat vor allem die eindeutige politische Haltung gefordert.

9
Damit entferne ich mich wieder von dem engen Begriff eines Sprachgebiets und setze die ganze Welt als Wirkungsfeld für die künstlerische Arbeit voraus.
In dieser Welt fällt die Entscheidung.
Die Besitzenden der Erde, eine verhältnismäßig kleine Gruppe, bemühen sich heute darum, ihre Stellungen zu befestigen und zu verteidigen. Nachdem sie die Notlage nach dem Krieg ausgenützt und sich daran noch einmal äußerst bereichert hatten, sehen sie sich jetzt den wiedererwachenden Kräften der ausgeplünderten Völker gegenüber. Das Gespenst, das vor ihnen aufsteht, geht nicht nur in Europa um, sondern überall, wohin sie ihren Blick wenden. Wo sie auch ihre Bastionen bauen, in Afrika, Asien oder Lateinamerika, wachsen Freiheitsbewegungen an, die nicht mehr aufzuhalten sind. Noch sind sie an vielen Orten dank ihrer Waffen und Söldner in der Übermacht. Noch können sie Terror verbreiten mit dem Niederbrennen von Dörfern und Landschaften, noch können sie Nationen überwachen mit ihrer Brutalität und mit den Erpressungen ihrer Gelder, historisch aber kämpfen sie um eine verlorene Sache.
Ihnen gegenüber setzt sich eine Macht langsam durch, die davon ausgeht, daß die Güter der Welt jedem Menschen im gleichen Maß gehören sollen. Noch befinden wir uns im Anfangsstadium dieser umfassenden Veränderung. Einige Länder haben weitgehend die von der Teilung der Welt bedingten ökonomischen Schwierigkeiten überwunden und eine kommunistische oder sozialistische Ordnung hergestellt, andere bemühen sich um diese Ordnung zunächst unter den Vorzeichen eines nationalen Befreiungskampfes. Überall aber treten durch den kalten Krieg, dessen innere Glut ständig zu offenen Kampfherden aufflammt, die Unausgeglichenheiten und Streitpunkte in der Auffassung der neuen Gesellschaftsordnung zutage. In dieser Situation findet der Gegner reichlichen Stoff, um auf das Versagen oder die Utopien des Sozialismus hinzuweisen.
Die Aufgabe eines Autors ist hier: immer wieder die Wahrheit, für die er eintritt, darzustellen, immer wieder die Wahrheit unter den Entstellungen aufzusuchen.

10
Die Richtlinien des Sozialismus enthalten für mich die gültige Wahrheit. Was auch für Fehler im Namen des Sozialismus begangen worden sind und noch begangen werden, so sollten sie zum Lernen da sein und einer Kritik unterworfen werden, die von den Grundprinzipien der sozialisti-

schen Auffassung ausgeht. Die Selbstkritik, die dialektische Auseinandersetzung, die ständige Offenheit zur Veränderung und Weiterentwicklung sind Bestandteile des Sozialismus. Zwischen den beiden Wahlmöglichkeiten, die mir heute bleiben, sehe ich nur in der sozialistischen Gesellschaftsordnung die Möglichkeit zur Beseitigung der bestehenden Mißverhältnisse in der Welt.
Ich bin selbst aufgewachsen in der bürgerlichen Gesellschaft, und ich habe in meiner Arbeit und in meinem persönlichen Leben die größte Zeit damit verbracht, mich von der Eingeengtheit, den Vorurteilen und dem Egoismus zu befreien, die mir von diesem Milieu auferlegt wurden. Ich habe lange geglaubt, daß mir die künstlerische Arbeit eine Unabhängigkeit verschaffen könnte, die mir die Welt öffnete. Heute aber sehe ich, daß eine solche Bindungslosigkeit der Kunst eine Vermessenheit ist, angesichts der Tatsache, daß die Gefängnisse derjenigen Länder, in denen Rassenunterschiede und Klassengegensätze mit Gewalt aufrecht erhalten werden, angefüllt sind mit den tortierten Vorkämpfern der Erneuerung. Jedes meiner in vermeintlicher Freiheit gewonnenen Arbeitsresultate hebt sich ab vor der Notlage, die für den größten Teil der Welt noch gegeben ist.
Ich sage deshalb: meine Arbeit kann erst fruchtbar werden, wenn sie in direkter Beziehung steht zu den Kräften, die für mich die positiven Kräfte dieser Welt bedeuten. Diese Kräfte sind heute überall auch in der westlichen Welt zu verspüren, und sie würden ein noch stärkeres Gewicht, eine größere Solidarität und ein noch umfassenderes Engagement bekommen, wenn sich die Offenheit im östlichen Block erweiterte und ein freier undogmatischer Meinungsaustausch stattfinden könnte.

VI. Drei Aufsätze über ›Marat/Sade‹ und den Dramatiker Peter Weiss

JÜRGEN HABERMAS

EIN VERDRÄNGUNGSPROZESS WIRD ENTHÜLLT

Johannes Jacobi präsentiert zum *Marat*-Drama des Peter Weiss Ausschnitte aus Zeitungsberichten (*Die Zeit* Nr. 22/64). Dieser Pressespiegel enthält nur Urteile über eine glanzvolle Inszenierung und über den formalen Aufbau eines Stückes, das einige zur großen Literatur, andere zur Gattung des Kasperletheaters rechnen. Kein Zitat, keine eigene Zeile widmet Jacobi der verhandelten Sache selbst – er unterstellt, daß diese Sache eine Substanz nicht hat, daß ihre Substanz im Klamauk einer tollen Aufführung und im Spektakel eines rührigen Verlegers verdampft.
Ich gebe zu, daß mich die Lektüre des Stückes, nachdem ich es zunächst im Schillertheater gesehen habe, auch enttäuschte. Die nichtinszenierte Sprache hält großem literarischen Anspruch nicht stand. Sie bedarf der phantastischen Mittel einer mobilisierten Bühne und behält deshalb etwas vom Charakter einer Vorlage. Die Faszination des gesprochenen Wortes erkaltet beim Lesen – aber muß sich ein Autor dafür verantworten, daß sich sein Stück gut spielen läßt? Nachdem Hochhuth für ein schwächliches Drama wegen des brisanten zeitgeschichtlichen Anlasses, von dem es einzig lebt, gerühmt wird, sollten wir diesen Socken nicht auch noch umstülpen. Was immer es sei, Schwäche, Stärke, Eigenart oder Vorläufigkeit nur – keinen Anlaß bietet jedenfalls Peter Weiss dem Kritiker für ein so eigentümliches Verfahren, nämlich die Sache des Autors überhaupt zu ignorieren.
Wenn sich Jacobi dem Sprachgebrauch evangelischer Akademien und der Meinung eines Kritikers der *FAZ* anschließt: daß der Autor leider alles in Frage stelle und keine Auskunft gebe, wie das Leben noch sinnvoll sei, dann begibt er sich auf die Ebene des Herrn Coulmier. Dieser Direktor der Irrenanstalt von Charenton übt Zensur, publizistisch und psycholo-

gisch. Er wacht über der Konformität der Meinungen, er wacht über der Tabuierung einer jüngsten Vergangenheit:
»Schließlich sind heute andere Zeiten als damals
und wir sollten uns bemühen
die längst überwundenen Mißstände
in einem etwas verklärten Schimmer zu sehen.«
Coulmier ist die Instanz der Verdrängung. Auf ihr ruht die Reputation einer Gegenwart, die ihre geschichtliche Kontinuität verleugnet. Die Moritat, die der Marquis de Sade unter den Augen seines Anstaltsleiters abspielen läßt, dient Szene um Szene der Enthüllung eines Verdrängungsprozesses; die Moritat, die der Autor Peter Weiss unter den Augen seiner Zeitgenossen abspielen läßt, dient der unerhörten Enthüllung desselben Komplexes. Uns wird die bare Einsicht zugemutet, daß die Französische Revolution ein sehr gegenwärtiges Element unserer unbewältigten Vergangenheit ist. Diese Lehre – um ein Lehrstück, wenn auch ohne Lehrmeinung, handelt es sich – mag für die professionellen Sinnsucher zu wenig sein; in Wahrheit ist sie für ein regressiv abgeschirmtes Zeitbewußtsein schon zuviel. Ein Beweis mehr für ihre Triftigkeit.
Die Verfolgung und Ermordung des Jean Paul Marat wird uns vorgestellt in der Imagination eines Herrn de Sade, erst ein Parteigänger der Revolution, inzwischen an ihr resigniert. Sein Bekenntnis indessen, die Revolution interessierte ihn nicht mehr, darf uns nicht täuschen. Dieser Mann erfindet eine Kontroverse mit Marat, dem konsequentesten Anwalt der Revolution, weil er an ihrem Mißlingen verzweifelt ist. Gewiß schreibt dieser Sade ein Stück, in dem seine eigenen Argumente eher wie die Einreden eines Außenstehenden, wie Zurufe eines der Handlung enthobenen Autors klingen. Und doch übernimmt Sade in seinem eigenen Stück eine Rolle, die ihn der Vorrechte des Autors gerade beraubt. Als Schauspieler untersteht er dem Regiment des Ansagers. Nur dieser Ausrufer im Harlekinkittel kann, als Gegenspieler des aufsichtsführenden Anstaltsleiters, ins Spielgeschehen eingreifen. Sade selbst bleibt passiv, den Anweisungen des Regisseurs wie die übrigen unterworfen; er entzieht sich der Kompetenz und der Verantwortung des Autors sogar dann, wenn sich der entrüstete Coulmier unmittelbar an ihn wendet.

Sade gibt sich keinen Vorsprung vor Marat, er läßt sich in seine eigene Imagination verstricken. Zu sehr lebt Marat in ihm selber, als daß er ihn gleichsam von oben kritisieren könnte. In Marats Argumenten entdeckt er, noch indem er ihnen widerspricht, das Moment Wahrheit, das die Revolution für ihn selber behalten hat. Die Resignation an ihren terroristischen Folgen und an ihrer Verkehrung durch Napoleon, der Rückzug aus Politik in Psychologie, der Blick für die Gewalt der unmittelbaren Interessen gewinnen ihre dialektische Schärfe und Bitterkeit nur auf dem Grunde einer ungelösten Identifikation mit der preisgegebenen revolutionären Hoffnung.

Kein Stück also, in dem die These ihrer Überlegenheit von vornherein gewiß wäre; überhaupt kein Thesenstück vom Ende der Revolution; so einfach macht es Peter Weiss uns nicht.

In dem girondistischen Abgeordneten Duperret stellt er uns einen Phrasendrescher vor, der keinen Zweifel daran läßt, daß die im Namen des Liberalismus betriebene Gegenaufklärung vom ersten Augenblick an Ideologie gewesen ist. Gewiß steckt in dem Insistieren auf dem Glück des Augenblicks, auf dem Recht des Tages, auf der Unmittelbarkeit der Befriedigung, die nicht an eine abstrakte Zukunft und an ein allgemeines, gegenüber den realen Bedürfnissen verselbständigtes Interesse verraten werden dürfen, auch Wahrheit. Aber Peter Weiss hält peinlich darauf, daß diese Wahrheit nur in der illusionslosen Gestalt eines Sade ohne Einbuße zur Geltung kommen kann.

Sade konfrontiert sich mit einem Marat der letzten Stunde. Marat erscheint nicht auf dem Höhepunkt seiner Macht, nicht als Volkstribun, nicht als Vollstrecker der siegenden Revolution, nicht also in Positionen der Herrschaft. Die letzte Stunde Marats ist seine schwächste. Schon trägt er die Totenmaske, die eine gegenrevolutionäre Geschichtsschreibung und politisch angepaßte Oberlehrer zur Grimasse entstellen werden.

Dieser ungerüstete Marat verbreitet keinen Schrecken, er fordert historische Rechtfertigung geradezu heraus – und erhält sie von einem abtrünnigen Priester gegen die Autoritäten des

Jahrhunderts. Sade hat mit Marat die Einsicht gemeinsam, daß dies eine Welt von Leibern ist, ein Materialismus freilich, der in den abstrakten Grundsätzen politischer Aufklärer zugrunde geht, wenn diese nicht eingeholt werden von der konkreten Erfahrung der unterdrückten Triebe und jener Bedürfnisse, die keiner Vermittlung fähig sind. Sade macht sich noch auf die Ermordung selber, von deren Konsequenz er nicht ohne Trauer überzeugt ist, seinen Reim. Dieser Reim hält einer halbierten Revolution den Begriff der ganzen entgegen: denn was wäre schon diese Revolution ohne eine allgemeine Kopulation.

Die Dialektik der wechselseitigen Monologe von Sade und Marat gleitet freilich über beider Köpfe hinweg. Weder der Akteur, der die Geschichte mit Willen und Bewußtsein lenken will, noch der Voyeur, der ihn an seine Opfer erinnert, behält recht. Keine Lösung vermittelt zwischen den beiden Momenten in ihrer Isolierung. Das letzte Wort haben vielmehr die, auf deren Rücken die Kontroverse ausgetragen wird. Am Schluß agieren die, die doch nur als Statisten der Geschichte zugelassen sind: der Pöbel, der treulos gegenüber den Herrschenden nur sich selbst treu bleibt, ausgebeutet die Ausbeutenden überlebt und als dritter Partner stumm teil hat an einem Gespräch, das nicht seines ist. Der Pöbel vertritt eine undialektische, eine plane Wahrheit, eben die anarchistische Weisheit des Volkes:

»Muß denn das so sein
daß immer einer oben zum Schein
irgendetwas leitet und irgendetwas lenkt
und sich dabei den Kopf verrenkt«

Die Lumpenproletarier in den Straßen von Paris richten diese Frage an Marat; auch er gehört zu denen, die zum Scheine lenken und sich dabei den Kopf verrenken; und doch gehört er zu den Herrschenden alten Schlages nicht, denn sie beklagen ihn: »Armer Marat, du in deinem belagerten Haus, bist uns um ein Jahrhundert voraus.«

Auch Brecht nimmt Zuflucht zum Pöbel, immer wenn ihn Zweifel befallen an den definierten Trägern der Revolution. Peter Weiss aber ist der Autor eines brechtschen Lehrstückes, das sich von Brechts Fixierung an eine vorentschiedene Wahrheit und an die Bedingungen des Pauperismus, das sich also von der Konstellation der zwanziger Jahre gelöst hat. Jene Jahre haben mit dem Geist auch den Masochismus des Geistes hervorgebracht. Weiss verzichtet auf eine präjudizierte Lösung, ersteht aber um diesen Preis eine Fragestellung auf dem Niveau der Zeit. Der europäische Bürgerkrieg, der 1789 entbrannte, ist auf internationale Ebene verlagert worden. Eine Zeitlang haben sich die beiden Parteien das Erbe der Revolution verhängnisvoll eindeutig geteilt. Diese historische Arbeitsteilung steht zur Diskussion; Sade und Marat bringen sie, wenn nicht sich, so doch ihrem Publikum zum Bewußtsein.

Die Coulmiers sperren sich gegen diese Reflexion. Ist ein Stück darum absurd, absurder als die Wirklichkeit selbst, weil es nur die Wahl läßt, uns mit den Insassen der Irrenanstalt oder aber mit deren Leiter zu identifizieren?

Die Inversion ist durchsichtig genug, daß einzig der vom Irrsinn befallen ist, der zur Heilung seiner Patienten bestellt ist und die wohlüberlegte Ordnung einer geschlossenen Anstalt repräsentiert.

Leichter würde freilich der Funken von Charenton auf die Gegenwart überspringen, wenn nicht die napoleonischen Siege, sondern das *juste milieu* des milderen Louis Philippe den Rahmen abgäbe. So legen das Stück und die Inszenierung es nahe, mit den napoleonischen Folgen die revolutionären Anfänge in Bausch und Bogen zu verdammen. Dieser Irrtum wäre nach dem Geschmack der Zeit, der das Meisterstück gelang, der Französischen Revolution auch noch die Nazis in die Schuhe zu schieben, in der Gestalt des Robespierre einen kleineren Hitler zu entlarven. Obendrein nennt man den analytischen Versuch, die Französische Revolution den Deutschen als ein Element ihrer unbewältigten Vergangenheit bewußt zu machen, einen geistig verbrämten Zirkus. *Circenses* hießen die Spiele, die gelegentlich das Volk davon abhalten sollten, über seine Lebensinteressen nachzudenken. Dieser Vorwurf träfe Peter Weiss weiß Gott weniger als den recht persönlichen Eindruck seines Kritikers.

PETER SCHNEIDER
ÜBER DAS MARAT-STÜCK VON PETER WEISS

An dem Stück von Peter Weiss schieden sich die Geister, schickt man gern voraus, bevor man davon spricht. Was dem einen als »poetisches Tohuwabohu« vorkommt, gilt dem anderen als »hochintelligenter Geniestreich« oder als das »erste bedeutendere Bühnenwerk eines Deutschen seit Brechts Tod«. Hört man beiden Seiten zu, so gewinnt man den Eindruck, der Meinungsstreit, der da entstand, sei von Anfang an ernster genommen worden als der Gegenstand, der ihn provozierte. So wenig es an Urteilen über das Stück fehlt, so sehr fehlt es den meisten dieser Urteile an jener Hälfte, die sich um das Material ihres Gegenstandes kümmert. Das Verfahren, Urteile ohne kritisches Zitieren dessen, was beurteilt wird, abzugeben, ist nicht erst an dem Stück von Peter Weiss ausprobiert worden. Trotzdem fragt es sich, ob das Fehlen einer kritischen Reflexion dieses Stückes ausschließlich denen zuzuschreiben ist, die sie schuldig blieben. Es gibt nicht nur Kritiker sondern auch Kunstwerke, die sich lieber dem Kunstinstinkt anvertrauen als dem Kunstverstand. Bei einer Untersuchung des Stückes von Peter Weiss wird sich zeigen, daß es aus der äußeren Aufmachung seines Gegenstandes jene Funken schlug, die ihm aus dem Gegenstand selbst nicht springen wollten.

Der Titel des Stücks trifft seine Eigenart genauer als der Effekt, den er macht, vermuten läßt. Nicht nur Theater, sondern Theater im Theater kündigt er an. Sein erster Teil *Die Verfolgung und Ermordung Jean Paul Marats* gibt Auskunft darüber, was gespielt wird. Der zweite Teil *dargestellt durch die Schauspielgruppe des Hospizes zu Charenton unter Anleitung des Herrn de Sade* sagt, wo und von wem gespielt wird. Das Substantiv »Verfolgung« verspricht freilich zuviel: einzig die Ermordung Jean Paul Marats wird szenisch vorgeführt. Dem Stück so im Titel vorherzusagen, was in ihm passiert, kostet weniger Kopfzerbrechen, als es Büchner gekostet haben mochte, wenn er sein Revolutionsdrama *Dantons Tod* nannte. Der Titel Büchners reißt einen Stoff nur an, der sich im Stück unerwartet entfaltet, der Titel von Peter

Weiss hält nichts hinter dem Berg. Die Handlung läuft nicht wie dort von Szene zu Szene vor ihrem Ende davon, sondern: wenn Handlung anfängt, fängt auch schon die Ermordung an. Dieser Verzicht auf die Vorbereitung des Resultates der Handlung durch Handlung ist nicht ohne weiteres ein Nachteil. Immerhin schleppt er in die Konzeption des Stückes eine grundsätzliche Schwierigkeit ein. Da die Handlung nicht von Punkt zu Punkt zu ihrem Höhepunkt hinaufgeführt wird, sondern von Anfang an da oben ist, kann sie sich nur im Kreise drehen: dreimal wird die Ermordung Marats angefangen und abgebrochen; erst beim dritten Mal stößt die Corday den Dolch in seine Brust. Die Frage stellt sich, was Peter Weiss dazu bewog, einen Stoff, der dem Theater so sehr die Fabelform anbot, auf ein einziges szenisches Bild zusammenzuschneiden.

In seinen *Anmerkungen zum geschichtlichen Hintergrund unseres Stückes* schreibt er: »Was uns in der Konfrontation von Sade und Marat interessierte, ist der Konflikt zwischen dem bis zum äußersten geführten Individualismus und dem Gedanken an eine politische und soziale Umwälzung.« Sade und Marat geben in diesem Satz ihre historische Persönlichkeit an ihren Namen ab; Sade und Marat heißen in dem Stück von Peter Weiss die beiden Pole der Antithese von Individualismus und sozialem Engagement. Es verschlägt nicht viel, ob beide Männer sich vom historischen Standpunkt dieser Antithese fügen. Weder läßt sich daraus ein Argument für noch eines gegen das Stück machen. Nicht die historischen Figuren Sade und Marat will Peter Weiss auf dem Theater zeigen, sondern das, was ihn an diesen »interessiert«. Der Blickwinkel des Historikers muß nicht auch der des Stückeschreibers sein. Unschwer läßt sich das spezifische Interesse, das Peter Weiss an den Figuren Sade und Marat hat, objektivieren. Festzuhalten ist aber, daß das Interesse, das diese Gegenüberstellung weckt, beiden gilt: den historischen Assoziationen, die die Namen Sade und Marat mitbringen, und der Konstellation, in die Peter Weiss diese Assoziationen sperrt. Je energischer freilich die Intention des Autors ist, desto energischer wird sie den historischen Stoff, der ihr das Material liefert, beschneiden. Ist dem Autor der historische Stoff nur das

Stichwort für die Absicht, die er hat, so ist ihm noch jener Rest zuviel, der in der Bühnenfabel aufgeht: auch die Fabel zeigt ja immer mehr, als ihr die Intention zu zeigen auferlegt – insofern sie Fabel ist, wächst sie ihrer Moral über den Kopf. Von hier aus ist zu verstehen, warum Peter Weiss dem Titel *Die Ermordung und Verfolgung Jean Paul Marats* in seinem Stück die Geschichte nicht nachfolgen läßt. Nur fragt sich, ob der Moral wirklich zugute kommt, was an der Geschichte eingespart wird. Noch Brecht, der den Vorrang der Moral vor der Geschichte auf der Bühne forderte, war nicht Moralist genug, um die Geschichte um des moralischen Zweckes willen völlig zusammenzustreichen. Den Abstand zwischen dem Theaterstück und seiner Absicht, den Brecht kritisch reflektierte, hob er darum nicht auf. Seine Äußerungen darüber, was er mit seinen Stücken wollte, selbst nicht eben bescheiden, nehmen sich neben seinen Stücken bescheiden aus.
Anders stellt sich das Verhältnis von Intention und Praxis bei Peter Weiss dar. Beinahe grimmig hat er im Stück beim Wort genommen, was er als dessen Thema formuliert. Widerstandslos decken sich die Helden seines Stückes mit den Thesen, die er ihnen zum Vortrag aufgibt. Rundheraus sagen beide, wozu sie der Autor erfand. Sade: »Ich glaube nur an mich selbst.« Marat: »Ich glaube nur an die Sache / die du verrätst.« An keiner Stelle weichen sie von dem Programm ab, das ihnen durch die Antithese von Individualismus und Engagement eingetrichtert ist; nie, daß Sade den Marat, nie, daß Marat den Sade in sich entdeckte – mit einer Unbeirrbarkeit, die nur Ideen eignet, stehen sie von Anfang bis Ende zu den Begriffen, auf die sie gebracht sind. Die Konsequenz aus Brechts Angriff auf die »kulinarische« Bühnenfabel mag man das nennen, wenn man dem Wort »Konsequenz« nur den affirmativen Klang abnehmen will, der ihm allzu selbstverständlich anhaftet. Darum, daß Peter Weiss Brechts Kritik an der Fabel bis zu deren Aufhebung weitertreibt, ist er nicht schon über Brecht hinaus. Denn mit den Thesen, die er auf die Bühne stellt, verdeutlicht sich auch die Schwierigkeit, die Thesen auf der Bühne zu haben: je dünner der Stoff ist, den ihnen die Bühnenhandlung umhängt, desto mehr setzen sie sich der Frage aus, warum sie auf der Bühne stehen. Auf bei-

den Seiten der Dialektik von Moral und Geschichte droht der ästhetische Bankrott; das bare Erzählen, das für jede Absicht zu faul ist, verdirbt zur Aufzählung von Einfällen; die pure Absicht, die sich durch jede Geschichte verschandelt glaubt, mißrät zur theaterwidrigen Abhandlung.

Nach diesen Anmerkungen hat es den Anschein, als hätte Peter Weiss ein Stück geschrieben, das vor lauter Thesen nicht aus dem Vorhang gucken kann. Hat sich aber der Vorhang geöffnet, so sieht es ganz anders aus; alles, was sich je als bühnenwirksam bewährte, findet sich auf der Bühne zusammen: da wird gesungen und getanzt, Pantomime gemacht und im Chor gesprochen, da passiert, dreimal verschoben, ein Mord, und auf all das macht ein Ausrufer im Harlekinkittel seinen Knittelvers. Wo kommt diese szenische Turbulenz her? Die theatralische Wirkung, die der Gegenüberstellung von Sade und Marat nicht anzusehen war, hat Peter Weiß dadurch erzielt, daß er das szenische Bild, das den Hintergrund liefert, immer neu sich brechen läßt. Dreifach schachteln sich Zeit, Ort und Handlung seines Stückes ineinander.

1. Das Stück spielt am 13. 7. 1793, dem Tag, an dem die Klosterschülerin Corday Marat erstach. Neben einem Vorblick auf das Jahr 1808, der das Resultat von Marats Ideen zeigt, gibt es mehrere Rückblicke auf Ereignisse, die vor dem 13. 7. 1793 liegen, so etwa die Szene *Lied und Pantomime von Cordays Ankunft in Paris.*

2. Da der Marquis de Sade als Autor und Regisseur des Stückes auftritt, erhält das Stück eine weitere zeitliche Ebene, die seiner Aufführung im Hospiz zu Charenton. Diese Aufführung ist wegen des erwähnten Vorblicks auf das Jahr 1808 nach diesem Termin anzusetzen.

3. Über diese beiden zeitlichen Ebenen lagert sich nun noch eine weitere; der Ausrufer, der das Stück kommentiert, kommentiert es nicht nur dem Anstaltspublikum, sondern auch dem Theaterpublikum. Sein Text enthält einige Anspielungen, die nur aus der Perspektive von 1964 zu verstehen sind. Wenn er die Pause ankündigt: »erfreuen wir uns unserer gegenwärtigen Tage / und erwägen in der Pause dessen Lage / den sie bald wieder nach Kaffee und Bier / sehen werden in der Wanne hier«, ist noch zweideutig, welche Pause gemeint

ist, die des Theater- oder die des Anstaltspublikums. Aber wenn er anläßlich einer bei den Anstaltsinsassen aufkommenden Unruhe sagt: »Genau, wie Sie, meine Damen und Herrn / sähen wir die Einigung sehr gern«, so reicht der Vorwand nicht aus, um sich darüber nicht als einen aktuellen Gassenhauer zu ärgern.

Genau wie die Zeit der Handlung verändert sich der Ort. Das Stück spielt erstens in Paris (an verschiedenen Orten), zweitens im Hospiz zu Charenton, drittens im Theater, das das Stück gibt. Am kompliziertesten entwickelt sich diese Schachtelung naturgemäß bei dem Mittel von Bühnenort und Bühnenzeit: der Bühnenhandlung. 1. Ihr Zentrum bildet die Ermordungsszene, diese spielt am 13. Juli 1793 in Paris, nach 1808 im Irrenhaus zu Charenton und heute im Theater. In sie eingeschoben sind in der Form lockerer, szenischer Assoziationen die Vor- und Rückblicke, sie spielen vor dem 13. Juli 1793 in Paris, 1808 in Paris, nach 1808 im Irrenhaus und heute im Theater. 2. Zusammengehalten sind beide Elemente durch das Gespräch zwischen Sade und Marat, das findet statt nach 1808 im Irrenhaus und heute im Theater. 3. Die Einführung des Stückes durch den Anstaltsleiter Coulmier und die Unterbrechungen des Stückes durch die Anstaltsinsassen bilden eine dritte Handlung; sie spielen nach 1808 im Irrenhaus und heute im Theater. – Wie verträgt sich nun diese dreifache Schichtung von Ort, Zeit und Handlung mit dem Thema des Stückes?

Hüten muß man sich davor, schon die Tatsache der Perspektivität eines Kunstwerks für ein Indiz seiner Qualität zu nehmen. Wo immer in der Literatur sich etwas bricht, da wird ihm schon der Stempel des Zeitgemäßen aufgedrückt. So wenig aber ein Kunstwerk durch bloße Vieldeutigkeit gut wird, so wenig ist ihm Eindeutigkeit allemal verboten. Zu untersuchen bleibt in jedem einzelnen Fall, ob die Perspektivität eines Kunstwerks Funktion hat: ob sie seinem Thema neue Ansichten verschafft, oder nur verrätselt, was so platt nicht bleiben soll, wie es angefangen war.

Betrachtet man mit diesem Vorbehalt die Brechungen des Stücks, so meldet sich, noch ehe nach ihrer Funktion gefragt ist, der Zweifel, ob dem Zuschauer mit drei Ort-, Zeit- und

Handlungsebenen nicht genau eine zuviel zugemutet ist. Tat sich der Zuschauer des Brechttheaters schon schwer damit, die Dialektik von Darstellen und Dargestelltem im Wahrnehmen auszupendeln, wieviel eher muß seine Wahrnehmung ins Stolpern geraten, wenn sie zwei verschiedene Darstellungen mit dem Dargestellten im Gleichgewicht zu halten hat. Die Schwierigkeit läßt sich an den Personen des Stücks deutlich machen. Mit einer Ausnahme zeigt jede von ihnen drei verschiedene Gesichter: 1. die historische Persönlichkeit; 2. den historischen Irren; 3. den Schauspieler. Sofort sichtbar sind an jeder Person ihre ersten beiden Eigenschaften. So leidet Jean Paul Marat in dem Stück von Peter Weiss an einer Hautkrankheit, Simonne Evrard, seine Lebensgefährtin, hat eine schiefe Haltung, ihre Bewegungen sind zwanghaft und verschroben, Charlotte Corday ist somnambul, Duperret, girondistischer Abgeordneter und Liebhaber der Corday, ist Erotomane, Jaques Roux, ehemaliger Priester und radikaler Sozialist, kann sich nur in der Zwangsjacke bewegen. Gerade durch diese Spaltung der dargestellten Personen wird aber auch der, der sie darstellt, sichtbar. Wenn etwa Duperret sich als Erotomane gibt, fällt er aus der Rolle Duperrets, wenn er sich aber als Duperret gibt, fällt er aus der Rolle des Erotomanen; und insofern jede der beiden Rollen das Herausfallen aus der anderen einschließt, zeigt sich der, der aus allen beiden Rollen fällt: der Schauspieler. Wie aber soll der Zuschauer den Duperret, den Erotomanen, der jenen spielt, und den Schauspieler, der alle beide spielt, auseinander- und zusammenhalten?

Der Gefahr, daß bei so vielfacher Spiegelung das, was eigentlich gespiegelt werden soll, verloren geht, ist Peter Weiss nicht entgangen. Da jede der Personen, die der Schauspieler andeutet, die andere daran hindert, sich zu entfalten, gerät, was jede sagt, unversehens zu einem riesigen Kommentar des Wenigen, was sie tut. In immer neuen Wendungen verspricht die Corday, was sie erst bei ihrem dritten Besuch hält: »In beide Hände werde ich den Dolch nehmen / und ihn in seine Haut schlagen.« Aber nicht nur der Corday möchte man zurufen: »Tu's doch!« Soviel wird in dem Stück kommentiert, daß Nachricht darüber kaum zustande kommt. Formal äußert

sich das darin, daß jede Person dem Ausrufer, dem Kommentar einzig zusteht, den Text wegnimmt, indem sie selber mitkommentiert. Aber eben weil alle, die da kommentieren, vor lauter Kommentieren nicht dazu kommen, sich eine eigene Kontur zu verschaffen, lassen sich ihre Kommentare oft nicht voneinander unterscheiden. So ist zum Beispiel nicht einzusehen, warum statt des Ausrufers die vier Musikanten, die das Proletariat der Französischen Revolution vorstellen, der Corday Ankunft in Paris kommentieren: »Charlotte Corday kam in unsere Stadt.« Oder warum statt des Ausrufers de Sade die Corday bei ihrem ersten Besuch bei Marat unterbricht: »Nun nicht, Corday, / dreimal kommst du an seine Tür.« Auch das Anstaltspublikum, »zusammengesetzt aus allen Ständen«, nimmt, ohne daß sie dadurch einen neuen Klang bekämen, dem Ausrufer die Worte aus dem Mund, wenn es der in Schlaf verfallenen Corday zuruft: »Corday, Corday / wach auf.« Fraglos wollte Peter Weiss durch das immer wiederholte Auflösen der Identität der Bühnenfiguren die Fiktion dieser Identität auflösen. Aber so sehr versteift er sich aufs Auflösen, daß mit dem Gegenstand der Auflösung auch diese selbst undeutlich wird; gegen sein Stück läßt sich wenden, was Hegel in seiner Ästhetik formuliert hat: »Was sich aber auflösen soll, muß sich vorher entfaltet und vorbereitet haben.«
Einzig die Figur Sades bleibt ungespalten. Er ist als Sade gleichzeitig Patient der Anstalt in Charenton, ist also der einzige, der selber ist, was er im Stück vorgibt zu sein. Die Stärke, die diese Einheitlichkeit seiner Figur verleiht, ist die Schwäche seines Gegenspielers. Notwendigerweise muß Sade als Autor und Sprecher seiner Meinung gegenüber der Erwiderung Marats im Vorteil sein, der nur aufsagt, was ihm Sade in den Mund gelegt hat. Geschickt hat Peter Weiss dieses formale Übergewicht Sades über Marat dadurch auszugleichen versucht, daß er das Gebrechen des Patienten, der Marat spielt, nicht in Kontrast zu seiner Rolle setzt, sondern mit dieser Rolle zusammenfallen läßt. Ganz wie der Patient des Hospizes zu Charenton, litt auch der historische Marat an einer Hautkrankheit, und so fällt der Patient nicht aus der Rolle, wenn er ausruft: »Oh, dieses Jucken, dieses Jucken.«

Die Figur Marats gewinnt dadurch eine Kohärenz, die den anderen Figuren des Stücks abgeht, aber deswegen ist sie noch nicht Sade ebenbürtig, der als fiktiver Autor der Argumente Marats diesen nicht gegenüber, sondern über ihnen steht. Deutlich zeigt sich an dieser Stelle, wie sich die formalen Zerrungen des Stücks in seinem Gehalt reflektieren; wenn es auch nicht die Absicht von Peter Weiss war, Sades Position als die überlegene herauszustellen, so ergibt sich dieser Eindruck zwingend aus der formalen Struktur seines Stücks.
Es fragt sich, was bei so großen Nachteilen der Vorteil dieser Schachteltechnik ist. Wozu läßt Peter Weiss überhaupt die Auseinandersetzung zwischen Sade und Marat im Hospiz zu Charenton stattfinden (»einer Anstalt, in die man diejenigen brachte, die sich durch ihr Verhalten in der Gesellschaft unmöglich gemacht hatten, auch ohne daß sie geisteskrank waren«)? Für diese Frage bietet sich zunächst und bietet Peter Weiss die historische Erklärung an: auch in Wirklichkeit fanden in der Irrenanstalt zu Charenton Theateraufführungen unter der Leitung des Marquis de Sade statt. Aber die Freiheit, die sich der Stückeschreiber gegenüber dem historischen Detail herausnehmen darf, kostet ihn ebensogut das Recht, sich aufs historische Detail zu berufen, wenn es gilt, ein dramaturgisches Prinzip zu begründen. Die Tatsache, daß Sade im Irrenhaus Theateraufführungen veranstaltete, reicht nicht aus, sein fiktives Gespräch ins Irrenhaus zu verlegen. Gibt es eine Erklärung für diesen Rahmen, die über den historischen Verweis hinausgeht?
Eine Beziehung des Rahmens zum Thema bietet der Schluß des Stückes an. In ihm werden die verschiedenen Motive des Stückes stichworthaft aneinandergesetzt und durch den Reim gleichgemacht. Das Einerlei der Wörter, das so entsteht, suggeriert das Einerlei auch ihrer Bedeutungen, alles, Welt und Irrenhaus, scheint ein und dasselbe, und die Haltung Sades die letzte Weisheit des Stückes: »Alle (rhythmisch durcheinanderschreiend): ›Charenton Charenton / Napoleon Napoleon / Nation Nation / Revolution Revolution / Kopulation Kopulation.‹« Aber noch klingt die Stimme Marats nach, der Sade entgegenwarf: »Falsch Sade, falsch / mit der Ruhelosigkeit der Gedanken / läßt sich keine Mauer durchbre-

chen.« Mit dem Faktum, daß Marat zum Schluß des Stückes tot in seiner Wanne liegt, ist er noch nicht widerlegt. Zu leicht nimmt das Stück, wer seinen Schluß für das Ganze stehen läßt, zu leicht nimmt es deswegen aber auch, wer sich die Irrenhauskulisse zum Symbol zurechtrückt. Daß die Französische Revolution, daß Revolution überhaupt ein Irrsinn sei, zeigt sich, wenn es sich überhaupt plausibel machen läßt, nicht einfach dadurch, daß Revolution von Irren vorgespielt wird. Zu sehr bleibt ein solches Bild bloße Behauptung, auch nähert es sich der fatalen Metapher von der Welt als Irrenhaus, als daß sie dem Stück ohne Not unterstellt werden sollte.
Wenn aber das Stück nicht aus Weltanschauung ins Irrenhaus projiziert wird, warum dann? Keine andere Aufgabe bleibt dieser Kulisse, als einer gedanklichen Auseinandersetzung, der der Autor eigene Spannung nicht zutraut, den bizarren Rahmen zu liefern. Daß dieser Rahmen eine Fülle theatralischer Möglichkeiten bietet, daß Peter Weiss diese Möglichkeiten wahrgenommen hat, ergibt sich schon aus dem Wenigen, was hier darüber gesagt wurde. Aber das Interesse, das der Rahmen weckt, gilt eben dem Rahmen und läßt sich nicht an das, was er einrahmt, verkuppeln. Die Eindringlichkeit, die Duperret durch die Erotomanie seines Darstellers, die Corday durch die Schlafkrankheit ihrer Darstellerin gewinnen, bleibt den Figuren Duperret und Corday äußerlich. Es ist die Eindringlichkeit, die auch ein Gespräch über das Wetter haben mag, wenn es unter der Peitsche geführt wird. In einer Szene hat Peter Weiss ungeniert zu diesem Mittel gegriffen. Da entblößt Sade seinen Oberkörper und läßt sich von der Corday peitschen, während er zu Marat spricht. Wiederum: der Hinweis darauf, daß Sade sich in den Jahren seiner Gefangenschaft zu geißeln pflegte, löscht den peinlichen Eindruck nicht aus, mit der Peitsche werde da dem Publikum Respekt vor einer Sache beigebracht, der anders Respekt nicht zu verschaffen sei. Das ist um so merkwürdiger, als Sade nicht gerade vom Wetter, sondern von den Greueln der Revolution redet: »Wie Weiber gelaufen kamen / in den blutigen Händen / die abgeschnittenen Geschlechtswerkzeuge von Männern.« Wozu braucht ein solches Detail, selbst schon wie ein Schlag mit der Peitsche, noch den Schlag mit der Peitsche?

So sehr ist es Peter Weiss darum zu tun, das, was er sagen will, durch formale Reize doppelt triftig zu machen, daß sich ihm unversehens das Mittel zum Zweck verkehrt, und nachträglich sieht es so aus, als hätte er nie etwas sagen wollen. Der formale Aufwand des Stückes, der ursprünglich der Gegenüberstellung Sade-Marat zuliebe inszeniert war, gerät, auf die Spitze getrieben, zur Hauptsache, und macht das zur Nebensache, wofür er erfunden war. Der Umschlag zeigt sich an der Entwicklung dieser Gegenüberstellung. Sieht man nach, an welcher konkreten Frage sich so komplex angelegte Haltungen wie die Sades und Marats im Stück reiben, so stößt man ausgerechnet auf die Frage, die wiederum am meisten ins ›Auge‹ sticht, die Frage nämlich, ob die Revolution die Greuel rechtfertigt, die sie hervorbringt. So ausschließlich bestimmt das Ja und Nein auf diese Frage die weltanschaulichen Gesten des Stückes, daß es nicht nur Sade und Marat, sondern für beider Alter Ego, für Corday und Roux das Motiv hergeben muß. In der Szene »Corday stellt sich vor« spricht sie dieses Motiv aus: »Ich töte einen, um Tausende zu retten.« Und vor ihrem dritten Besuch bei Marat verschafft sie diesem Motiv Material, wenn sie ihr eigenes Schicksal ausmalt: »Jetzt weiß ich wie dieser Augenblick ist / in dem der Kopf vom Leib getrennt wird / dieser Augenblick / die Hände auf den Rücken gebunden ...« Aber auch Sade kommt aus dem Aufzählen von Ungeheuerlichkeiten nicht heraus. Gleich in seinem ersten Gespräch mit Marat schildert er in allen Einzelheiten die grauenvolle Hinrichtung des Attentäters Damien und in der Szene *Sade unter der Peitsche* die zum Teil schon zitierten Greuel bei den Säuberungsaktionen im September 1789. Den Refrain darauf machen die vier Musiker, wenn sie Marat von den Morden an den Vätern der Revolution vorsingen. So wild wird in dem Stück mit geschlitzten Schenkeln, mit angesägten Schultern, mit blutigen Menschenstümpfen argumentiert, daß das Argument, immer noch einmal verdoppelt, sich selbst aufhebt und zur Floskel verdirbt. Allzu leicht wird das Ungeheuerliche dadurch, daß es einem ständig vor Augen gehalten wird, geheuer, als daß es auf dem Theater, das immer schon genießbar macht, was in Wirklichkeit noch so ungenießbar sein mag, thematisch werden dürfte. Was bleibt Marat, dessen Revolution mit so starren Argumenten verurteilt wird, als ebenso starr zu antworten: »Wir morden nicht, wir töten aus Notwehr / wir kämpfen um unser Leben.« Und was die Corday Sade nachsagte, das sagt auf der Gegenseite Roux Marat nach: »Stürzt eure Feinde / macht sie unschädlich / denn wenn sie gewinnen / dann würden sie / keinen von euch verschonen.«

Aber weder läßt sich nach Marx und Lenin das Problem der Revolution unbefangen unter dem einzigen Aspekt ihrer Greuel sehen, noch läßt sich mit dieser Voraussetzung eine spezifische Haltung Sades und Marats zum Problem der Revolution artikulieren. Unmittelbar spiegelt sich der Mangel an gedanklichen und individuellen Differenzierungen in den Haltungen Sades und Marats in der Sprache, die diese Haltungen beschreibt. Wie die Bedeutungen der Sätze, die Sade und Marat sagen, wiederholen sich auch ihre syntaktischen Figuren. Sade: »Ich hasse die Natur / ich will sie überwinden, ich will sie mit ihren eigenen Waffen schlagen / in ihren eigenen Fallen fangen.« Marat: »Gegen das Schweigen der Natur / stelle ich eine Tätigkeit / in der großen Gleichgültigkeit / erfinde ich einen Sinn / anstatt reglos zuzusehen / greife ich ein.« Nicht sprachliches Ungeschick walzt so den Gedanken zur Parataxe aus, sondern umgekehrt: der Gedanke, zur Dialektik nicht geschickt, dörrt so die Sprache aus.

Die große Antithese, die das Gerüst für das Stück von Peter Weiss abgab, bleibt so roh, wie sie aufgestellt wurde, stehen. Da ihr die gedanklichen Brechungen fehlen, gewinnt sie durch die formalen Brechungen nur scheinbares Leben. Schroff wie ihre Thesen bleibt denn auch deren Vermittlung in dem Refrain: »Denn was wäre schon diese Revolution / ohne die allgemeine Kopulation.«

Freilich ist eine Vermittlung der Standpunkte Sades und Marats nicht zu fordern; gerade deren Unmöglichkeit will das Stück zeigen. Aber die Unmöglichkeit einer solchen Vermittlung zeigt sich erst durch den schrittweisen Abbau ihrer Möglichkeit. Vergleichsweise harmlos erscheint die Unentschiedenheit des Streits, dem nach Entscheidung nie zumute war. Unentschiedenheit scheint eines der künstlerischen Themen von Peter Weiss zu sein. Aber anders als in den Prosastücken *Abschied von den Eltern* und *Fluchtpunkt*, wo dem Thema durch das biographische Detail Material zuwächst, bleibt es in seinem Stück abstrakt. In Bewegung gerät es auch dort erst, wenn ihm episches Material zugeführt wird, so in der Szene ›Marats Gesichte‹. Die szenischen Erinnerungen Marats an seinen Vater, seine Mutter, seine Lehrer verschaffen ihm mehr theatralische Glaubwürdigkeit als alles, was er Sade zu sagen hat. Aber sie sind eben nur eine Abschweifung von dem, was er Sade zu sagen hat.

Der Versuch von Peter Weiss, dem Disput zweier Menschen über das gesellschaftliche Verhalten der Menschen szenische Wirkung abzugewinnen, ging auf Kosten des Disputs. Aber dieses Scheitern bemißt sich an dem Risiko, das ihm vorausging. Peter Weiss hat als erster seit Brecht den Versuch unternommen, zwischen einem Theater, dem entweder der Sinn für das Thema oder der für die Bühne fehlt, zu vermitteln. Das Scheitern dieses Bühnenversuchs ist mehr wert als das Gelingen all der Versuche, die sich sei es die Bühne seien es die Menschen, egal sein lassen.

KARLHEINZ BRAUN

SCHAUBUDE – IRRENHAUS – AUSCHWITZ
ÜBERLEGUNGEN ZUM THEATER DES PETER WEISS

I

1 *Epische Bedingungen*

»Durch die halboffene Tür sehe ich den lehmigen, aufgestampften Weg und die morschen Bretter um den Schweinekofen. [...] Außerdem sehe ich noch ein Stück Hauswand [...]. Dies sind die Geräusche: das Schmatzen und Grunzen des Schweinerüssels, das Schwappen und Klatschen des Schlammes, das Quietschen und Knarren der Bretter [...].«
So beginnt die Niederschrift des Erzählers, der, im Abtritthäuschen sitzend, durch die aufgestoßene Tür seine Wahrnehmungen registriert. Sie endet mit den Beobachtungen des gleichen Voyeurs, der, sich aus dem Fenster lehnend und die Nachtluft einsaugend, an dem durch das Küchenfenster auf

den Hof fallenden Schatten die Tätigkeit des Kutschers und der Haushälterin exakt wiedergibt. Peter Weiss' erstes deutsch publiziertes Prosawerk, *Der Schatten des Körpers des Kutschers*, ist das Ergebnis der exakten Beschreibung des genau Wahrgenommenen und der Beschreibung des Denkvorgangs des Wahrnehmenden. Sie erreicht in der strengen Niederschrift einer aus der Subjektivität des Erzählers wiedergegebenen Welt zugleich ihre Objektivität. Die Subjektivität des Erzählers erscheint dabei kaum getrübt durch unkontrollierte Emotionen: er versucht »nur« aufzuschreiben, was er der sinnlichen Wahrnehmung verdankt, kontrolliert diese Aufzeichnungen dann in »Beschreibungen des Zurückdenkens«. Der »Mikroroman« zeigt bereits jenen scheinbar unbeteiligten, nur registrierenden Beobachter einer Wirklichkeit, der mit einer »Zusammenschau« nach der Ansicht des Autors kaum mehr beizukommen ist.
Sieht der Ich-Erzähler im *Schatten des Körpers des Kutschers* die Wirklichkeit nur aus »begrenzter Perspektive«, so weitet sich die Erzählperspektive in den beiden folgenden Prosabüchern *Abschied von den Eltern* und *Fluchtpunkt*, in denen der Ich-Erzähler zwar ebenfalls auch aus der begrenzten Perspektive seiner Subjektivität berichtet, als Erzähler einer Autobiographie jedoch den gesamten Ablauf der Geschichte von späterer Warte übersieht. Ist es beim *Schatten des Körpers des Kutschers* der Blick nach Außen, die besessene Registrierung der Objektwelt, so fällt bei den beiden autobiographischen Büchern der Blick nach innen, ebenso besessen, im Außen nach den Gründen des so und so beschaffenen Subjekts suchend, emphatisch zwar im Bewußtsein des Leidens, kühl jedoch in der Registrierung seiner Bedingungen.
Nicht ohne Absicht stelle ich den Überlegungen zum Theater diese Überlegungen zur Prosa des Peter Weiss voran. Denn es scheint, als sei das erzählende Subjekt, auf das die Prosa ausgerichtet ist, im Medium des Dramas nicht verlorengegangen, sondern werde vielmehr nur auf andere Weise weitergeführt. Die von der Kritik so gerühmte Fertigkeit des Peter Weiss, mit jedem Werk neu anzufangen, mit jedem Werk einen neuen, überraschenden Stil zu finden, scheint mir eher jene Konsequenz zu verdecken, mit der Peter Weiss seinem Thema

treu bleibt: der Selbstverständigung, der Verständigung seines Bewußtseins mit der Wirklichkeit, die er als Erzähler in Prosa oder Drama beobachtet. (Aus diesem Blickpunkt sind auch die politisch-gesellschaftlichen Äußerungen zu verstehen, im Werk und außerhalb, die letzten Seiten des *Fluchtpunkt* sowohl als auch die *10 Arbeitspunkte eines Autors in der geteilten Welt*.)

2 Der Blick der Kinder

Der Blick des Erzählers Peter Weiss personifiziert sich im Drama in bestimmten Figuren. In der blutigen Moritat *Nacht mit Gästen* sind es die Kinder, die die Vorfälle dieser Nacht beobachtend verfolgen, selbst nicht ungefährdet. Sie betrachten das Massaker mit aufgerissenen Augen, steigen dann aber ungerührt über die Leichen, gehen ab. Schon als Kinder scheinen sie integriert in eine Gesellschaft, die in der blutigen »Endlösung« eine Lösung sieht. Der Blick der Kinder, ihre Reaktionen auf das Blutbad der Alten (»sei auf der Hut / daß du nicht ausrutschst auf dem Blut«) sind schon von jener distanzierten Kühle, mit der der Marquis de Sade die Tumulte im Irrenhaus von Charenton belächelt.

3 Der Blick des Marquis

In dem philosophisch-politischen Historiendrama von der *Verfolgung und Ermordung des Marat*, ist es der Fachmann de Sade, »der das Spiel ersonnen mit unübertroffenem Genie«, der an seinem chaotischen Finale hoch auf dem Stuhl steht und triumphierend lacht (in der 5. Auflage des gedruckten Textes; in der zweiten Fassung: »Sade steht unbeweglich und lächelt«; in der 3. Fassung: »Sade steht unbeweglich und lacht«. Die Akzentverschiebungen werden durch spätere Ausführungen deutlich). Sade lacht, während die Patienten der Heilanstalt Charenton von den Nonnen und Pflegern zusammengeschlagen werden. Sade ist die Hauptfigur dieses Spiels, und die Hauptrolle hat er sich auf den Leib geschrieben. Aus seiner Perspektive wird die Geschichte von der Ermordung Marats vorgeführt. Ihre Protagonisten, der Marquis und Marat, sind viel weniger nur Verkörperungen antagonistischer Ideen (schrankenloser Individualismus und revolutionärer Sozialismus), wie viele Kritiker sie gesehen und interpretiert haben, und wie sie besonders Peter Schneider dem Autor zum Vorwurf macht.* Vielmehr sind beide Projektionen ein und desselben Bewußtseins, des des Marquis. In ihm sind beide Möglichkeiten angelegt. Zwar betont der Marquis »Ich glaube nur an mich selbst« und Marat »Ich glaube nur an die Sache, die du verrätst«, aber Marat wirft de Sade auch vor, daß er die gemeinsame Sache verraten habe. Marat war eine Möglichkeit des Marquis, die Revolution hatte er selbst mit heraufbeschworen. Doch dann sah er, »wohin sie führt / die Revolution / zu einem Versiechen des Einzelnen / zu einem langsamen Aufgehen in Gleichförmigkeit / zu einem Absterben des Urteilsvermögens / zu einer Selbstverleugnung / zu einer tödlichen Schwäche / unter einem Staat / dessen Gebilde unendlich weit / von jedem einzelnen entfernt ist«. Deshalb trat er aus der Sektion aus: »Ich sehe nur noch zu / ohne einzugreifen / beobachtend / das Beobachtete festhaltend / und es umgibt mich / die Stille«. Er zieht sich zurück auf seinen »Egoismus« und überläßt die »Freiheitsbewegung« den anderen. Und doch sprach er noch im Epilog der 1. Fassung des Dramas von Marat so: »Marat war mein Freund und ich hielt ihn in Ehren«, verwahrt sich gegen dessen »Drang mit Beilen und Messern / die Welt zu verändern und zu verbessern«, um schließlich die Diskussion zu beenden: »In einem aber geb ich ihm recht / die Welt wie sie ist so ist sie schlecht / nur sehe ich nicht wie mein Freund so weit / und habe im übrigen auch keine Zeit / an eine Änderung des Ganzen zu glauben / Ich weiß nur was meine eignen Gedanken taugen«.

Als Autor inszeniert der Marquis noch einmal seinen persönlichen Konflikt als eine Projektion der Weltgeschichte. Der Marat des Spiels ist jederzeit abhängig vom Autor de Sade, der Marquis weiß, wie die Geschichte endet. Er kann darüber lachen. (»Die Schlechtigkeit des Egoismus liegt nicht an ihm selbst, sondern an der geschichtlichen Situation; mit ihrer Veränderung geht sein Begriff in den der vernünftigen Gesellschaft über . . . Einige Denker haben, im Gegensatz zum herr-

* Peter Schneider, *Über das Maratstück von Peter Weiss,* in: *Neue Rundschau,* Ffm., 4/1964, S. 664–672.

schenden Geist, den Egoismus weder verhüllt noch angeklagt, sondern sich selbst zu ihm bekannt. [...] Diese Denker [...] sind in der neueren Geschichte wesentlich bloß nach ihrem Gegensatz zur herrschenden Moral verstanden worden. Aber mit diesen Apologeten des unbeschränkten Egoismus hat es eine eigene Bewandtnis. Indem sie selbst den verpönten Triebregungen nachspürten und sie ohne Ablenkung und Verkleinlichung ins Bewußtsein hoben, verloren die Mächte ihre dämonische Gewalt.«* Der Marquis ist damit gleichzeitig Aufklärer im Sinne der Beherrschung der Natur wie, geschichtlich-gesellschaftlich gesehen, Reaktionär den politischen Forderungen der Zeit gegenüber. Nur in diesem Sinne ist die Dialektik Sade/Marat zu verstehen, als Aktualisierung der in Sade sich austragenden Gegensätze.

Der Marquis als Autor des Spiels gibt seinem Marat Stimme und Sprache; eine Sprache jedoch, die demagogisch ist und nach Propaganda tönt: ihr Autor kann längst nicht mehr an die Wahrheit dieser Ideen glauben. Doch gibt sich andererseits der Marquis keinen Vorsprung vor Marat, »er läßt sich in seine eigene Imagination verstricken«. Zu sehr lebt Marat in ihm selber, als daß er ihn gleichsam von oben kritisieren könnte. In Marats Argumenten entdeckt er, noch indem er ihnen widerspricht, das Moment Wahrheit, das die Revolution für ihn behalten hat. Die Resignation an ihren terroristischen Folgen und an ihrer Verkehrung durch Napoleon, der Rückzug aus Politik in Psychologie, der Blick für die Gewalt der unmittelbaren Interessen gewinnen ihre dialektische Schärfe und Bitterkeit nur auf dem Grunde einer ungelösten Identifikation mit der preisgegebenen revolutionären Hoffnung.«** Der Marquis de Sade kann (und dies bestimmt die Perspektive des Stückes) im Jahre 1808 kein Marat-Drama schreiben und inszenieren, in dem der Volkstribun geschichtlich Recht erhalten könnte. Sade sieht in Marat nur das Moment Wahrheit, das die Revolution für ihn selber behalten hat. Doch die Revolution ist verloren und die Gegenrevolu-

* Max Horkheimer, *Egoismus und Freiheitsbewegung*, in: *Zeitschrift für Sozialforschung*, Ffm., 1936.

** Jürgen Habermas, *Ein Veränderungsprozeß wird enthüllt*, in: *Die Zeit*, Hamburg, 12. Juni 1964.

tion hat gesiegt. Die Coulmiers sind an der Macht. Sade blickt in die Vergangenheit. Marat ist seit 15 Jahren tot, der Marquis hat 15 Jahre Erfahrungen mehr. Die Wirklichkeit steht auf Seiten des Marquis. »Kein Stück also, in dem die These ihrer Überlegenheit von vornherein gewiß wäre; überhaupt kein Thesenstück vom Ende der Revolution; so einfach macht es Peter Weiss uns nicht.« »Weder der Akteur, der die Geschichte mit Willen und Bewußtsein lenken will, noch der Voyeur, der ihn an seine Opfer erinnert, behält recht« (Jürgen Habermas). Das Volk jedoch, in Gestalt der vier Sänger, stellt der Marquis auf die Seite des Marat ...

4 Der Blick des Auschwitz-Zeugen

In *Nacht mit Gästen* betrachten die Kinder das Blutbad der Erwachsenen ungerührt (»es werden keine Seelen geschildert«). Sade inszeniert und beobachtet sein Leben in der Konfrontation des Weltverneiners mit dem des Weltveränderers, lachend. Auch in einer 1965 geplanten dramatischen Arbeit von Peter Weiss (der *Divina Commedia* nach Motiven des Dante, über die ein *Gespräch mit Dante* Auskunft gibt) steht im Mittelpunkt einer, der kühl und gelassen beobachtet.

Wie reagierte wohl Dante auf eine Besichtigung des Lagers Auschwitz? (Das Auschwitz-Oratorium in 11 Gesängen *Die Ermittlung*, ursprünglich als *Paradiso*-Teil der *Divina Commedia*-Trilogie geplant, ist inzwischen als selbständiges Drama aufgeführt worden.)

Peter Weiss schreibt in seiner Prosaarbeit *Meine Ortschaft*, in der er eine Besichtigung des Lagers Auschwitz im Jahre 1964 beschreibt: »Der Lebende, der hier herkommt, besitzt nichts als seine Kenntnisse von Ziffern, von niedergeschriebenen Berichten, von Zeugenaussagen, er trägt daran, doch fassen kann er nur, was ihm selbst widerfährt. Nur wenn er selbst von seinem Tisch gestoßen und gefesselt wird, wenn er getreten und gepeitscht wird, weiß er, was dies ist. Nur wenn es neben ihm geschieht, daß man sie zusammentreibt, niederschlägt, in Fuhren lädt, weiß er, wie dies ist ... Ein Lebender ist gekommen, und vor diesem Lebenden verschließt sich, was hier geschah«.

»Da ist eine Türöffnung ... Dort steht ein Galgen ... Hier

die Küchengebäude am Hauptplatz ... Hier der Waschraum, hier der steinerne Gang ... Hier die Treppe, die hinabführt zu den Bunkern ... Hier sind sie gegangen, im langsamen Zug ... Und diese Worte, diese Kenntnisse sagen nichts, erklären nichts.«

Der Beobachtende in Auschwitz sieht, und findet keine Erklärung. Er steht in einer »untergegangenen Welt, in der er nichts mehr tun kann«. Er weiß: »Es ist noch nicht zu Ende«. Denn der Beobachtende im Frankfurter Gallus-Saal sieht überlebende Zeugen im Angesicht von überlegenen Angeklagten, beim qualvollen Versuch, das Geschehene zur Sprache zu bringen, und das heißt auch, erklärbar zu machen. Die Angeklagten sitzen in gestaffelten Reihen, von Polizisten bewacht, über den Zeugen, ein Block von Angeklagten oben, der einzelne Zeuge unten. Die Angeklagten unterhalten sich. Die Angeklagten lachen. Peter Weiss sieht den Angeklagten und den Zeugen zu. Er macht Notizen. Er verfaßt an Hand dieses Stenogramms ein Gedächtnisprotokoll, unterstützt sein Gedächtnis mit Prozeßberichten, dokumentarischem Material (wie er auch dokumentarisches Material im Marat-Drama verwendet hat). Von einer Tonbandaufnahme des Prozesses unterscheidet sich das Ergebnis in doppelter Hinsicht. »Zunächst ist sein Text das Ergebnis einer Wahl. Zweitens hat sich das Gehörte und Gelesene im Bewußtsein des Schriftstellers verändert. Diese Veränderung ist nicht das Resultat eines absichtlichen Eingriffs. Wie jeder Zeuge – also auch die Zeugen, die vor Gericht auftreten – hat Peter Weiss versucht, zu verstehen, was er gehört hat, und damit das Gehörte formalisiert. *Die Ermittlung* handelt also von drei Vorgängen: dem, was in Auschwitz, dem was in Frankfurt, und dem, was in einem Manne vorgegangen ist, der in Frankfurt war.« Drei Vorgänge, die sich aus dem Blick aus drei verschiedenen Perspektiven ergeben: der aus der Summe der Aussagen sich ergebende objektivierte Blick auf die Fakten von Auschwitz; der aus der Subjektivität der einzelnen Zeugen bedingte Blick auf die Fakten von Auschwitz; und der Blick des Schriftstellers heute, der in seiner Subjektivität Inhalt und Form sämtlicher Aussagen über die Fakten von Auschwitz und deren Bezug auf die Gegenwart verbindet.

Wie reagierte wohl Dante auf einen solchen Vorgang?
Peter Weiss sieht den Dante in »erhabener Haltung«. »Die Dämonen und Ungeheuer, die er schildert, können ihm nichts anhaben. Er steht unter dem Schutz der höchsten Poesie, und wenn das Toben der Teufel gar zu schlimm wird, schließt er die Augen und sinkt in Ohnmacht. Er führt uns alle Leiden vor, er katalogisiert alle Sünden, er zittert auch und vergießt Tränen bei ihrem Anblick, doch stets behält er den Abstand, und die Fähigkeit, weiterzuschreiben.« (Weiss)
Wie groß muß der Abstand sein für einen, der die Todeslager von Auschwitz beschreibt – und wie groß für den, der die beschreibt, die von Schlangen zerfressen werden, in kochendem Blut schwimmen, in Eispanzer erstarren, und dies in Ewigkeit? Gibt es einen Unterschied für die, die so etwas in Verse bringen, die solche Fakten »ästhetisch bewältigen« wollen?
Weiss sagt von Dante: »Ließe er sich selbst von den Geschehnissen überwältigen, könnte er ja nicht mehr sprechen«, und dieses Sprechen bedeutet in diesem Zusammenhang mehr als nur »sprechen«. Weiss betont, daß einer, der als Überlebender heute über die Todeslager schreibt, sich mit seiner Tätigkeit außerhalb dieser Dinge stellt. »Mit der Herstellung seiner Mitteilung, sei es in der Schrift, im Bild oder der Musik, spricht er sich selbst frei. Er sitzt in einem warmen Zimmer, an einem festen Tisch, und schildert die Not anderer. Seine eigene Freiheit ist die Voraussetzung zur Möglichkeit dieser Schilderung. Eine Welt geht unter, und wir signalisieren diesen Untergang in unseren Zeichensprachen.«
Die Frage bleibt, wieviel Distanz nötig ist, um zur Bewältigung solcher Geschehnisse wie Auschwitz mit »künstlerischen Mitteln« zu arbeiten. Weiss genügt ein Stück fiktiven Bodens, von dem aus Aussagen vorgenommen werden können. Nicht der Vorwurf wäre Weiss zu machen, er habe sich zugunsten des Materials, das die Wirklichkeit ihm lieferte, eigener geistiger Motive enthalten. Wenn jedoch, wie im Falle der *Ermittlung,* die Stoffmomente derart dominieren, weil auf ästhetische Momente weitgehend verzichtet werden muß, scheint jener Prozeß gestört, der sich aus dem Spannungsverhältnis von einander widersprechenden Momenten ergibt. So kann die *Ermittlung,* da sie dem Schriftsteller die Freiheit

verwehrt, sein Material zu ästhetischen Zwecken zu »mißbrauchen«, weder den Anspruch erheben, ein Werk der Literatur, noch den, ein Dokument im strengen Sinn des Wortes zu sein. Deshalb schreibt Weiss in der Anmerkung zu seinem Oratorium für das Theater vor: »Bei der Aufführung dieses Dramas soll nicht der Versuch unternommen werden, den Gerichtshof, vor dem die Verhandlungen über das Lager geführt wurden, zu rekonstruieren. Eine solche Rekonstruktion erscheint dem Schreiber des Dramas ebenso unmöglich, wie es die Darstellung des Lagers auf der Bühne wäre.«

II

1 Filmische Bedingungen

Das dramaturgische Hauptmittel des Weiss'schen Theaters ist das der Montage, die nicht nur im Szenenaufbau sich bemerkbar macht, sondern bis in den Dialog, bis in einen vorwiegend parataktischen Satzbau. (In diesem Zusammenhang muß ich mich auf die Andeutung beschränken.) Schon in seinem Erstlingsdrama *Die Versicherung* (geschrieben 1952) fällt die Reihung von Szenen auf, die eher montierten Filmsequenzen entsprechen als einer aus einheitlicher Fabel sich entwickelnder Dramenhandlung. Das ist kein Zufall. Das Exposé dieses Dramas war von Peter Weiss ursprünglich als Film geplant, und wurde erst später zu einem Text für die Bühne umgearbeitet. (Es ist überhaupt auffallend, wie sich die Gattungen von Epik, Drama, Lyrik und Film im Werk von Weiss gegenseitig bedingen und kaum genau unterschieden sind.) Zum cinematografischen Medium hatte Weiss schon immer eine Beziehung: ursprünglich von der Grafik, der Malerei herkommend, der optischen Kunst also, stellte Weiss in den fünfziger Jahren in Schweden und Frankreich mehrere Dokumentar- und Experimentalfilme her, die in avancierteren Filmkreisen Beachtung fanden.

Die Versicherung ist dem Film verpflichtet: Rasch wechselnde Szenen, Projektionen, Simultaneität der Vorgänge, Figuren, deren Identität wechselt, akustische und optische Elemente als autonome Mittel, die Bedeutung des Lichts, der Farben, im Text Beschreibung mehr der Vorgänge denn sich aus dem

Dialog entwickelnde Dramenhandlung, Menschen als nur höchst künstliche Gebilde, immer an der Hand ihres sie manipulierenden Autors. (Vergleiche dazu auch den dramatischen Text *Der Turm*, der in derselben Periode entstanden ist.)

2 Schaubude

Das scheinbare Chaos der formalen Bezüge ist wie ausgelöscht in der Moritat *Nacht mit Gästen*. Weiss schreibt sich eine Einheit des Ortes und der Zeit vor, dazu eine höchst stilisierte, am Kaspertheater, Kinderreimen und Abzählversen orientierte Verssprache. Die Handlung ist einfach. »Es gibt keine Intrigen, und es werden keine Seelen geschildert, die Probleme wurden mit Ohrfeigen und Messerstichen gelöst. Es ging Schlag auf Schlag, mit hinausgeschrieenen Witzen und Knittelreimen. Jeder war ein Typ, leicht zu erkennen, mit grellen Masken und groben Gebärden. Alle hintergingen alle, alle waren Possen und Zoten ausgesetzt, niemand wurde ernst genommen. Und sie waren alle unsterblich, sie waren alle nur krachendes Holz und standen gleich wieder auf und grinsten mit ihren geschnitzten Gesichtern.«
So beschreibt Weiss seine Theaterform, die er wiederbeleben möchte: Die Schaubude.

3 Dramatische Collage

Es geht ein direkter Weg von der Moritat vom Kaspar Rosenrot zur Moritat von der *Verfolgung und Ermordung Marats dargestellt durch die Schauspielgruppe des Hospizes zu Charenton unter der Anleitung des Herrn de Sade*. Bereits der Titel ist der Titel einer Moritat, wie er auf den Jahrmärkten ausgerufen worden sein könnte. (Mehr denn der einer barocken Reminiszenz, auf die immer wieder hingewiesen wurde.) Schaubude ist aber auch der Ausrufer, sind die Bänkellieder, die Musik, ihre Instrumentation, die travestierten, bund kostümierten Figuren, Schaubude ist überhaupt das Grobschlächtige, Possenhafte, sind die »starken Effekte, das laut Herausgerufene, oft falsch betonte, das Aggressive und Grauenhafte unter der scheinbaren Lustigkeit« (Weiss).
Weiss macht auf die Verwandtschaft mit dem japanischen Kabuki-Theater aufmerksam, auf die »akrobatische Be-

herrschtheit der Bewegungen, das Unnaturalistische, die verfremdete Stimmenbehandlung, in der die Worte oft herausgezischt und herausgestöhnt werden«. Dies alles gilt sowohl für *Nacht mit Gästen* wie für das *Marat*-Drama und wurde nur allzuoft übersehen. Gewiß verhält sich *Nacht mit Gästen* zum *Marat*-Drama formal gesehen wie ein Märchen der Brüder Grimm zum nouveau roman. Trotzdem ist die stilistische Herkunft (eine durchaus künstliche, wohl verstanden) nicht zu verkennen. Weiss vermerkt zu *Nacht mit Gästen* ausdrücklich: »*Nacht mit Gästen* ist der erste Versuch in dieser Richtung.«

Die formale Struktur des *Marat*-Dramas wurde ausführlich von vielen Kritikern analysiert (am ausführlichsten von Peter Schneider). Es genügt in diesem Zusammenhang an die Strukturzusammenhänge zu erinnern. Das Drama führt vor:

1. Theater im Theater (wie im Titel beschrieben)
2. Eine dreifache Schachtelung von Ort, Zeit und Handlung:
   Zeit: a Das Stück spielt am 13. Juli 1793 (Ermordung Marats).
   b Das Stück wird im Jahre 1808 von de Sade in der Heilanstalt Charenton aufgeführt.
   c Der Ausrufer bzw. Coulmier kommentieren die Aufführung nicht nur für das Anstaltspublikum von 1808, sondern auch für das Theaterpublikum von heute.
   Ort: a Das Stück spielt in Paris.
   b Die Aufführung unter Sades Anleitung findet in Charenton statt.
   c Die Aufführung des Dramas von Weiss findet in dem Theater statt, das das Drama gerade spielt.
   Die dreifache Schachtelung der Handlung ergibt sich aus der Schachtelung von Zeit und Ort:
   a Ermordung des Marat (1793, 1808 und heute).
   b Disputation Marat-Sade (1808 und heute).
   c Rahmenhandlung Coulmier (1808 und heute).

Peter Weiss gibt im Nachwort eine einfache Erklärung für diese Schachteltechnik; es ist die historische. »Von 1801 bis zu seinem Tode war der Marquis de Sade in der Irrenanstalt Charenton interniert, wo er einige Jahre lang Gelegenheit

hatte, im Kreis der Patienten Schauspiele zu inszenieren und selbst als Schauspieler auf der Bühne zu stehen.« Da der Marquis neben seinen großen Prosawerken auch 17 Dramen schrieb, lag der Gedanke nahe, ihn zum Autor eines Stückes von der Verfolgung und Ermordung Marats zu machen, um so mehr, als er sich an die Tatsache anschließt, »daß Sade es war, der die Gedenkrede auf Marat zu dessen Totenfeier hielt«.
Soweit die historische Erklärung. Die innere Erklärung für den Dramatiker Weiss mag jedoch darin liegen, daß gerade die komplizierte Schachteltechnik es ihm erlaubte, das historische Material derart zu montieren, daß erst die Vielfalt, das Zueinander der einzelnen Momente, ihre dialektische Spannung inhaltlich und formal das Drama ergibt. Dabei kommt es nicht in erster Linie auf die Fabel an (sie wird bereits vom Titel eingelöst), sondern auf das Bezugssystem der einzelnen Momente, die sowohl geschichtlich wie formal den dialektischen Prozeß des Stückes ausmachen, seine Wahrheit und somit die Totalität des Kunstwerks. Das Schlagwort vom ›totalen Theater‹, das seit der Aufführung des *Marat*-Dramas die Runde macht, spiegelt diesen Sachverhalt nur oberflächlich wider, da es nur die Vielfalt der verschiedenen theatralischen Mittel, Disputation, Chöre, Pantomime, Musik, Chansons etc. meint. Marianne Kesting hat festgehalten: »Während im Theater Brechts die Bühnenmittel exakt voneinander getrennt werden, sind sie in Weiss' *Marat*, gemäß der Theorie Artauds, fusioniert, so daß, trotz des rationalen Dramenaufbaus, durch die Vielzahl der Aktionen, Bühnenmittel und Sprachebenen bei der Aufführung ein quasi surrealer Eindruck entstehen wird, der Eindruck einer Phantasmagorie. Dieses Ineinander von Rationalität und Irrationalität, von klassischem Dialog und Phantastik, ist keineswegs Angelegenheit eines bloßen Formexperiments. Das Formale spiegelt das Inhaltliche.«* Die Montagetechnik erlaubt es dem Autor, die vorgegebene Wirklichkeit so zu verfremden, daß der Mikrokosmos der Einzelteile durchaus realistisch bleiben kann. Erst die Montage bringt das surrealistische Moment. Es scheint nützlich, an dieser Stelle auf die Collagen des Ma-

* Marianne Kesting, *Das Marat-Drama von Peter Weiss*, in: *Programmheft des Schiller-Theaters Berlin*, Heft 148, 29. April 1964.

lers und Grafikers Peter Weiss zu verweisen, der aus vorwiegend technischen, die Realität exakt wiedergebenden Detailzeichnungen der Jahrhundertwende phantastisch verfremdete Welten zusammenklebt, der technischen Zivilisation mit realistischen Mitteln die mörderischen Wucherungen ihres sogenannten Fortschritts vor Augen haltend.*
In ähnlicher Weise verfährt Weiss mit dem Material des *Marat*-Dramas: er klebt die Einzelteile seines Stoffes, die sich in den verschiedensten theatralischen Formen ausprägen können, so zusammen, daß zwar die Brüche erkennbar sind (und erkennbar sein müssen), daß aber alle Teile zusammen doch ein Ganzes ergeben, auch wenn die »Anschlußstellen« organisch nicht zusammengehören. Bezeichnend für diese Collagetechnik ist, daß einzelne Teile durchaus versetzbar, austauschbar sein können, ohne daß die Großkonstruktion des Werkes zusammenfällt. Daraus erklären sich zum Teil auch die verschiedenen Fassungen des Stückes: Weiss konnte erst in der praktischen Arbeit bei den Proben zur Uraufführung und später den genauen Stellenwert einzelner Teile im Verhältnis zum Ganzen überblicken und durch Striche, Erweiterungen, Verschiebungen jene Balance herstellen, die als Resultante der antagonistischen Kräfte im Kunstwerk (sowohl inhaltlicher wie formaler Art) den »geistigen Gehalt« ausmacht. Die Frage Peter Schneiders, ob Peter Weiss aus der »äußeren Aufmachung seines Gegenstandes jene Funken schlug, die ihm aus dem Gegenstand nicht springen wollten«, mag aus der Allergie gegen das bloß sinnliche Moment im Kunstwerk entstanden sein, einer Allergie, die ihren Grund in der Sache selbst hat. Denn es ist im Grunde eine Allergie gegen die Strömung, die Kunst immer wieder in Konsum zu verwandeln droht. Die Allergie gegen das sinnliche Moment in der Kunst kommt so aus der Gefahr des Betrugs, den die Kunst als Konsum anzunehmen hat. Denn: das sinnlich Wohlgefällige, das Nervenkitzelnde, das verkauft wird, tut so, als ob die Versöhnung der antagonistischen Kräfte, Momente, eine jetzt und hier vollzogene sei und zwar so, als seien einzelne Momente im Kunstwerk bereits Träger dieser Versöhnung.

* Vgl. dazu die Collagen des Autors zu *Der Schatten des Körpers des Kutschers* und zur schwedischen Ausgabe von *Abschied von den Eltern.*

Die Allergie geht gegen die antizipierte Versöhnung, die Betrug ist und damit das Kunstwerk zur Ersatzreligion degradiert. Das Kriterium für das Kunstwerk ist jedoch nicht der Maßstab, inwieweit es ihm gelingt, die Widersprüche, an denen die Menschen leiden, als geeint zu zeigen. Die Widersprüche in Weiss' *Marat*-Drama erscheinen wenig geeint, wie sehr auch die Vertreter der einzelnen Ideologien davon reden und ihren Glauben einer endlichen Versöhnung postulieren. So wie der Marquis als Autor des Spiels seine Widersprüche zur Darstellung bringt, so notwendig erscheint die formale Schachtelung des Dramas als Demonstration gesellschaftlicher Widersprüche am Modell eines historischen Stoffes für Zuschauer von heute.

4 Gesänge

In dem Oratorium in 11 Gesängen *Die Ermittlung* bleiben Peter Weiss wenig Möglichkeiten, aus der Distanz zum Stoff jene künstlerische Freiheit zu gewinnen, die ihn auch formal über die reine Darstellung des Stoffes gelangen lassen könnte. Zur Verfremdung des realistischen Inhalts müssen ihm karge Mittel genügen:

1. Titel und Untertitel.
2. Eine autonome Musik zwischen den einzelnen Gesängen.
3. Die Einteilung des Werkes in »Gesänge«, um das Oratorium deutlich abzuheben gegen eine realistische Gerichtsverhandlung.
4. Eine strenge Dreiteilung der Gesänge: 3 mal 11 Gesänge = 33 Gesänge (eine Reminiszenz an die *Commedia* des Dante).
5. Einteilung der »handelnden Personen« in Gruppen, denen ebenfalls eine Dreiteilung zugrunde liegt:
   3 Vertreter des Gerichts (Richter, Ankläger, Verteidiger)
   9 Zeugen 18 Angeklagte.
6. Den gleichen Sinn hat die freie Versifizierung des Dialogs. Die Zäsuren der leicht rhythmisierten Sprache sollen wiederum den dokumentar-realistischen Inhalt verfremden helfen: mehr wohl dem Leser des Oratoriums als dem Hörer soll damit die »gehobene Form« des »Gedichts« vermittelt werden.

Diese Konzentration bezüglich der Personen des Oratoriums begründet Weiss in der »Anmerkung«: »Hunderte von Zeugen traten vor dem Gericht auf. Die Gegenüberstellung von Zeugen und Angeklagten, sowie den Reden und Gegenreden, waren von emotionalen Kräften überladen. Von all dem kann auf der Bühne nur ein Konzentrat der Aussage übrig bleiben. Dieses Konzentrat soll nichts anderes enthalten als Fakten, wie sie bei der Gerichtsverhandlung zur Sprache kamen. Die persönlichen Erlebnisse und Konfrontationen müssen einer Anonymität weichen. Indem die Zeugen im Drama ihre Namen verlieren, werden sie zu bloßen Sprachrohren. Die 9 Zeugen referieren nur, was hunderte ausdrückten.«
Diesen 9 anonymen Zeugen stehen die 18 Angeklagten gegenüber: »Die 18 Angeklagten dagegen stellen jeder eine bestimmte Figur dar. Sie tragen Namen, die aus dem wirklichen Prozeß übernommen sind. Daß sie ihre eigenen Namen haben, ist bedeutungsvoll, da sie ja auch während der Zeit, die zur Verhandlung steht, ihre Namen trugen, während die Häftlinge ihre Namen verloren hatten. Doch sollen im Drama die Träger dieser Namen nicht noch einmal angeklagt werden. Sie leihen dem Schreiber des Dramas nur ihre Namen, die hier als Symbol stehen.«
So stehen die Figuren dieses Oratoriums jeweils als Repräsentanten eines anderen da: 9 Zeugen repräsentieren die mehr als 300 Zeugen, ein Verteidiger die Menge der im wirklichen Gericht vorhanden gewesenen Verteidiger. Ein Ankläger verkörpert alle Staatsanwälte. Die Figur des Richters bildet das Zentrum der Befragung. Nur die Angeklagten tragen ihren Namen. Doch auch sie stehen nicht nur für sich, sondern für andere: als Vertreter eines Systems, das viele andere schuldig werden ließ, die vor diesem Gericht nie erschienen.
Die Gliederung und Ordnung des Stoffes folgt zwei Wegen: Einmal ist es ein Gang durch das LAGER, eine Besichtigung, eine Wanderung durch die »Kreise« eines Infernos, so wie die Opfer die Stationen ihres Weges erfahren haben mögen: von der Ankunft in den Güterzügen bis zu den Schornsteinen der Verbrennungsöfen. Dazwischen liegt die Besichtigung der einzelnen Stationen: die Rampe, die Schaukel, die Möglichkeit des Überlebens, das Ende der Lili Tofler (als

einzige Darstellung eines individuellen Schicksals), der Unterscharführer Stark, die Schwarze Wand, das Phenol, der Bunkerblock, das Zyklon B, die Feueröfen. Im Verlauf der Wanderung stellt sich eine Steigerung ein, keine qualitative (wie könnte der *Gesang vom Bunkerblock)* eine Steigerung sein gegenüber dem *Gesang von der Schaukel?)*, aber eine quantitative; der Einschnitt ist das Ende des 6. Gesangs. Bis zum 6. Gesang kamen Einzelschicksale zur Sprache, Kinder, die die Möglichkeit des Überlebens betrachten, versuchen, einzelne Opfer einzelner Täter, Lili Tofler etc. Vom 7. Gesang an wird die Vernichtungsmaschine vorgeführt, die anonym arbeitet, deren Opfer ebenso anonym bleiben. So bleiben am Schluß nur noch Zahlen, ungeheuerliche Zahlen mit denen sich keine Vorstellung mehr verbinden kann. Auschwitz als Fabrik des Todes.

Der zweite Weg in der Ordnung des Materials, seiner Konzentration, ist der eines mehr inneren Prozesses. Da die emotionalen Bestandteile in der Schilderung fast ausgeschlossen bleiben (die Emotionen, die den wirklichen Prozeß zu verdecken schienen), wird aus dem rein Faktischen der Prozeß in Wege gelenkt: aus dem Dunklen, Unvorstellbaren, ins klare Bewußtsein. Hier beginnt *Die Ermittlung* über Vorgänge, die nicht nur der geschichtlichen Vergangenheit entstammen, sondern auch gegenwärtige Möglichkeiten aufzeigen. Die Ermittlung über die konkrete Sache Auschwitz wird zur Ermittlung über unsere Sache: über eine Gesellschaft, die diese Fakten zugelassen hat.

III

Der Autor in der geteilten Welt

Verfolgt man das bisher vorliegende schriftstellerische Werk von Peter Weiss, so ist unschwer festzustellen, (und zwar ohne die politischen und gesellschaftlichen Äußerungen Weiss' außerhalb seines Werkes zur Hilfe ziehen zu müssen), daß sich seine politisch-gesellschaftliche Position von Werk zu Werk stärker manifestiert hat. Sie scheint sich in einer durchaus logischen Konsequenz zu entwickeln. Wenn ich mich hier

nur auf das Drama von Peter Weiss beschränke, so bedeutet bereits die dramatische Triangel »Jahrmarkt« – »Marat/Sade« – »Auschwitz« eine Entwicklung im politisch-gesellschaftlichen Engagement des Schriftstellers, innerhalb der das *Marat*-Drama in seinen verschiedenen, bedeutungsvollen Fassungen eine Art Drehpunkt darstellt. (Verstärkt wird diese Tendenz noch in den nach der Ermittlung geschriebenen Stükken, dem *Gesang vom lusitanischen Popanz* und dem *Viet Nam-Diskurs*.)
Noch am Ende des *Fluchtpunkts* hieß es: »Dies war der Augenblick der Sprengung, der Augenblick, in dem ich hinausgeschleudert worden war in die absolute Freiheit, in dem ich losgerissen worden war von jeder Verankerung, jeder Zugehörigkeit, losgelöst von allen Nationen, Rassen und menschlichen Bindungen, der Augenblick, den ich mir gewünscht hatte, der Augenblick, in dem die Welt offen vor mir lag ... Doch die Freiheit war zu groß, daß ich alle Maßstäbe verlor. Ich hatte die Freiheit nicht gewonnen, ich war verurteilt zu dieser Freiheit, es war nur noch eine einzige Wahrnehmung da, die Wahrnehmung des Urübels, des Ausgesetztseins, der Verlassenheit.« Und weiter: »Die Freiheit war noch vorhanden, doch ich hatte Boden in ihr gewonnen, sie war keine Leere mehr, in der ich im Alptraum der Anonymität lag und in der alle Beziehungen ihren Sinn verloren, es war eine Freiheit, in der ich jedem Ding einen Namen geben konnte ... Und die Sprache, die sich jetzt einstellte, war die Sprache, die ich am Anfang meines Lebens gelernt hatte, die natürliche Sprache, die mein Werkzeug war, die nur noch mir selbst gehörte, und mit dem Land, in dem ich aufgewachsen war, nichts mehr zu tun hatte.« Und dann der neue Ausgangspunkt: »Sah ich, daß es sich auf der Erde leben und arbeiten ließ und daß ich teilhaben konnte an einem Austausch von Gedanken, der ringsum stattfand, an kein Land gebunden.«
Diese Entwicklung, die die Entwicklung des Flüchtlings, des Verfolgten, die Entwicklung des Krieges, seiner Greuel und seines Endes nachzeichnet, in einem Individuum exemplarisch werden läßt, ist der Ausgangspunkt. Die Sätze markieren den Neuanfang nach dem Krieg, ein Anfang, an dem die

Hoffnung überwog, eine vernünftige Gesellschaft sei endlich erreichbar. Fast zwanzig Jahre später sieht der Schriftsteller das Ergebnis seiner Hoffnung, die zweitgeteilte Welt, die von ihm eine Alternative verlangt. In einem Interview erklärt er: »Selbst wenn ich der Ansicht bin, daß die ganze Welt und die der Politik im besonderen eine Welt des Wahnsinns ist, bin ich doch davon betroffen, und es hilft mir gar nichts zu sagen: ›Die Politiker sind verrückt, die ganze Situation ist jetzt völlig verrückt, und ich will nichts damit zu tun haben.‹ Ich stehe auf jeden Fall mitten drin, und alles, was geschieht, betrifft auch mich. Und darin liegt gerade die große Schwierigkeit, in dieser Ambivalenz zwischen den beiden Standpunkten, denen wir uns nicht entziehen können: auf der einen Seite extremer Individualismus und auf der anderen die Veränderung der Gesellschaft in dieser Irrenhauswelt.« (Weiss)
Dies ist die dialektische Ausgangsposition des Marat/Sade-Dramas. Weiss diskutiert sie für sich selbst: »Weil ich nicht an politische Gesellschaftsformen glaube – so wie sie heute sind – wage ich es nicht, irgendeine andere vorzuschlagen. Natürlich ist das ein Zeichen der Schwäche. Es wäre viel besser, wenn ich von mir sagen könnte: ›Ich bin überzeugter Kommunist‹ oder ›Ich bin extremer Sozialist‹. Dann könnte ich etwas sagen. Ich stehe aber nur in der Mitte. Ich vertrete den dritten Standpunkt, der mir selber nicht gefällt ... Ich schreibe, um herauszufinden, wo ich stehe, und deshalb muß ich jedesmal all meine Zweifel hineinbringen. Bis jetzt sehe ich noch keine Alternative, ich hoffe aber, eines Tages dahin zu gelangen.«
Diese Position ist die der ersten Marat-Fassung (unpubliziert), auch noch die des neuen Epilogs, den Weiss für die Londoner Inszenierung von Peter Brook geschrieben hat (und der inzwischen in der 5. Auflage der gedruckten Ausgabe erschienen ist); noch betont Sade: »Es war unsere Absicht in den Dialogen / Antithesen auszuproben / und diese immer wieder gegeneinander zu stellen / um die ständigen Zweifel zu erhellen / Jedoch find ich wie ichs auch dreh und wende / in unserm Drama zu keinem Ende ... Einerseits der Drang mit Beilen und Messern / die Welt zu verändern und zu verbessern /andererseits das individuelle System / kraft seiner eige-

nen Gedanken unterzugehn / So sehn Sie mich in der gegenwärtigen Lage / immer noch vor einer offenen Frage.« Erst in der letzten Fassung des Stückes findet Weiss eine Antwort seiner offenen Frage, auch wenn er sie wieder in eine Frage kleidet. In der letzten Fassung endet das Stück mit den Schreien des Radikalsozialisten Roux: »Wann werdet ihr sehen lernen / Wann werdet ihr endlich verstehen.«

Die Fragen, die sich Peter Weiss bei der Arbeit an dem Auschwitz-Oratorium stellen muß, die Fragen nämlich nach den Gründen von Auschwitz, führen ihn weiter zu den Problemen von Ausgebeuteten und Ausbeutern. Kann sich im Marat-Drama Roux, dessen Fragen von niemandem ernst genommen werden (wenigstens in einer Gesellschaft, die einen, der vom Priester zum radikalen Sozialisten konvertiert, ins Irrenhaus sperrt), kann sich Roux auch nicht mit seinem Schrei durchsetzen, so zeigt doch der Schluß des Dramas deutlich die, auf deren Rücken alle Kontroversen ausgetragen werden: das Volk. Im Marat-Drama endet die Kontroverse mit der Demonstration der Ausbeutung, in der *Ermittlung* beginnt sie damit. Im *Marat*-Drama agieren am Ende die, die nur »als Statisten der Geschichte zugelassen sind: der Pöbel, der treulos gegenüber den Herrschenden nur sich selbst treu bleibt, ausgebeutet die Ausbeutenden überlebt und als dritter Partner stumm teil hat an einem Gespräch, das nicht seines ist.« (Habermas). In der *Ermittlung* überleben die Ausgebeuteten nicht mehr. Und es ist nur mehr schwer auszumachen, wer die Ausbeuter und wer die Ausgebeuteten sind: »Wenn wir mit Menschen / die nicht im Lager gewesen sind / heute über unsere Erfahrungen sprechen / ergibt sich für diese Menschen / immer etwas Unvorstellbares / Und doch sind es die gleichen Menschen / wie sie dort Häftling und Bewacher waren / Indem wir in solch großer Anzahl / in das Lager kamen / und indem uns andere in großer Anzahl / dorthin brachten / müßte der Vorgang auch heute noch / begreifbar sein / Viele von denen die dazu bestimmt wurden / Häftlinge darzustellen / waren aufgewachsen unter denselben Begriffen / wie diejenigen / die in die Rolle der Bewacher gerieten / Sie hatten sich eingesetzt für die gleiche Nation / für den gleichen Aufschwung und Gewinn / und wären sie nicht zum

Häftling ernannt worden / hätten sie auch einen Bewacher abgeben können / Wir müssen die erhabene Haltung fallenlassen / daß uns diese Lagerwelt unverständlich ist / Wir kannten alle die Gesellschaft / aus der das Regime hervorgegangen war / das solche Lager erzeugen konnte.« Das ist das Thema der *Ermittlung*. Es ist die Ermittlung eines Systems. Nur aus dieser Sicht ist Peter Weiss' neuer Standpunkt zu verstehen, nur im Zusammenhang mit dieser seiner Arbeit. Nur so ist auch das Dementi zu verstehen, mit dem er das oben zitierte Interview widerlegt: »Die Zeit, in der ich allein aus subjektivem Material arbeitete, war vorüber. Was ich früher, aus Selbstbegrenztheit, nicht gesehen hatte, drängte sich jetzt auf, und es gab keinen Vorgang, für den ich nicht, da ich damit gleichzeitig in der gleichen Welt lebte, mitverantwortlich war. Heute ist mir die Errichtung einer unabhängigen künstlerischen Region nicht mehr möglich.« Die Gesellschaftsordnung, so sieht es Weiss, ist auf seiten der Angeklagten. Nicht der Vergangenheit, aus der sie ihr »unbewältigtes« Material holt, sondern der sich verschließenden Gegenwart gilt *Die Ermittlung*. Daß Weiss sich auf die Seite derer stellt, die wenigstens der Theorie nach eine Veränderung der Verhältnisse postulieren, wen kann es wundern?

VII. Anhang

DIE URAUFFÜHRUNG
SCHILLER-THEATER BERLIN AM 29. APRIL 1964

Regie	Konrad Swinarski
Musik	Hans-Martin Majewski
Musikalische Leitung	Fritz Domina
Choreographie	Deryk Mendel
Bühnenbild	Peter Weiss
Kostüme	Gunilla Palmstierna-Weiss
Direktor Coulmier	Wolfgang Kühne
Frau Coulmier	Lilo Zabke
Marquis de Sade	Ernst Schröder
Jean Paul Marat	Peter Mosbacher
Simonne Evrard	Else Reuß
Charlotte Corday	Liselotte Rau
Duperret	Lothar Blumhagen
Jacques Roux	Helmut Wildt
Ausrufer	Stefan Wigger
Vier Sänger:	
Cucurucu,	Klaus Herm
Polpoch,	Rudi Schmitt
Kokol,	Holger Kepich
Rossignol	Barbara Morawiecz
Voltaire	Klaus Miedel
Lavoisier	Herbert Wilk
Lehrer	Werner Stock
Mutter	Reinhold Bernt
Vater/Napoleon	Joachim Kemmer
1. Patient	Krikor Melikyan
2. Patient	Günter Fischer
3. Patient	Klaus Jepsen
4. Patient	François Le Moign
Jongleur	Manfred Kismet
4 Nonnen, 3 Pfleger, 10 Patienten, 14 Patienten, 3 Akrobaten, Tochter Coulmiers	
5 Musikanten	(Schlagzeug, Guitarre, Trompete, Flöte, Orgel)

AUFFÜHRUNGSLISTE

(R. – Regie, B. – Bühnenbild, Mu. – Musik, M. – Marat, S. – Sade)

29. 4. 1964 Schiller-Theater Berlin (Uraufführung)
R.: Konrad Swinarski, B.: Peter Weiss/Gunilla Palmstierna-Weiss, Mu.: Hans-Martin Majewski
M.: Peter Mosbacher, S.: Ernst Schröder
Gastspiel bei den Ruhrfestspielen Recklinghausen 1965 und bei der Kieler Woche 1965

20. 8. 1964 Royal Shakespeare Company im Aldwych Theatre London
R.: Peter Brook, B.: Gunilla Palmstierna-Weiss, Mu.: Richard Peaslee
M.: Clive Revill, S.: Patrick Magee

11. 9. 1964 Staatstheater Braunschweig
R.: Helmuth Matiasek, B.: Matthias Kralj
M.: Jürg Holl, S.: Dirk Dautzenberg

20. 9. 1964 Hessisches Staatstheater Wiesbaden
R.: Hansgünther Heyme, B.: Frank Schultes
M.: Günter Mack, S.: Werner Rundshagen
Teilnahme am Berliner Theaterwettbewerb Mai 1965
Gastspiel in Rom 1967

25. 10. 1964 Bühnen der Stadt Essen
R.: Joachim Fontheim, B.: Roman Weyl
M.: Hans-Peter Thielen, S.: Rolf Sebastian

13. 2. 1965 Badisches Staatstheater Karlsruhe
R.: Hansgünther Heyme, B.: Paul Walter
M.: Fried Gärtner, S.: Hannes Andersen

18. 3. 1965 Stadttheater Luzern
R.: Horst Gnekow, B.: Horst Jaeger
M.: Jens Scholkmann, S.: Ernst Lothar

26. 3. 1965 Volkstheater Rostock (DDR-Erstaufführung)
R.: Hanns-Anselm Perten, B.: Falk von Wangelin
M.: Gerd Micheel, S.: Ralph Borgwardt
Gastspiele in Hamburg, Magdeburg, Bremerhaven, Mannheim, Köln, Lübeck, Kassel, Dresden

15. 5. 1965 Königliches Dramatisches Theater Stockholm (Dramaten)
R.: Frank Sundström, B.: Gunilla Palmstierna-Weiss
M.: Bengt Ekerot, S.: Erland Josephson

18. 5. 1965 Vereinigte Bühnen Graz (Österreichische Erstaufführung)
R.: Fritz Zecha, B.: Wolfram Skalicki
M.: Hermann Treusch, S.: Josef Bommer

21. 5. 1965 Staatstheater Brno/ČSSR
R.: Evžen Sokolovský, B.: Miloš Tomek
M.: Otakar Dadák, S.: Rudolf Jurda

Juli 1965 Deutsche Kammerspiele Buenos Aires im Teatro Odeon (in deutscher Sprache, mit anschließender Tournee durch Südamerika)
R.: Reinhold K. Olszewski, B.: Dietrich Wolff
M.: Dietrich Kerky, S.: Hannes Andersen

9. 9. 1965 Finnisches Staatstheater Helsinki
R.: Ralf Långbacka, B.: Rekka Heiskanen
M.: Tarmo Mami, S.: Joel Rinne

21. 9. 1965 Stadttheater Basel (Schweizer Erstaufführung)
R.: Ernst Kuhr, B.: Peter Bissegger
M.: Adolf Wessely, S.: Günter Heising

23. 9. 1965 Stadttheater Klagenfurt
R.: Theo Frisch-Gerlach, B.: Günther Kilgus
M.: Volker Krystoph, S.: Theo Frisch-Gerlach

25. 9. 1965 De Haagsche Comedie Den Haag
R.: Jories Diels, B.: Hep van Delft
Mu.: Jurriaan Andriessen
M.: Max Croiset, S.: Ko van Dijk

26. 9. 1965 Düsseldorfer Schauspielhaus
R.: Dietrich von Oertzen, B.: Pit Fischer
M.: Karl-Heinz Martell, S.: Otto Rouvel

16. 11. 1965 Theater der Stadt Trier
R.: Hans Neuenfels, B.: Eberhard Matthies
M.: Karl Friedrich Gerster, S.: Wolfgang Beaujeau

17. 11. 1965 Königliches Theater Kopenhagen
R.: Sam Besekow, B.: Helge Refn
M.: John Price, S.: Gunnar Lauring

18. 11. 1965 Das Junge Theater Hamburg
R.: Karl Paryla, B.: Günter Ulikowski
M.: Victor Warsitz, S.: Günter Witte

1965 Pequeda Sociedade de Arte Sao Paulo

1965 Nationaltheater Novi Sad/Jugoslawien

1965 Svenska Teatern Abo/Finnland

27. 12. 1965 Royal Shakespeare Company London im Martin Becks Theatre New York (Broadway)
R.: Peter Brook, B.: Gunilla Palmstierna-Weiss
M.: Ian Richardson, S.: Patrick Magee

28. 1. 1966 Atelje 212 Beograd
R.: Mira Trailović, B.: Vladislav Parlić
Mu.: Ljuba Tadić, M.: Rade Marković

4. 2. 1966 Flämische Schauburg Brüssel
(in flämischer Sprache)
R.: Jo Dua, B.: Luc Claus
M.: Senne Rouffaer, S.: Anton Peters

4. 2. 1966 Staatstheater Budapest
R.: Varga Mátyas, B.: Simon Zoltán
M.: Kálmán György, S.: Sinkovits Imre

15. 2. 1966 Stadttheater Tampere/Finnland
R.: Rauli Lehtonen und Eila Lappalainen, B.: Yrjö Tapper
M.: Martti Pennanen, S.: Yrjö Järvinen

22. 5. 1966 Kunsttheater Athen
R.: Carolus Kouhn, B.: Georges Vakalo
M.: G. Lazanis, S.: D. Hadjimarkos

31. 8. 1966 Nationaltheater Oslo
R.: Arild Brinchmann und Edith Roger, B.: Guy Krogh
M.: Per Sunderland, S.: Georg Løkkeberg

17. 9. 1966 Landestheater Hannover
R.: Fritz Zecha, B.: Rudolf Schulz
M.: Hermann Treusch, S.: Otto Collin

18. 9. 1966 Teatro Universal Montevideo
R.: Federico Wolff, B.: Carlos Carvalho
M.: Juan Gentile, S.: Dumas Lerena

26. 9. 1966 Théâtre Sarah Bernhardt Paris
R.: Jean Tasso, B.: André Acquart, Mu.: Jean Prodromides
M.: Michel Vitold, S.: Jean Servais

2. 11. 1966 National Theatre Playhouse Perth/Australien
R.: Edgar Metcalfe, B.: Edward Dembowski
M.: Allan Lander, S.: Peter Collingwood

18. 11. 1966 Stadttheater Malmö
R.: Jan Lewin, B.: Stig Nelson
M.: Halvar Björk, S.: Åke Lindström

25. 11. 1966 Teatro de la Universidad de Chile im Teatro Antonio Varras/
Chile
R.: William Irving Oliver, B.: Sergio Zapata
M.: Franklin Caicedo, S.: Tennyson Ferrada

25. 11. 1966 Nationaltheater Split/Jugoslawien
R. und B.: Bojan Stupica
M.: Miloš Tripković, S.: Teja Tadić

3. 1. 1967 The National Players Company im Majestic Theater
New York
R.: Donald Driver, B.: Edward Burbridge
M.: Dennis Patrick, S.: William Roerick

1. 2. 1967 Stadttheater Göteborg

	R.: Ralf Långlacka und Lennart Hjulström
	B.: Olle Montelius
	M.: Roland Hedlung, S.: Rune Turesson
2. 3. 1967	Staatstheater Reykjavik
	R.: Kevin Palmer, B.: Una Collins
	M.: Gunnar Eyjólfsson, S.: Róbert Arnfinnsson
18. 3. 1967	Teatr Polski Poznań/Polen
	R.: Henryk Tomaszewski, B.: Kazimierz Nowakowski, Mu.: Juliusz Luciuk
	M.: Zdzislaw Wardejn, S.: Henryk Michalica
22. 4. 1967	Volksbühne (Ost) Berlin
	R.: Fritz Bornemann, B.: Heinrich Kilger
	M.: Arno Wyzniewski, S.: Hannes Fischer
April 1967	Stadttheater Haifa/Israel
	R.: Joseph Millo, B.: Arie Navon, Mu.: Frank Pelly
	M.: Avner Hiskiyahu, S.: Avraham Ronai
14. 5. 1967	Städtisches Theater Ljubljana/Jugoslawien
	R.: Mile Korun, B.: Sveta Jovanović
	M.: Polde Bibič, S.: Jurij Souček
10. 6. 1967	Teatr Ateneum Warschau
	R. und B.: Konrad Swinarski
	M.: Jerzy Kaliszewski, S.: Jan Swiderski
15. 6. 1967	Städtische Theater Leipzig
	R.: Horst Smiszek, B.: Bernhard Schröter
	M.: Manfred Zetzsche, S.: Erich Gerberling
26. 7. 1967	Production Imago Auditorio Kraft Buenos Aires Teatro del Globo
	R.: Marcos Madanes, B.: Gori Muños
	M.: Gianni Lunadei, S.: Ignazio Quiroz
1967	National Theatre Sydney/Australien
1967	Instituto Nacional de Bellas Artes Mexico City
	R.: Fernando Wagner
1967	Türkisches Staatstheater Ankara
1967	Stadttheater Istanbul
1967	Teatro Goya Madrid (in Vorbereitung)
1967	Burgtheater Wien (in Vorbereitung)
1967	Piccolo Teatro di Milano (in Vorbereitung)
1967	Stadttheater Saarbrücken (in Vorbereitung)

KURZE BIBLIOGRAPHIE ZUM GESCHICHTLICHEN HINTERGRUND DES STÜCKES

Blos, Wilhelm: *Die französische Revolution*, Stuttgart 1889
Carlyle, Thomas: *Die französische Revolution*, Leipzig 1908
Koplenig, Hilde: *Geburt der Freiheit*, Berlin 1964
Kropotkin, Peter: *Die französische Revolution 1789–1793*, Weimar 1948
Manfred, A.: *Die französische bürgerliche Revolution am Ende des 18. Jahrhunderts*, Berlin 1952
Markov, Walter: *Jakobiner und Sansculotten*, Berlin 1955
Massin, Jean: *Robespierre*, Berlin 1963
Massin, Jean: *Almanach der La Revolution Française, Le Club français du Livre* 1963
Landauer, Gustav: *Die französische Revolution in Briefen*, Hamburg 1961
Michelet, Jules: *Geschichte der französischen Revolution*, Wien 1929
Pernoud, George und Flaissier, Sabine: *Die französische Revolution in Augenzeugenberichten*, Düsseldorf 1962
Rudé, George: *Die Masse in der Französischen Revolution*, Wien 1961
Sieburg, Friedrich: *Im Licht und Schatten der Freiheit*, Stuttgart 1961
Taine, Hippolyte: *Die Entstehung des modernen Frankreich*, Berlin und Frankfurt am Main 1954

Marquis de Sade, *Ausgewählte Werke*, III, 1961 ff.
Marquis de Sade, *Briefe*, herausgegeben von Gilbert Lely, Düsseldorf 1962
de Beauvoir, Simonne: *Soll man de Sade verbrennen?* München 1964
Blanchot, Maurice: *Sade*, Berlin 1963
Dühren, Eugen: *Der Marquis de Sade und seine Zeit*, Berlin/Leipzig 1900
Flake, Otto: *Marquis de Sade*, Berlin 1930
Gear, Norman, *Dämon Marquis de Sade*, München 1965
Gorer, Geoffrey: *Marquis de Sade*, Wiesbaden 1959
Lely, Gilbert: *Leben und Werk des Marquis de Sade*, Düsseldorf 1961
Lennig, Walter: *Marquis de Sade*, Hamburg 1965

Marat: *Ausgewählte Schriften*, Berlin 1954
Rozbroj, Hugo: *Jean Paul Marat*, Berlin 1957
Der Tod Marats, Gemälde, Zeichnungen und Illustrationen, Stuttgart 1962
Markov, Walter: *Jacques Roux oder vom Elend der Biographie*, Berlin 1957
Reck-Malleczewen: *Charlotte Corday*, Berlin 1938

VERZEICHIS VON AUFSÄTZEN IN ZEITSCHRIFTEN ÜBER ›MARAT/SADE‹

[anonym] Marat/Sade and the theatre of Unrealism, in: The Times Literary Supplement vom 17. 9. 1964

[anonym] Sein Herr Marquis, in: Der Spiegel, 19/1964, S. 113

Alvarez, A., Peter Weiss: The Truth that is uttered in a madhouse (Interview), in: The New York Times, N. Y., 26. 12. 1965

Bachmann, Claus-Henning, Maßnahmen gegen die Einsturzgefahr, in: Eckart-Jahrbuch 1964/65, Witten und Berlin

Baumgart, Reinhard, Peter Weiss: Marat. »Musical für Staatstheater«, in: Der Spiegel, 25/1964, S. 82

Bernhard, Hans-Joachim, »Marat« auf der Bühne, in: Neue Deutsche Literatur, Berlin, 9/1965, S. 169–182

Brock-Sulzer, Elisabeth, »Marat« – Schiller-Theater Berlin, in: Theater heute, Velber, Sonderheft 1964

Emrich, Wilhelm, Goethe gegen Peter Weiss, in: Die Welt der Literatur, Hamburg, 9. 7. 1964

Habermas, Jürgen, Ein Verdrängungsprozeß wird enthüllt, in: Die Zeit, Hamburg, 42/1964, S. 10

Haiduk, Manfred, Peter Weiss' Drama »Die Verfolgung und Ermordung Jean Paul Marats . . .«, in: Weimarer Beiträge, Weimar, 1 und 2/1966, 1, S. 81–104; 2, S. 186–209

Hermlin, Stephan, Peter Weiss' Marat, gesendet vom Deutschlandsender Berlin, 17. 12. 1964

Kesting, Marianne, Das Marat-Stück von Peter Weiss, in: Programmheft des Schiller-Theaters Berlin, Nr. 148/1963/64

Meistermann, Edeltrud, Spieltherapie und Therapiespiel, in: Programmhefte des Staatstheaters Braunschweig, Heft 7/1964/65

Milfull, John, From Kafka to Brecht: Peter Weiss' development towards marxism, in German life & letters. New Series, Oxford, 1/1966,

Mittenzwei, Werner, Der Dramatiker Peter Weiss, Nachwort zur Buchausgabe des Stückes, Berlin (Ost), 1965, S. 129–145

Mittenzwei, Werner, Zwischen Resignation und Auflehnung, in: Sinn und Form, Berlin, 6/1964, S. 894–908

Moeler, Hans-Bernhard, German Theatre 1964: Weiss' reasoning in the madhouse, in: Symposium, Syracuse, N. Y., 1966, Heft 2, S. 163–173

Philippon, Jean, Persécution et Assassinat de J. P. Marat, in: Documents, Paris, 4/1964

Plavius, Heinz, Peter Weiss, Marat und die soziale Revolution – ein Grenzfall des Nonkonformismus, in: Neue Deutsche Literatur, Berlin, 9/1965, S. 159–168

Rischbieter, Henning, Das ist das deutsche Drama!, in: Theater heute, Velber, 6/1964, S. 21–25
Roloff, Michael, Interview mit Peter Weiss, in: Partisan Review, 2/1965
Schneider, Peter, Über das Marat-Stück von Peter Weiss, in: Neue Rundschau, Frankfurt am Main, 1964, Heft 4, S. 664–672
Sonntag, Susan, Marat/Sade/Artaud, Against Interpretation, in: Eyre & Spottiswoode, London 1967, S. 163–174
Stér, Dieter, Proben zu »Marat«, in: Theater heute, Velber, 1964, Sonderheft Theater 1964, S. 46–47
Stone, Michael, Die Verfolgung und Ermordung des Jacques Roux, in: Christ und Welt, 15/1965, S. 18
Triesch, Manfred, Peter Weiss, Marat an de Sade, in: American-German Review, Philadelphia/Penn., 6/1964, S. 9–11
Wendt, Ernst, The Marat/Sade und andere Londoner Grausamkeiten, in: Theater heute, Velber, 10/1964, S. 32–37
Wendt, Ernst, Peter Weiss zwischen den Ideologien, in: Akzente, München, 5/1965, S. 415–425
Wiese, Benno von, **Karussell der Kritik. Eine Antwort an Wilhelm** Emrich, in: Die Welt der Literatur vom 23. 7. 1964
Verschiedene Autoren, Über das Stück, in: Sonderheft Theater heute 1965, Velber 1965

AUSGEWÄHLTE REZENSIONEN VON AUFFÜHRUNGEN

Berlin
29. 4. 1964

[anonym] Peter Weiss stürmisch gefeiert
Düsseldorfer Nachrichten, 2. 5. 1964
[anonym] Erfolgreiche Uraufführung in Berlin
Kieler Nachrichten, 2. 5. 1964
[anonym] Peter Weiss, Marat and the Marquis de Sade
The Times, London, 11. 5. 1964
Bachmann, Claus Henning, Revolution im Innern des Menschen
Badische Zeitung, Freiburg, 6. 5. 1964
Baumgart, Reinhard, Musical für Staatstheater
Der Spiegel, Hamburg, 10. 6. 1964
Bien, Günter, Der neue Peter Weiss
Hannoversche Allgemeine Zeitung, 13. 6. 1964
Brendemühl, Rudolf, Irren-Theater
Nacht-Depesche, Berlin, 2. 5. 1964
Delmas, Eugène, Das totale Theater

Neue Presse, Frankfurt am Main, 6. 5. 1964
Geleng, Ingvelde, Moritat mit Bandwurm-Titel
Hannoversche Rundschau, 2. 5. 1964
Groos, Georg, Endlich eine große deutsche Dramatikerhoffnung
Düsseldorfer Nachrichten, 5. 5. 1964
Grothe, Heinz, Der Fall Marat/Sade
Main-Post, Würzburg, 5. 5. 1964
Hensel, Georg, Die Philosophie im Schaugeschäft
Darmstädter Echo, Pfingsten 1964
K., Irre spielen Marats Badewannen-Tod
Münchner Merkur, 2. 5. 1964
K. N., Peter Weiss übertrifft Bert Brecht
Stuttgarter Nachrichten, 2. 5. 1964
Kaul, Walter, Krach im Irrenhaus
Kurier, Berlin, 30. 4. 1964
Kerndl, Rainer, Viele Fragen und einige Antworten
Neues Deutschland, Berlin (Ost), 12. 2. 1965
Kersten, H. K., Irre spielen Marats Tod
Westfälische Rundschau, Dortmund, 4. 5. 1964
Krafft, Erich, Der Mord im Irrenhaus
Recklinghäuser Zeitung, 5. 5. 1965
Kienzl, Florian, Revolte im Irrenhaus
Stuttgarter Zeitung, 4. 5. 1964
Klotz, Volker, Der Revolution auf den Grund gegangen
Frankfurter Rundschau, 4. 5. 1964
Kotschenreuther, Helmut, Triumph des totalen Theaters
Neue Ruhrzeitung, Essen, 5. 5. 1964
Lennig, Walter, Theatersieg aus der Badewanne
Sonntagsblatt, Hamburg, 17. 5. 1964
Luft, Friedrich, Verrückte spielen Weltgeschichte nach
Die Welt, Hamburg, 2. 5. 1964
Möhring, Hans, Ovationen für einen jungen Autor
Neue Tagespost, Osnabrück, 7. 5. 1964
N. Z., Premiere des Monats, Marat à la Weiss
Twen, München, 4/1964
Niehoff, Karena, Die Ermordung des J. P. Marat
Süddeutsche Zeitung, München, 2. 5. 1964
Nöldechen, Peter, Beifallsstürme für Peter Weiss
Göttinger Tagblatt, 6. 5. 1964
Otto, Detlev E., Revolution und Maskenspiel
Vorwärts, Bonn, 27. 5. 1964
Outsider, In the picture

The Observer, London, 10. 5. 1964
Paul, Wolfgang, Theater der Standpunktlosigkeit
Echo der Zeit, Recklinghausen, 17. 5. 1964
Pfeiffer, Herbert, Wenn der Wahn zum Spiel wird
Berliner Morgenpost, 1. 5. 1964
Ritter, Heinz, Der Mord in der Wanne
Der Abend, Berlin, 30. 4. 1964
Rühle, Günther, Irrenhaus und Badewanne
Frankfurter Allgemeine Zeitung, 1. 5. 1964
Schimming, Wolfgang, Ein neuer deutscher Dramatiker?
Allgemeine Zeitung, Mainz, 5. 5. 1964
Schwirten, Ethel, Spiel mit Stilen
Aachener Nachrichten, 20. 5. 1964
Stolze, Eva, Kein Lorbeer für Peter Weiss
B.-Z., Berlin, 2. 5. 1964
Stone, Michael, Playwright of genius
The Guardian, Manchester, 14. 5. 1964
Trilling, Ossia, Premiere of »The Persecution«
The Stage and Television today, London, 7. 5. 1964
Wanderscheck, Hermann, Dialektische Moritat
Wiesbadener Kurier, 2. 5. 1964
Windelboth, Horst, Die Phantasie muß mitspielen
Berliner Morgenpost, 12. 6. 1964
London *[anonym]* Ambitious Example of Theatre of Cruelty
20. 8. 1964 The Times, London, 21. 8. 1964
Barker, Felix, Aldwych gets a critic's award
The Evening News, London, 21. 8. 1964
Brien, Alan, Debts and Deviations
The Sunday Telegraph, London, 23. 8. 1964
Bryden, Ronald, The Mob Inside
New Statesman, London, 4. 9. 1964
Fay, Gerard, Marat/Sade at the Aldwych
The Guardian, London, 21. 8. 1964
Gascoigne, Bamber, De Sade's Charade
The Observer Weekend Review, London, 23. 8. 1964
Hill, Roland, Marat in London
Frankfurter Allgemeine Zeitung, 22. 8. 1964
Levin, Bernhard, One of the most amazing plays I've ever seen. Daily Mail, London, 21. 8. 1964
Natan, Alex, Unterhaltung gegen Zeit-Theater
Christ und Welt, Stuttgart, 18. 9. 1964
Schulmann, Milton, Exciting, exhilarating, awsome ... I was stunned.

Evening Standard, London, 21. 8. 1964
Thorn, R., Das Theater der Grausamkeit ist nicht absurd
Süddeutsche Zeitung, München, 25. 8. 1964
Wocker, Karl Heinz, The Marat
Stuttgarter Zeitung, 28. 8. 1964
Young, B. A., The Marat/Sade
The Financial Times, London, 21. 8. 1964

Braunschweig 11. 9. 1964
Achilles, Wolf, Welttheater aus dem Irrenhaus
Braunschweiger Presse, 14. 9. 1964
Herrmann, Wilhelm, Marat in der Provinz
Weser-Kurier, Bremen, 14. 9. 1964
Mersmann, Heinrich, Aktuelles Welttheater im Irrenhaus
Braunschweiger Zeitung, 14. 9. 1964

Wiesbaden 20. 9. 1964
gh, Gebrüll im Irrenhaus
Darmstädter Echo, 17. 11. 1964
Grack, Günter, Leider nur Leiber
Der Tagesspiegel, Berlin, 15. 5. 1965
K., H., Unter Anleitung des Herrn de Sade ...
Wiesbadener Kurier, 23. 9. 1964
Iden, Peter, Die Verfolgung und Ermordung ...
Frankfurter Rundschau, 24. 9. 1964
Kloos, Hans, Wiesbadener Marat am Kurfürstendamm
Wiesbadener Kurier, 14. 5. 1965
Ringelband, Wilhelm, Zwischen Ekstase und Skepsis
Badische Neueste Nachrichten, Karlsruhe, 24. 9. 1964
Rühle, Günther, Der andere Marat
Frankfurter Allgemeine Zeitung, 23. 9. 1964
Schneider, Peter, Irrer geht's nimmer
Spandauer Volksblatt, Berlin, 15. 5. 1965
Serke, Jürgen, Agressives, wildes Spectaculum
Hersfelder Zeitung, 23. 9. 1964

Essen 25. 10. 1964
ASV, Marat im Ruhrgebiet
Frankfurter Allgemeine Zeitung, 4. 12. 1964
Baecker, Sigurd, Moritat vom Verfall der Idee
Vorwärts, Bonn, 4. 11. 1964
Hübner, Paul, Die Revolution im Irrenhaus
Rheinische Post, Düsseldorf, 27. 10. 1964
Neukirchen, Alfons, Die Moritat von Jean Paul Marat im Westen
Düsseldorfer Nachrichten, 27. 10. 1964
Schmidt, Hannes, Höllenspektakel der Revolution
Neue Ruhrzeitung, Essen, 27. 10. 1964
Schmidt, Jochen, Himmel und Hölle des Theaters

Der Mittag, Düsseldorf, 26. 10. 1964
Stauch von Quitzow, Wolfgang, Marat
Neue Zürcher Zeitung, 18. 11. 1964
Tamms, Werner, Geschichte wird zum Tribunal
Westdeutsche Allgemeine, Essen, 27. 10. 1964
Vielhaber, Gerd, Unter Eros' Peitsche
Bremer Nachrichten, 5. 12. 1964
Karlsruhe *er,* Provokatorisches Marat-Drama
13. 2. 1965 Badische Volkszeitung, Karlsruhe, 13. 2. 1965
Franck, J., Das Marat-Drama in Karlsruhe
Badische Neueste Nachrichten, Karlsruhe, 10. 2. 1965
gf, Marat im Irren-Hospiz
Stuttgarter Nachrichten, 23. 2. 1965
H., K., Melodienreigen und provokatives Schauspiel
Schwarzwälder Bote, Oberndorf, 17. 2. 1965
J., F., Die Moritat von Jean Paul Marat
Badische Volkszeitung, Karlsruhe, 15. 2. 1965
of, Bis zum Exzeß
Stuttgarter Zeitung, 17. 2. 1965
Roth, Moritz, Das Theater wurde wieder zum Ereignis
Allgemeine Zeitung, Karlsruhe, 15. 2. 1965
Luzern *[anonym]* Eine überzeugende und großartige Marat-In-
18. 3. 1965 szenierung im Stadttheater
18. 3. 1965 Luzerner Tagblatt, 20. 3. 1965
Brock-Sulzer, Elisabeth, Am Beispiel Luzern
Theater heute, Velber, Mai 1965
E. F., Das große Wagnis ist gelungen
Luzerner Neueste Nachrichten, 20. 3. 1965
ifh, Jean Paul Marat
Vaterland, Luzern, 22. 3. 1965
I. V., Marat
Neue Zürcher Zeitung, 22. 3. 1965
uo, Marat als Wegbereiter des Sozialismus
Volksrecht, Zürich, 20. 3. 1965
Rostock *Funke, Christoph,* Revolution im Hospiz
28. 2. 1965 Der Morgen, Berlin (Ost), 30. 3. 1965
Gersch, Wolfgang, Der Sieg des Marat in Rostock
Tribüne, Berlin (Ost), 31. 3. 1965
Gilles, Werner, Lernt euren Anteil fordern
Mannheimer Morgen, 12. 11. 1965
Harmsen, Henning, Roter Marat nach Art der Zone
Vorwärts, Bonn, 5. 5. 1965
Höpcke, Klaus, Marat hat die Wanne verlassen

	Neues Deutschland, Berlin (Ost), 14. 11. 1965
	Kerndl, Rainer, Marat
	Neues Deutschland, Berlin (Ost), 31. 3. 1965
	Prignitz, Horst, Zeitstück und Revolutionsdrama
	Demokrat/Berlin (Ost), 31. 3. 1965
	Scholz, Joachim, Noch einmal: Marat oder Sade
	Berliner Zeitung, Berlin (Ost), 24. 4. 1965
	Stone, Michael, Die Verfolgung des Jacques Roux
	Christ und Welt, Stuttgart, 9. 4. 1965
	Ullrich, Helmut, Hoffnung auf die Zukunft
	Neue Zeit, Berlin (Ost), 1. 4. 1965
	Wendt, Ernst, Armer Marat
	Stuttgarter Zeitung, 21. 4. 1965
	Wiegenstein, Roland H., Marat bevorzugt
	Spandauer Volksblatt, 8. 4. 1965
	Zehm, Günter, Voll heroischer Illusionen
	Die Welt, Hamburg, 20. 4. 1965
Graz	*[anonym]* Marats Fenstersturz
18. 5. 1965	Die Bühne, Wien, Juni 1965
	[anonym] Marat triumphiert über de Sade
	Theater heute, Velber, August 1965
	Arnold, Wolfgang, Wehe den Andersgearteten
	Süd-Ost-Tagespost, Graz, 20. 5. 1965
	Blumauer, Manfred, Menschheitstest mit verteilten Rollen
	Neue Zeit, Graz, 20. 5. 1965
	Fenz, Hans, Jean Paul Marats Ermordung ist bestes Welttheater
	Volksstimme, Wien, 26. 5. 1965
	Klaus, Rudolf U., Ein Kuckucksei vom Reißbrett
	Kurier, Wien, 21. 5. 1965
	Obzyna, G., Modekommunismus aus der Badewanne
	Express, Wien, 20. 5. 1965
Basel	*Frank, Rudolf,* Verfolgung und Ermordung
21. 9. 1965	Die Abendzeitung, Basel, 23. 9. 1965
	Linder, Hans R., Hereinspaziert, hier sehen Sie die Welt in Krämpfen zucken
	Nationalzeitung, Basel, 23. 9. 1965
	Muckrosch, Karl, Der Marat von Peter Weiss in Basel
	Badische Zeitung, Freiburg, 24. 9. 1965
Düsseldorf	*A. N.,* Frech und skeptisch
26. 9. 1965	Düsseldorfer Nachrichten, Düsseldorf, 28. 9. 1965
	Daiber, Hans, Die Furien haben Ferien
	Handelsblatt, Düsseldorf, 28. 9. 1965

Königsberger, Otto, Gezähmter Marat
Ruhr-Nachrichten, Dortmund, 28. 9. 1965
Leisegang, Herbert, Brave Irre spielen Marat
Aachener Nachrichten, 7. 10. 1965
Schmidt, Hannes, Eher matt als kämpferisch
Neue Ruhrzeitung, Essen, 28. 9. 1965
Tamms, Werner, Ein sehr zahmer Marat
Westdeutsche Allgemeine, Essen, 28. 9. 1965

Trier *Keßler, Ignaz,* Furioser Nihilismus
16. 11. 1965 Trierische Landeszeitung, Trier, 19. 11. 1965
Tr., Literarisches Kabarett ohne Netz
Trierischer Volksfreund, 16. 11. 1965

Hamburg *Bohrer, Karl Heinz,* Zwischen Shakespeare und Bettler-
18. 11. 1965 oper
Die Welt, Hamburg, 20. 11. 1965
Bründigam, Heinz, Der Entscheidung kann man nicht ausweichen
Die andere Zeitung, Hamburg, 2. 12. 1965
Hartau, Friedrich, Der entfesselte Marat
Hamburger Morgenpost, 20. 11. 1965
Herrmann, Walter M., Irrenhäusler spielen Revolution
Hamburger Abendblatt, 19. 11. 1965
Lindberg, Jens, Ein Theater übertrifft sich selbst
Hamburger Echo, 19. 11. 1965
Neumann, Hans-Joachim, Das waren wir den Hamburgern schuldig
Hamburger Abendblatt, 28. 10. 1965
Tank, Kurt-Lothar, Karl Paryla verfolgt Weiss
Sonntagsblatt, Hamburg, 28. 11. 1965

New York *[anonym]* Assault on senses
27. 12. 1965 Newsweek, N. Y., 10. 1. 1966
[anonym] Blood bath
Time, N. Y., 7. 1. 1966
Bolton, Whitney, The Persecution and assassination of Marat ...
The Morning Telegraph, N. Y., 29. 12. 1965
Chapman, John, Marat/Sade horrifying drama brilliantly staged and played
Daily News, N. Y., 29. 12. 1966
Hampshire, Stuart, Sade's Theatre
N. Y. Review of Books, N. Y., 3. 2. 1966
Kauffmann, Stanley, The provocative Marat-Sade
N. Y. Times, 9. 1. 1966

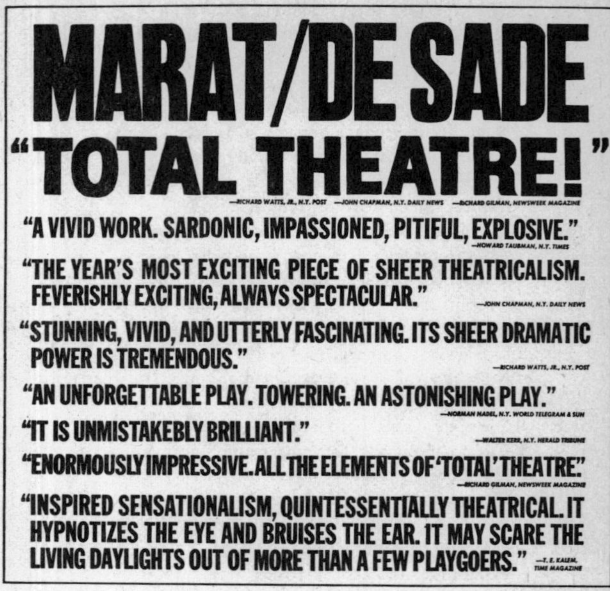

Kerr, Walter, Kerr reviews Marat/Sade
N. Y. Herald Tribune, 29. 12. 1965
Lask, Thomas, The Impact of the world alone
The N. Y. Times, 17. 4. 1966
Lerner, May, The World as asylum
N. Y. Post, 29. 12. 1965
McCarten, John, The Theatre
The New Yorker, 9. 1. 1966
Nadel, Norman, Marat brutally real in its madness
N. Y. World-Telegram and Sun, 28. 12. 1965
Taubman, Howard, Theatre: The Assassination of Marat
The N. Y. Times, 29. 12. 1965
Watts, Richard Jr., A.Vivid theatrical Experience
N. Y. Post, 28. 12. 1965

Hannover 17. 9. 1966
Häußermann, Bernhard, Ein einseitiger Marat
Hannoversche Zeitung, 19. 9. 1966
Schlüter, Wolfgang, Großer Beifall für Zecha
Hannoversche Presse, 19. 9. 1966
Schüler, Gerhard, Die Verfolgung und Ermordung Marats

Göttinger Tagblatt, 24. 9. 1966
Voss, Dagmar, Marat als großes Bühnenspektakel
Hannoversche Rundschau, 19. 9. 1966

Paris
20. 9. 1966

Abirached, Robert, Sade contre Marat
Le Nouvel Observateur, Paris, 28. 9. 1966
bkp, Peter Weiss in Paris
Frankfurter Allgemeine Zeitung, 15. 10. 1966
Bondy, François, Vom Skandal zum Erfolg
Neue Zürcher Zeitung, 7. 10. 1966
Dutourd, Jean, Marat-Sade. Un grand spectacle
France-Soir, Paris, 28. 9. 1966
Favard, Jérôme, Charenton est autour de nous.
L'Humanité Dimanche, Strassbourg, 2. 10. 1966
Goutier, Jean-Jacques, Marat-Sade
Le Figaro, Paris, 28. 9. 1966
Gisselbrecht, André, Marat-Sade
L'Humanité Dimanche, Strassbourg, 25. 9. 1966
Guilleminault, Gilbert, Marat-Sade
L'Aurore, Paris, 28. 9. 1966
Kanters, Robert, Le Happening Marat-Sade
Express, Paris, 26. 9. 1966
Lemarchand, Jacques, Marat-Sade
Le Figaro Littéraire, Paris, 6. 10. 1966
Marcel, Gabriel, Marat-Sade
Les Nouvelles Littéraires, Paris, 8. 10. 1966
Poirot-Delpech, B., Marat-Sade
Le Monde, Paris, 28. 9. 1966
Sandier, Gilles, J'attendais la magie, j'ai trouvé la folklore
Arts, Paris, 28. 9. 1966
Tailleur, Jean, Peter Weiss, de Sade et Marat
Les Lettres françaises, Paris, 29. 9. 1966
Triolet, Elsa, Les Somnambules
Les Lettres françaises, Paris, 6. 10. 1966

Berlin-Ost
22. 4. 1967

Funke, Christoph, Das Spiel von der Revolution
Der Morgen, Berlin (Ost), 6. 5. 1967
Schumacher, Ernst, Die Revolution behält das letzte Wort.
Berliner Zeitung, 29. 4. 1967
Kerndl, Rainer, . . . zu verändern und zu verbessern.
Neues Deutschland, Berlin (Ost), 28. 4. 1967
Ullrich, Helmut, Das überlegene Prinzip Marats
Neue Zeit, Berlin (Ost), 27. 4. 1967
Eichler, Rolf-Dieter, Trotz Charenton: Marat ist Sieger.
Nationalztg., Berlin (Ost), 27. 4. 1967

Leipzig 15. 6. 1967	*Antosch, Georg,* Der dritte Standpunkt wird aufgehoben Union, 23. 6. 1967
	Krecek, Werner, Drama um Marats moralischen Sieg Leipziger Volkszeitung, 23. 6. 1967
	Middell, Elke, Vereinfachte Antithesen Sächsisches Tageblatt, 21. 6. 1967
	P. Großer Abschluß im Leipziger Schauspielhaus MNN, 25. 6. 1967

BEMERKUNGEN ZU DIESEM BAND

Peter Weiss' *Marat/Sade* (wie der lange Titel des Stückes inzwischen international abgekürzt wird) ist neben Hochhuths *Stellvertreter* und Kipphardts *Oppenheimer* wohl das Stück eines deutschsprachigen Dramatikers, das nach den Welterfolgen der Stücke Frischs und Dürrenmatts die deutsche Dramatik international diskussionswürdig machte. Bis zum Sommer 1967 haben über 50 Inszenierungen in über 30 Ländern der Welt stattgefunden: das Stück wird in Warschau ebenso gespielt wie in den Universitäts-Theatern der USA, in Paris und in Tokio, in Neuseeland wie in Island. Verdanken der *Stellvertreter* und der *Oppenheimer* ihren Welterfolg vor allem ihrem Stoff, so ist bei Peter Weiss' Stück die Form (neben der politisch-philosophischen Diskussion zwischen Marat und Sade), die die Regisseure des internationalen Theaters anzog, immer neue Variationen von Sades Spiel in Charenton auszuprobieren. Auch Fernsehen und Film haben sich des Stückes bemächtigt. Marat-Sade, das Stück, das vor der Uraufführung vielen Theaterleuten als unaufführbar galt, gehört inzwischen zum Repertoire des modernen Theaters. Deshalb erschien es uns wichtig, einmal alle Materialien zusammenzustellen, die die Entwicklung eines Stückes von den ersten experimentellen Anfängen bis zu seinem internationalen Durchbruch verfolgen.
Für die weiterführende Beschäftigung mit dem Stück und seinen Aufführungen wurde ein Verzeichnis der Aufführungen und der wichtigsten Aufsätze sowie der Zeitungsrezensionen nach dem Archiv des *Suhrkamp Verlages* zusammengestellt. Diese Listen und Bibliographien werden im einzelnen noch unvollständig sein. Herausgeber und Verlag sind für jeden korrigierenden und ergänzenden Hinweis dankbar.

Über die historischen Voraussetzungen des Stückes: Das Stück arbeitet mit historischen Personen. An vielen Stellen verwendet der Autor für Reden und Dialoge seiner Hauptfiguren deren authentischen Text, zum Teil wörtlich, zum Teil nur sinngemäß, transponiert in Weiss'sche Sprache. Als historisches Material wurde besonders solches wiedergegeben, das in unmittelbarem Zusammenhang mit dem Stück steht: die Biographien der Hauptfiguren sind uns nur interessant im Hinblick auf ihre Spiegelung im Stück. – Peter Weiss' *Anmerkungen zum geschichtlichen Hintergrund unseres Stückes* standen als Nachwort des Autors in der Buchausgabe des Stückes. – Der Nekrolog Sades auf Marat ist Gilbert Lelys Sade-Biographie (Düsseldorf 1961) entnommen. – Die Beschreibung von Marats Tod steht in dem Band *Die französische Revolution in Briefen*, herausgegeben von Gustav Landauer, Hamburg 1961. – Die Beschreibung der Trauerfeier Marats stammt aus *Die französische Revolution* von Wilhelm Blos, Stuttgart 1889. – Charlotte Cordays *Adresse an die Franzosen ...* zitiert nach Friedrich Sieburgs *Im Licht und Schatten der Freiheit*, Stuttgart 1961. – Royer-Collards Bericht wurde dem Programmheft des Stadttheaters Luzern zur Luzerner Aufführung des Stückes entnommen.

Über die verschiedenen Fassungen des Stückes: Bei dem Textvergleich der verschiedenen Fassungen des Stückes kam es vor allem darauf an, Texte aus dem Stück, die entweder in späteren Fassungen gestrichen oder stark verändert wurden, im Original wiederzugeben. Da die drei ersten Fassungen nicht publiziert sind und da außerdem der Umfang des Bandes einen genauen textkritischen Vergleich nicht zuließ, schien es uns wichtig, mit Hilfe der Texte von Weiss selbst, wenn auch nur in Auszügen, die sowohl formale wie inhaltliche Entwicklung des Stückes wiederzugeben. Für wissenschaftliche Arbeiten über das Stück stehen die frühen, unpublizierten Fassungen des Stückes als hektografierte Textbücher gerne leihweise zur Verfügung.

Vier Kritiker über vier Aufführungen des Marat: Aus der Vielzahl der erschienen Kritiken (siehe auch den Rezensionsteil im Anhang) drucken wir vier Kritiken ab, die jeweils einer der vier am meisten diskutierten Aufführungen gelten und sie beschreiben: Henning Rischbieters Artikel *Das ist das deutsche Drama* erschien zuerst in *Theater heute*, Velber, 5/1964; Günther Rühles Aufsatz *Der andere Marat* erschien in der *Frankfurter Allgemeinen Zeitung* am 23. 9. 1964; Ernst Wendts Beschreibung der Londoner Aufführung stand zuerst in den *Akzenten*, München, 5/1965, S. 415 ff. Wir drucken einen Auszug aus dem Artikel *Peter Weiss zwischen den Ideologien;* Rainer Kerndls Kritik stand zuerst im *Neuen Deutschland* Berlin (Ost) am 31. 3. 1965.

Peter Weiss über das Theater, über Marat-Sade und über die Inszenierungen des Stückes: Es ist vielfach hervorgehoben worden, das Stück Marat-Sade artikuliere in der Diskussion Marat-Sade die eigenen politisch-philosophischen Probleme des Autors. Stück und Autor gerieten – besonders nach der Rostocker Aufführung Hanns Anselm Pertens – in eine Diskussion, in der das sozialistische Lager Marat und Peter Weiss für sich beanspruchten und dem kapitalistischen den Sade als den Vertreter einer untergehenden Gesellschaftsordnung überließen. So sehr der politische Standpunkt Marats sich mit dem des Autors decken könnte, so wenig sind ihm die Fragen de Sades unbekannt, so wenig vermag er ihn, wenn auch als Vertreter einer untergehenden Klasse, so doch auch als Aufklärer unterschätzen. Mag auch Peter Weiss heute, den Zustand der Deutschen *(Die Ermittlung)* wie der Welt betrachtend *(Gesang vom lusitanischen Popanz, Viet Nam – Diskurs)*, die »offene Frage« de Sades am Ende seines Stückes weniger offen finden als zu dem Zeitpunkt, als er das Stück konzipierte, so stellt er auch heute noch die dialektische Auseinandersetzung Marat-Sade in den Mittelpunkt des Stückes, verlangt statt einer Schwarz-Weiß-Zeichnung, »daß sich die beiden Hauptfiguren gleichstark gegenüberstehen«. Der ästhetisch-philosophischen Entwicklung des Autors folgend, auch um immer wieder aus dem Zusammenhang zitierte Sätze in ihrem Kontext zu zeigen, bringen wir in diesem Kapitel Äußerungen von Peter Weiss zum Theater, zum Stück, von 1963 bis 1966. – *Dies hier ist die Bühne,* als Antwort auf eine Umfrage, erschien zuerst in *Theater heute,* August 1963. – Das Gespräch mit Peter Weiss im Frühjahr 1964 erschien ebenfalls in *Theater heute,* Sonderheft 1964, S. 44 f. – Das Gespräch mit A. Alvarez wurde für die BBC aufgezeichnet und zuerst in der Londoner Zeitschrift *Encore* gedruckt. Eine gekürzte Fassung erschien im Sonderheft 1965 von Theater heute, auf die Peter Weiss in seinem Brief vom Oktober 1965 Bezug nimmt *(Theater heute,* Velber, 10/1965, S. 14). Das Gespräch mit Peter Weiss am 3. 3. 1965 erschien im *Demokrat,* Berlin (Ost), 30. 3. 1965. – Das Gespräch mit Ernst Schumacher erschien zuerst in *Theater der Zeit,* Berlin (Ost), 16/1965, S. 4 ff. – Peter Weiss über die Inszenierung des *Marat* ist ein Brief an die *neue kritik,* Frankfurt am Main, 34/1966, S. 37 f. – Die *10 Arbeitspunkte* erschienen zuerst in der schwedischen Tageszeitung *Dagens Nyheter,* Stockholm, 1. 9. 1965.

Drei Aufsätze über Marat-Sade und den Dramatiker Peter Weiss: Jürgen Habermas schrieb seinen Aufsatz als Entgegnung zur Kritik von Johannes Jacobi in der Wochenzeitung *Die Zeit* (Nr. 22/64). Dort wurde sie am 12. 6. 1964 zum erstenmal gedruckt. – Peter Schneiders Aufsatz erschien zum erstenmal in der Neuen Rundschau, Frankfurt am Main, 4/1964, S. 664–671. Karlheinz Brauns Aufsatz erscheint in diesem Band zum ersten Mal. Es wird bewußt darin nur auf die ersten drei Stücke von Peter Weiss Bezug genommen.

Kompositionen. 1. Musik von Hans-Martin Majewski, erschienen im Hans-Martin Majewski-Musikverlag, Berlin. (Eine Gesamtaufnahme des Stückes mit der Musik Majewskis in der Rostocker Aufführung liegt als Langspielplatte vor: *Deutsche Grammophon Gesellschaft*, Hamburg, *Literarisches Archiv*, Nr. 44026/27.) 2. Musik von Richard Peaslee, erschienen in der *Highgate Press*, New Yorker Agentur: *Galaxy Music Corporation*, Londoner Agentur: *Galliard Limited. Music: © 1965 by Richard Peaslee, © 1966 by Highgate Press*, New York, alle Rechte vorbehalten. (Eine Gesamtaufnahme des Stückes in englischer Sprache – *English Version by George Skelton, Verse Adaptation and Lyrics by Adrian Mitchell, Music by Richard Peaslee* – und in der Londoner Inszenierung von Peter Brook liegt als Langspielplatte vor: *Caedmon Records, Inc. Theatre Recording Society*, New York, Nr. TRS 312 M). 3. Musik von Jean Prodromides, vertreten durch den Verlag L'Arche, Paris.

Anhang: Die Aufführungsliste nennt die vom Suhrkamp Verlag registrierten Aufführungen. Nicht berücksichtigt wurden die Amateuraufführungen, die besonders in den USA an den College-Theatern zahlreich stattfanden. In der Bibliographie der Rezensionen wurden nur die Rezensionen der Aufführungen aufgenommen, die für wissenschaftliche Zwecke erreichbar sind. Die Liste soll nur eine Bibliographie der wichtigsten Rezensionen darstellen.

K. B.

VERZEICHNIS DER ABBILDUNGEN

S. 5 Titelblatt von Marats Zeitschrift *Ami du Peuple*, das sich bei seiner Ermordung auf der Schreibplatte seiner Badewanne fand. Von seiner Schwester Albertine Marat aufbewahrt.

S. 11 Merkwürdigerweise gibt es kein zu Lebzeiten des Marquis de Sade angefertigtes Portrait. Unsere Abbildung ist eine von Man Ray 1938 nach der Personenbeschreibung in den Steckbriefen der Polizei angefertigte Zeichnung. Aus: Gilbert Lely, Leben und Werk des Marquis de Sade, Düsseldorf 1961.

S. 16 Zeichnung des Marat von J. L. David

S. 19 Marats Handschrift am Tage seines Todes. An diesem Billet an seinen Freund Gusman schrieb Marat, als die Corday zu ihm kam. Aus: Die französische Revolution von Wilhelm Blos, Stuttgart 1889.

S. 22 Detail aus einem Portrait-Kupfer Charlotte Cordays, gezeichnet von Quévedo.

S. 35 Figurine des Marquis de Sade von Gunilla Palmstierna-Weiss für die Berliner Aufführung

S. 40–41 Figurinen der Musiker von Gunilla Palmstierna-Weiss für die Berliner Aufführung

S. 43 Figurine des Duperret von Gunilla Palmstierna-Weiss für die Stockholmer Aufführung

S. 48 Figurine eines Patienten von Gunilla Palmstierna-Weiss

S. 64 Blasphemische Religionsdarstellung. Projektion einer Laterna Magica, durch die sich Peter Weiss für seine Projektionen in der zweiten Fassung anregen ließ. Musée Carnevalet, Paris

S. 71 Gütereinziehung des Klerus, zeitgenössische Gravure, Musée Carnevalet Paris

S. 72–73 »Der Mord« in 4 Inszenierungen: S. 72 oben: in der Berliner Aufführung, unten: in der Wiesbadener Aufführung; S. 73 oben: in der

Londoner Aufführung, unten: in der Rostocker Aufführung. Fotos: Rainer Götz Otto.

S. 170 Abbildung einer ganzseitigen Anzeige in der New York Times (Kostenpunkt etwa 24 000 DM) zur Broadway-Aufführung des Stückes.

Inhalt

I. ÜBER DIE HISTORISCHEN VORAUSSETZUNGEN DES STÜCKES 7

Peter Weiss, Anmerkungen zum geschichtlichen Hintergrund unseres Stückes 7
Donatien Alphonse François Marquis de Sade 11
Sades Rede zum Gedächtnis an Marat 14
Jean Paul Marat 16
Über Marat 17
Marats Tod 18
Die Trauerfeier 20
Marie-Anne-Charlotte Corday d'Armans 22
Charlotte Corday, Adresse an die Franzosen 23
Charlotte Corday an Herrn von Corday d'Armans 25
Charenton und Coulmier 25

II. ÜBER DIE VERSCHIEDENEN FASSUNGEN DES STÜCKES 29

Vergleich der fünf Fassungen des Stückes 29
Die szenische Gliederung des Textes 31
Textvariationen zwischen Fassung A und E 31
Die szenischen Vorstellungen des Autors 57
1. Beschreibung der Bühne und des Eröffnungstableaus 58
2. Beschreibung der Pantomime von Cordays Ankunft in Paris 61
3. Pantomime und Projektionen zum Gespräch über Leben und Tod 63

III. PROBEN ZU ›MARAT/SADE‹ 66

IV. VIER KRITIKER ÜBER VIER AUFFÜHRUNGEN 74

Henning Rischbieter, Swinarskis Inszenierung in Berlin 74
Günther Rühle, Heymes Inszenierung in Wiesbaden 80
Ernst Wendt, Brooks Inszenierung in London 83
Rainer Kerndl, Pertens Inszenierung in Rostock 86

V. PETER WEISS ÜBER DAS THEATER, ÜBER ›MARAT/SADE‹ UND ÜBER DIE INSZENIERUNGEN DES DRAMAS 91

Peter Weiss, Dies hier ist Bühne 91
Gespräche mit Peter Weiss, Frühjahr 1964 92
Gespräch mit Peter Weiss, 1965 96
Peter Weiss, Brief an die Zeitschrift *Theater heute* 100
Gespräch mit Peter Weiss, Frühjahr 1965 101
Gespräch mit Peter Weiss, August 1965 102
Peter Weiss, Die Inszenierung des ›Marat/Sade‹ 111
Peter Weiss, 10 Arbeitspunkte eines Autors in der geteilten Welt 114

VI. DREI AUFSÄTZE ÜBER ›MARAT/SADE‹ UND DEN DRAMATIKER PETER WEISS 120

Jürgen Habermas, Ein Verdrängungsprozeß wird enthüllt 120
Peter Schneider, Über das Marat-Stück von Peter Weiss 125
Karlheinz Braun, Schaubude-Irrenhaus-Auschwitz. Überlegungen zum Theater des Peter Weiss 135

VII. ANHANG 156

Die Uraufführung 156
Aufführungsliste 157
Kurze Bibliographie zum geschichtlichen Hintergrund des Stückes 161
Verzeichnis von Aufsätzen in Zeitschriften 162
Ausgewählte Rezensionen von Aufführungen 163
Bemerkungen zu diesem Band 172
Verzeichnis der Abbildungen 176

edition suhrkamp

852 Über Max Frisch II
853 Brecht-Jahrbuch 1976
854 Julius Fučík, Reportage unter dem Strang geschrieben
856 Dieter Senghaas, Weltwirtschaftsordnung und Entwicklung
857 Peter V. Zima, Kritik der Literatursoziologie
858 Silvio Blatter, Genormte Tage, verschüttete Zeit
859 Russell Jacoby, Soziale Amnesie
860 Gombrich/Hochberg/Black, Kunst, Wahrnehmung, Wirklichkeit
861 Blanke/Offe/Ronge u.a., Bürgerlicher Staat und politische Legitimation. Herausgegeben von Rolf Ebbighausen
863 Gesellschaft, Beiträge zur Marxschen Theorie 8/9
864 Über Wolfgang Koeppen. Herausgegeben von Ulrich Greiner
865 Gesellschaft 12
866 Fichant/Pêcheux, Überlegungen zur Wissenschaftsgeschichte
867 Ernst Kris, Die ästhetische Illusion
868 Brede/Dietrich/Kohaupt, Politische Ökonomie des Bodens
870 Umwälzung einer Gesellschaft. Herausgegeben von Richard Lorenz
871 Friedensanalysen 4
872 Piven/Cloward, Regulierung der Armut
873 Produktion, Arbeit, Sozialisation. Herausgegeben von Th. Leithäuser und W. R. Heinz
874 Max Frisch/Hartmut von Hentig, Zwei Reden zum Friedenspreis des Deutschen Buchhandels 1976
875 Eike Hennig, Bürgerliche Gesellschaft und Faschismus in Deutschland
876 Bolius, Erziehungsroman
877 Starnberger Studien 1
878 Leithäuser/Volmerg/Wutka, Entwurf zu einer Empirie
879 Peter Bürger, Aktualität und Geschichtlichkeit
880 Tilmann Moser, Verstehen, Urteilen, Verurteilen
881 Loch/Kernberg u. a., Psychoanalyse im Wandel
882 Michael T. Siegert, Strukturbedingungen von Familienkonflikten
883 Erwin Piscator, Theater der Auseinandersetzung
884 Politik der Subjektivität. Texte der italienischen Frauenbewegung, Herausgegeben von Michaela Wunderle
885 Hans Dieter Zimmermann, Vom Nutzen der Literatur
886 Gesellschaft, Beiträge zur Marxschen Theorie 10
887 Über Hans Mayer, Herausgegeben von Inge Jens
888 Nicos Poulantzas, Die Krise der Diktaturen
889 Alexander Weiß, Bericht aus der Klinik
890 Bergk/Ewald/Fichte u. a., Aufklärung und Gedankenfreiheit. Herausgegeben und eingeleitet von Zwi Batscha

891 Friedensanalysen 5
892 Franz L. Neumann, Wirtschaft, Staat, Demokratie
893 Georges Politzer, Kritik der Grundlagen der Psychologie
895 Umberto Eco, Zeichen. Einführung in einen Begriff und seine Geschichte
897 Ralph-Rainer Wuthenow, Muse, Maske, Meduse
898 Cohen/Taylor, Ausbruchversuche. Identität und Widerstand
901 Der bürgerliche Rechtsstaat. Herausgegeben von Mehdi Tohidipur
902 Ernest Borneman, Psychoanalyse des Geldes
903 Steven Marcus, Umkehrung der Moral
904 Alfred Sohn-Rethel, Warenform und Denkform
905 Beiträge zur Soziologie der Gewerkschaften. Hrsg. von Joachim Bergmann
906 Brecht-Jahrbuch 1977
907 Horst Kern, Michael Schumann, Industriearbeit und Arbeiterbewußtsein
908 Julian Przybós, Werkzeug aus Licht
910 Peter Weiss, Stücke II
913 Martin Walser, Das Sauspiel mit Materialien. Herausgegeben von Werne Brändle
916 Dürkop/Hardtmann (Hrsg.), Frauen im Gefängnis
917 Bowles S./Gintis H., Pädagogik und die Widersprüche der Ökonomie
918 Klaus-Martin Groth, Die Krise der Staatsfinanzen
920 Tagträume vom aufrechten Gang. Sechs Interviews mit Ernst Bloch, Herausge geben von Arno Münster
921 Silvia Bovenschen, Die imaginierte Weiblichkeit
922 Anderson, Von der Antike zum Feudalismus
923 Sozialdemokratische Arbeiterbewegung, Band 1, Herausgegeben von Wolfgan Luthardt
925 Friedensanalysen 6
927 Ausgewählte Gedichte Brechts, Herausgegeben von Walter Hinck
928 Betty Nance Weber, Brechts ›Kreidekreis‹
929 Auf Anregung Bertolt Brechts: Lehrstücke. Herausgegeben von Reine Steinweg
930 Walter Benjamin, Briefe 1 und 2. Herausgegeben von Gershom Scholem un Theodor W. Adorno
932 Jugendarbeitslosigkeit. Herausgegeben von Gero Lenhardt
933 Ute Gerhard, Verhältnisse und Verhinderungen
934 Sozialdemokratische Arbeiterbewegung, Band 2, Herausgegeben von Wolfgan Luthardt
935 Literatur ist Utopie. Herausgegeben von Gert Ueding
936 Berger/Heßler/Kavemann, Brot für heute, Hunger für morgen
937 Labrousse, Lefebvre, Soboul u. a. Geburt der bürgerlichen Gesellschaft 178 Herausgegeben von I. A. Hartig
938 Habermas, Bovenschen u. a., Gespräche mit Marcuse
939 Thomas Brasch, Rotter Und weiter
940 Simone Weil, Fabriktagebuch
941 Ute Volmerg, Identität und Arbeitserfahrung

942 Klaus Eßer, Lateinamerika
943 Gewerkschaften und Strafvollzug, Hrsg. v. Lüderssen u. a.
944 Alexander von Brünneck, Politische Justiz
945 Jacques Derrida, Die Stimme und das Phänomen
948 Thompson/Caspard/Puls; Alltagspraxis, Wahrnehmungsformen, Protestverhalten
949 Julia Kristeva, Die Revolution der poetischen Sprache
950 Perry Anderson, Die Entstehung des absolutistischen Staates
951 Grundrechte als Fundament der Demokratie, hrsg. von Joachim Perels
954 Elias/Lepenies, Zwei Reden. Theodor W. Adorno-Preis 1977
955 Friedensanalysen 7
956 Brecht-Jahrbuch 1978. Hrsg. Fuegi/Grimm/Hermand
957 Gesellschaft, Beiträge zur Marxschen Theorie 11
958 Friedensanalysen 8
959 Martin Walser, Wer ist ein Schriftsteller?
960 Albert Soboul, Französische Revolution und Volksbewegung
962 Bettelheim/Mészarós/Rossanda u. a., Zurückforderung der Zukunft
963 Starnberger Studien 2
964 Nach dem Protest. Literatur im Umbruch. Herausgegeben von W. Martin Lüdke
966 Kern, Kampf um Arbeitsbedingungen
967 Michail M. Bachtin, Die Ästhetik des Wortes, hrsg. von Rainer Grübel
968 Frauen, die pfeifen. Herausgegeben von R. Geiger, H. Holinka, C. Rosenkranz, S. Weigel
969 Ernst Bloch, Die Lehren von der Materie
970 Giuliano Scabia, Das große Theater des Marco Cavallo
971 Siegfried Kracauer, Jacques Offenbach
974 Jirí Kosta, Abriß der sozialökonomischen Entwicklung der Tschechoslowakei 1945-1977
975 Nathan, Ideologie, Sexualität und Neurose
976 Bernd Jürgen Warneken, Literarische Produktion
978 Klaus Mäding, Strafrecht und Massenerziehung in der VR China
979 Bertolt Brecht, Tagebücher 1920-1922
981 Jeanne Favret-Saada, Die Wörter, der Zauber, der Tod
983 Bassam Tibi, Internationale Politik und Entwicklungsländer-Forschung
984 Dieter Kühn, Löwenmusik
985 Agnes Schoch, Vorarbeiten zu einer pädagogischen Kommunikationstheorie
987 Augusto Boal, Theater der Unterdrückten
989 Brecht-Jahrbuch 1979
991 Ruggiero Romano u. a., Die Gleichzeitigkeit des Ungleichzeitigen
992 Naturalismus/Ästhetizismus. Herausgegeben von Bürger/Schutte-Sasse
993 Ginette Raimbault, Kinder sprechen vom Tod
996 Starnberger Studien 3
1000 Stichworte zur ›Geistigen Situation der Zeit‹ 1. Band, Nation und Republik; 2. Band, Politik und Kultur. Herausgegeben von Jürgen Habermas.

Alphabetisches Verzeichnis der edition suhrkamp

Abendroth, Sozialgesch. d. europ. Arbeiterbewegung 106
Abendroth, Ein Leben 820
Achternbusch, L'Etat c'est moi 551
Adam, Südafrika 343
Adorno, Drei Studien zu Hegel 38
Adorno, Eingriffe 10
Adorno, Kritik 469
Adorno, Jargon d. Eigentlichkeit 91
Adorno, Moments musicaux 54
Adorno, Ohne Leitbild 201
Adorno, Stichworte 347
Adorno, Zur Metakritik der Erkenntnistheorie 590
Adorno, Gesellschaftstheorie u. Kultur 772
Aggression und Anpassung 282
Alberts/Balzer/Heister/Warneken u.a., Segmente der Unterhaltungsindustrie 651
Alff, Der Begriff Faschismus 456
Alff, Materialien zum Kontinuitätsproblem 714
Althusser, Für Marx 737
Altvater/Basso/Mattick/Offe u. a., Rahmenbedingungen 824
Andersch, Die Blindheit des Kunstwerks 133
Anderson, Von der Antike 922
Anderson, Entstehung des absolutistischen Staates 950
Antworten auf H. Marcuse 263
Architektur als Ideologie 243
Architektur u. Kapitalverwertung 638
Über H. C. Artmann 541
Arzt u. Patient in der Industriegesellschaft, hrsg. v. O. Döhner 643
Aspekte der Marxschen Theorie I 632
Aspekte der Marxschen Theorie II 633
Auf Anregung Bertolt Brechts: Lehrstücke, hrsg. von Reiner Steinweg 929
Augstein, Meinungen 214
Aus der Zeit der Verzweiflung 840
Ausgewählte Gedichte Brechts, hrsg. von W. Hinck 927
Autonomie der Kunst 592
Autorenkollektiv Textinterpretation ..., Projektarbeit als Lernprozeß 675
Bachrach/Baratz, Macht und Armut 813
Bachtin, Ästhetik des Wortes, hrsg. von Rainer Grübel
Bahr (Hrsg.), Brecht, »Die Rundköpfe ...«, Bühnenfassung 605
Baran/Sweezy, Monopolkapital [in Amerika] 636
Barthes, Mythen des Alltags 92
Barthes, Kritik und Wahrheit 218
Basaglia, F., Die abweichende Mehrheit 537
Basaglia, F. (Hrsg.), Die negierte Institutio[n] 655
Basaglia, F. (Hrsg.), Was ist Psychiatrie? 70[8]
Basso, L., Gesellschaftsformation u. Staatsform 720
Baudelaire, Tableaux Parisiens 34
Becker, E. / Jungblut, Strategien der Bildungsproduktion 556
Becker, H., Bildungsforschung 483
Becker, J., Felder 61
Becker, J., Ränder 351
Becker, J., Umgebungen 722
Über Jürgen Becker 552
Beckett, Aus einem aufgegeb. Werk 145
Beckett, Fin de partie / Endspiel 96
Materialien zum ›Endspiel‹ 286
Beckett, Das letzte Band 389
Beckett, Warten auf Godot 3
Beckett, Glückliche Tage 849
Beiträge zur marxist. Erkenntnistheorie 349
Benjamin, Drei Hörmodelle 468
Benjamin, Das Kunstwerk 28
Benjamin, Über Kinder 391
Benjamin, Kritik der Gewalt 103
Benjamin, Städtebilder 17
Benjamin, Versuche über Brecht 172
Benjamin, Briefe 1 und 2, hrsg. v. Scholem/Adorno 930
Bergk/Ewald/Fichte u.a., Aufklärung und Gedankenfreiheit 890
Berger, Untersuchungsmethode u. sozia[le] Wirklichkeit 712
Berger/Heßler/Kavemann, Brot für heute 93[...]
Bergman, Wilde Erdbeeren 79
Bergmann, Beiträge zur Soziologie d. Gewerkschaften 905
Bernhard, Amras 142
Bernhard, Fest für Boris 440
Bernhard, Prosa 213
Bernhard, Ungenach 279
Bernhard, Watten 353
Über Thomas Bernhard 401
Bernstein, Beiträge zu einer Theorie 850
Bertaux, Hölderlin u. d. Französ. Revol. 3[...]
Berufsbildungsreform, hrsg. v. C. Offe 761
Bettelheim/Mészarós/Rossanda u. a., Zurück[...] forderung der Zukunft 962
Blatter, Genormte Tage 858
Blanke u. a., Bürgerlicher Staat 861
Bloch, Avicenna 22
Bloch, Ästhetik des Vor-Scheins I 726

Bloch, Ästhetik des Vor-Scheins II 732
Bloch, Das antizipierende Bewußtsein 585
Bloch, Die Lehren von der Materie 969
Bloch, Christian Thomasius 193
Bloch, Durch die Wüste 74
Bloch, Über Hegel 413
Bloch, Pädagogica 455
Bloch, Tübinger Einleitung in die Philosophie I 11
Bloch, Tübinger Einleitung in die Philosophie II 58
Bloch, Über Karl Marx 291
Bloch, Vom Hasard zur Katastrophe 534
Bloch, Widerstand und Friede 257
Bloch/Braudel/Ł. Febvre u. a., Schrift und Materie der Geschichte 814
Block, Ausgewählte Aufsätze 71
Blumenberg, Kopernikan. Wende 138
Boal, Theater der Unterdrückten 987
Bock, Geschichte des ›linken Radikalismus‹ in Deutschland 645
Boer, Lodewijk de, The Family 760
Böckelmann, Theorie der Massenkommunikation 658
Böhme, Soz.- u. Wirtschaftsgesch. 253
du Bois-Reymond, B. Söll, Neuköllner Schulbuch, 2 Bände 681
du Bois-Reymond, M., Strategien kompensator. Erziehung 507
du Bois-Reymond, Verkehrsformen 830
Bolius, Erziehungsroman 876
Bond, Gerettet / Hochzeit d. Papstes 461
Bond, Bündel 500
Borneman, Psychoanalyse des Geldes 902
Bosse, Verwaltete Unterentwicklung 752
Bowles/Gintis, Pädagogik 917
Brackert, Bauernkrieg 782
Brandt u. a., Zur Frauenfrage im Kapitalismus 581
Brandys, Granada 167
Brasch, Rotter 939
Braun, Gedichte 397
Braun, Es genügt nicht die einfache Wahrheit 799
Brecht, Antigone / Materialien 134
Brecht, Arturo Ui 144
Brecht, Ausgewählte Gedichte 86
Brecht, Baal 170
Brecht, Baal der asoziale 248
Brecht, Brotladen 339
Brecht, Das Verhör des Lukullus 740
Brecht, Der gute Mensch v. Sezuan 73
Materialien zu ›Der gute Mensch . . .‹ 247
Brecht, Der Tui-Roman 603
Brecht, Die Dreigroschenoper 229
Brecht, Die Geschäfte des Julius Cäsar 332
Brecht, Die heilige Johanna der Schlachthöfe 113
Brecht, Die heilige Johanna / Fragmente und Varianten 427
Brecht, Die Maßnahme 415
Brecht, Die Tage der Commune 169
Brecht, Furcht u. Elend d. 3. Reiches 392
Brecht, Gedichte u. Lieder aus Stücken 9
Brecht, Herr Puntila 105
Brecht, Im Dickicht der Städte 246
Brecht, Jasager – Neinsager 171
Brecht, Kaukasischer Kreidekreis 31
Materialien zum ›Kreidekreis‹ 155
Brecht, Kuhle Wampe 362
Brecht, Leben des Galilei 1
Materialien zu ›Leben des Galilei‹ 44
Brecht, Leben Eduards II 245
Brecht, Stadt Mahagonny 21
Brecht, Mann ist Mann 259
Brecht, Mutter Courage 49
Materialien zu ›Mutter Courage‹ 50
Materialien zu ›Die Mutter‹ 305
Brecht, Die Mutter (Regiebuch) 517
Brecht, Über Realismus 485
Brecht, Über d. Beruf d. Schauspielers 384
Brecht, Schweyk im zweiten Weltkrieg 132
Materialien zu ›Schweyk im zweit. Weltkrieg‹ 604
Brecht, Die Gesichte der Simone Machard 369
Brecht, Über Politik und Kunst 442
Brecht, Über experiment. Theater 377
Brecht, Trommeln in der Nacht 490
Brecht, Tagebücher 1920–1922 979
Brecht, Über Lyrik 70
Brecht, Gedichte in 4 Bänden 835–38
Brecht-Jahrbuch 1974 758
Brecht-Jahrbuch 1975 797
Brecht-Jahrbuch 1976 853
Brecht-Jahrbuch 1977 906
Brecht-Jahrbuch 1978 956
Brecht-Jahrbuch 1979 989
Brecht, Drei Lehrstücke 817
Brecht im Gespräch, hrsg. von Werner Hecht 771
Brechts Modell der Lehrstücke, hrsg. von Rainer Steinweg 929
Brede u. a., Determinanten d. Wohnungsversorgung 745
Brede u. a., Politische Ökonomie d. Bodens 868
Bredekamp, Kunst als Medium sozialer Konflikte 763
Materialien zu H. Brochs ›Die Schlafwandler‹ 571
Brooks, Paradoxie im Gedicht 124

Brus, Funktionsprobleme d. sozialist. Wirtschaft 472
Brus, W., Sozialistisches Eigentum 801
Brünneck, Politische Justiz 944
Bubner, Dialektik u. Wissenschaft 597
Bürger, Die französ. Frühaufklärung 525
Bürger, Theorie der Avantgarde 727
Bürger, Aktualität und Geschichtlichkeit 879
Bürger/Schulte-Sasse (Hrsg.), Naturalismus 992
Bulthaup, Zur gesellschaftl. Funktion der Naturwissenschaften 670
Burke, Dichtung als symbol. Handlung 153
Burke, Rhetorik in Hitlers ›Mein Kampf‹ 231
Busch, Die multinationalen Konzerne 741
Cardoso/Faletto, Abhängigkeit 841
Caspar D. Friedrich u. d. dt. Nachwelt, hrsg. v. W. Hofmann 777
Celan, Ausgewählte Gedichte 262
Über Paul Celan 495
Chasseguet-Smirgel (Hrsg), Psychoanalyse der weiblichen Sexualität 697
Chomsky, Aus Staatsraison 736
Claas, Die politische Ästhetik 832
Clemenz, Gesellschaftl. Ursprünge des Faschismus 550
Cohen/Taylor, Ausbruchversuche 898
Cogoy, Wertstruktur und Preisstruktur 810
Cooper, Psychiatrie u. Anti-Psychiatrie 497
Córdova/Michelena, Lateinamerika 311
Creeley, Gedichte 227
Dallemagne, Die Grenzen der Wirtschaftspolitik 730
Damus, Entscheidungsstrukturen in der DDR-Wirtschaft 649
Deleuze/Guattari, Kafka 807
Deleuze/Parnet, Dialoge 666
Determinanten der westdeutschen Restauration 1945-1949 575
Deutsche und Juden 196
Die Hexen der Neuzeit, hrsg. von Claudia Honegger 743
Dobb, Organis. Kapitalismus 166
Dobb, Wert- und Verteilungstheorien 765
Döbert, R./Nunner-Winkler, G,. Adoleszenzkrise und Identitätsbildung 794
Dorst, Eiszeit 610
Dorst, Toller 294
Über Tankred Dorst (Werkbuch) 713
Drechsel u. a., Massenzeichenware 501
Doras, Ganze Tage in den Bäumen 80
Duras, Hiroshima mon amour 26
Eckensberger, Sozialisationsbedingungen d. öffentl. Erziehung 466
Eco, Zeichen 895
Eich, Abgelegene Gehöfte 288
Eich, Botschaften des Regens 48
Eich, Mädchen aus Viterbo 60
Eich, Setúbal / Lazertis 5
Eich, Marionettenspiele / Unter Wasser 89
Über Günter Eich 402
Eichenbaum, Theorie u. Gesch. d. Literatur 119
Eisner, Politik des libertären Sozialismus 422
Eisner, Sozialismus als Aktion 773
Elias/Lepenies, Zwei Reden 954
Eliot, Die Cocktail Party 98
Eliot, Der Familientag 152
Eliot, Mord im Dom 8
Eliot, Was ist ein Klassiker? 33
Entstalinisierung in der Sowjetunion 609
Enzensberger, Blindenschrift 217
Enzensberger, Deutschland 203
Enzensberger, Einzelheiten I 63
Enzensberger, Einzelheiten II 87
Enzensberger, Landessprache 304
Enzensberger, Das Verhör von Habana 553
Enzensberger, Palaver 696
Enzensberger, Der Weg ins Freie 759
Über H. M. Enzensberger 403
Erkenntnistheorie, marxist. Beiträge 349
Eschenburg, Über Autorität 129
Euchner, Egoismus und Gemeinwohl 614
Expressionismusdebatte, hrsg. von H. J. Schmitt 646
Fassbinder, Antiteater 443
Fassbinder, Antiteater 2 560
Fassbinder, Stücke 3 803
Favret-Saada, Die Wörter, der Zauber, der Tod 981
Fichant/Pêcheux, Überlegungen zur Wissenschaftsgeschichte 866
Fischer-Seidel, James Joyces »Ulysses« 826
Fleischer, Marxismus und Geschichte 323
Materialien zu M. F. Fleißer 594
Foucault, Psychologie u. Geisteskrankheit 272
Frauenarbeit – Frauenbefreiung, hrsg. v. A. Schwarzer 637
Frauenfrage im Kapitalismus, Brandt/Kootz/Steppke 581
Frauen im Gefängnis, hrsg. von Dürkop/Hardtmann 916
Frauen, die pfeifen, hrsg. von Geiger/Holinka u. a. 968
Frerichs/Kraiker, Konstitutionsbedingungen 685
Friedensanalysen 1 784
Friedensanalysen 2 834
Friedensanalysen 3 847
Friedensanalysen 4 871
Friedensanalysen 5 891
Friedensanalysen 6 925
Friedensanalysen 7 955

Friedensanalysen 8 958
Friedensanalysen 9 755
Friedensanalysen 10 748
Frisch, Ausgewählte Prosa 36
Frisch, Biedermann u. d. Brandstifter 41
Frisch, Die chinesische Mauer 65
Frisch, Don Juan oder Die Liebe zur Geometrie 4
Frisch, Graf Öderland 32
Frisch, Frühe Stücke. Santa Cruz / Nun singen sie wieder 154
Frisch, Zürich – Transit 161
Frisch, Öffentlichkeit 209
Frisch/Hentig, Zwei Reden 874
Über Max Frisch 404
Über Max Frisch II 852
Materialien zu Max Frischs »Andorra« 653
Fritzsche, Politische Romantik 778
Fromm, Sozialpsychologie 425
Fučík, Reportage unter dem Strang geschrieben 854
Fuegi/Grimm/Hermand (Hrsg.), Brecht-Jahrbuch 1974 758
Gastarbeiter 539
Gefesselte Jugend / Fürsorgeerziehung 514
Geiss, Geschichte u. Geschichtswissenschaft 569
Germanistik 204
Gerhard, Ute, Verhältnisse und Verhinderungen 933
Gesellschaft, Beiträge zur Marxschen Theorie I 695
Gesellschaft II 731
Gesellschaft III 739
Gesellschaft IV 764
Gesellschaft V 787
Gesellschaft VI 806
Gesellschaft VII 827
Gesellschaft VIII/IX 863
Gesellschaft X 886
Gesellschaft XI 957
Gesellschaft XII 865
Gesellschaft XIII 692
Gesellschaftsstrukturen, hrsg. v. O. Negt u. K. Meschkat 589
Gespräche mit Ernst Bloch, Hrsg. von Rainer Traub und Harald Wieser 798
Gewerkschaften und Strafvollzug, Hrsg. v. Lüderssen u. a. 943
Goeschel/Heyer/Schmidbauer, Soziologie der Polizei I 380
Goffman, Asyle 678
Goldscheid/Schumpeter, Finanzkrise 698
Gombrich/Hochberg/Black, Kunst, Wahrnehmung, Wirklichkeit 860
Grass, Hochwasser 40
Gröll, Erziehung 802
Groth, Die Krise der Staatsfinanzen 918
Grundrechte als Fundament, hrsg. von Joachim Perels 951
Guattari, Psychotherapie 768
Guérin, Anarchismus 240
Haavikko, Jahre 115
Habermas, Logik d. Sozialwissenschft. 481
Habermas, Protestbewegung u. Hochschulreform 354
Habermas, Technik u. Wissenschaft als Ideologie 287
Habermas, Legitimationsprobleme im Spätkapitalismus 623
Habermas, Bovenschen u. a., Gespräche mit Marcuse 938
Habermas, Stichworte zur ›Geistigen Situation der Zeit‹ 1000
Hacks, Das Poetische 544
Hacks, Stücke nach Stücken 122
Hacks, Zwei Bearbeitungen 47
Handke, Die Innenwelt 307
Handke, Kaspar 322
Handke, Publikumsbeschimpfung 177
Handke, Wind und Meer 431
Handke, Ritt über den Bodensee 509
Über Peter Handke 518
Hannover, Rosa Luxemburg 233
Hartig/Kurz, Sprache als soz. Kontrolle 543
Hartig, Geburt der bürgerlichen Gesellschaft 937
Haug, Kritik d. Warenästhetik 513
Haug, Bestimmte Negation 607
Haug, Warenästhetik. Beiträge zur Diskussion 657
Hecht, Sieben Studien über Brecht 570
Hegel im Kontext 510
Hegels Philosophie 441
Heinemann, Präsidiale Reden 790
Heinsohn/Knieper, Theorie d. Familienrechts 747
Heller, A., Das Alltagsleben 805
Heinsohn/Knieper, Spielpädagogik 809
Heller, E., Nietzsche 67
Heller, E., Studien zur modernen Literatur 42
Hennicke (Hrsg.), Probleme d. Sozialismus i. d. Übergangsgesellschaften 640
Hennig, Thesen z. dt. Sozial- u. Wirtschaftsgeschichte 662
Hennig, Bürgerliche Gesellschaft 875
Henrich, Hegel im Kontext 510
Herbert, Ein Barbar 2 365
Herbert, Gedichte 88
Hermand, J., Von deutscher Republik 793
Herzen, Die gescheiterte Revolution 842
Hesse, Geheimnisse 52
Hesse, Tractat vom Steppenwolf 84

Hildesheimer, Das Opfer Helena / Monolog 118
Hildesheimer, Interpretationen zu Joyce u. Büchner 297
Hildesheimer, Mozart / Beckett 190
Hildesheimer, Nachtstück 23
Hildesheimer, Herrn Walsers Raben 77
Über Wolfgang Hildesheimer 488
Hinck, Geschichte im Gedicht 721
Hirsch, Wiss.-techn. Fortschritt i. d. BRD 437
Hirsch/Leibfried, Wissenschafts- u. Bildungspolitik 480
Hirsch, Staatsapparat u. Reprod. des Kapitals 704
Hobsbawm, Industrie und Empire I 315
Hobsbawm, Industrie und Empire II 316
Hobsbawm, Auf dem Weg zum ›historischen‹ Kompromiß 851
Hochmann, Thesen zu einer Gemeindepsychiatrie 618
Hoffmann-Axthelm, Theorie der künstler. Arbeit 682
Hoffmann (Hrsg.), Perspektiven kommunaler Kulturpolitik 718
Hofmann, Universität, Ideologie u. Gesellschaft 261
Hondrich, Theorie der Herrschaft 599
Horn, Dressur oder Erziehung 199
Horn u. a., Gewaltverhältnisse u. d. Ohnmacht d. Kritik 775
Horn (Hrsg.), Gruppendynamik u. ›subjekt. Faktor‹ 538
Hortleder, Gesellschaftsbild d. Ingenieurs 394
Hortleder, Ingenieure in der Industriegesellschaft 663
Horvat, B., Die jugoslaw. Gesellschaft 561
(Horváth) Materialien zu Ödön v. H. 436
Materialien zu H., ›Geschichten aus dem Wienerwald‹ 533
Materialien zu H., ›Glaube Liebe Hoffnung‹ 671
Materialien zu H., ›Kasimir und Karoline‹ 611
Über Ödön v. Horváth 584
Hrabal, Tanzstunden 126
Hrabal, Zuglauf überwacht 256
(Huchel) Über Peter Huchel 647
Huffschmid, Politik des Kapitals 313
Imperialismus und strukturelle Gewalt, hrsg. von D. Senghaas 563
Information über Psychoanalyse 648
Internat. Beziehungen, Probleme der 593
Jacoby, Soziale Amnesie 859
Jaeggi, Literatur und Politik 522
Jahoda u. a., Die Arbeitslosen v. Marienthal 769
Jakobson, Kindersprache 330
Jauß, Literaturgeschichte 418
Johnson, Das dritte Buch über Achim 100
Johnson, Karsch 59
Über Uwe Johnson 405
(Joyce, J.) Materialien zu J., ›Dubliner‹ 357
Joyce, St., Dubliner Tagebuch 216
Jugendkriminalität 325
Kalivoda, Marxismus 373
Kapitalismus, Peripherer, hrsg. von D. Senghaas 652
Kasack, Das unbekannte Ziel 35
Kaschnitz, Beschreibung eines Dorfes 188
Kern, Kampf um Arbeitsbedingungen 966
Kern/Schumann, Industriearbeit 907
Kino, Theorie des 557
Kipphardt, Hund des Generals 14
Kipphardt, Joel Brand 139
Kipphardt, In Sachen Oppenheimer 64
Kipphardt, Die Soldaten 273
Kipphardt, Stücke I 659
Kipphardt, Stücke II 677
Kirche und Klassenbindung, hrsg. v. Y. Spiegel 709
Kirchheimer, Politik und Verfassung 95
Kirchheimer, Funktionen des Staates u. d. Verfassung 548
Kirchheimer, Von der Weimarer Demokratie 821
Klöckner, Anna 791
Kluge/Negt, Öffentlichkeit und Erfahrung 639
Kluge, Lernprozesse mit tödlichem Ausgang 665
Kluge, Gelegenheitsarbeit einer Sklavin 733
Kluge, Neue Geschichten 819
Knieper, Weltmarkt 828
Über Wolfgang Koeppen 864
Kommune i. d. Staatsorganisation 680
Kosta, Abriß d. sozialökonomischen Entwicklung der Tschechoslowakei 974
Kracauer, Jacques Offenbach 971
Kraiker/Frerichs, Konstitutionsbedingungen 685
Kreiler, Verständigungstexte Gefangener 716
Kristeva/Eco/Bachtin u. a., Textsemiotik 796
Kristeva, Die Revolution d. poetischen Sprache 949
Kritische Friedenserziehung 661
Kritische Friedensforschung 478
Kroetz, Drei Stücke 473
Kroetz, Oberösterreich u. a. 707
Kroetz, Vier Stücke 586
Kroetz, Drei neue Stücke 753
Krolow, Ausgewählte Gedichte 24
Krolow, Landschaften für mich 146
Krolow, Schattengefecht 78
Über Karl Krolow 527

Kris, Die ästhetische Illusion 867
Kropotkin, Ideale und Wirklichkeit 762
Kühn, Ausflüge im Fesselballon 656
Kühn, Goldberg-Variationen 795
Kühn, Grenzen des Widerstands 531
Kühn, Unternehmen Rammbock 683
Kühn, Löwenmusik 984
Kühnl/Rilling/Sager, Die NPD 318
Kulturpolitik, Kommunale 718
Kunst, Autonomie der 592
Laermann, u.a., Reise und Utopie 766
Laing, Phänomenologie der Erfahrung 314
Laing/Cooper, Vernunft und Gewalt 574
Laing/Phillipson/Lee, Interpers. Wahrnehmung 499
Landauer, Erkenntnis und Befreiung 818
Leithäuser/Volmerg/Wutka, Entwurf zu einer Empirie 878
Lefebvre, H., Marxismus heute 99
Lefebvre, H., Dialekt. Materialismus 160
Lefebvre, H., Metaphilosophie 734
Lefebvre, Einführung in die Modernität 831
Lehrlingsprotokolle 511
Lehrstück Lukács, hrsg. v. I. Matzur 554
Leithäuser/Heinz, Produktion, Arbeit, Sozialisation 873
Lempert, Berufliche Bildung 699
Lenhardt, Berufliche Weiterbildung 744
Lenhardt, Der hilflose Sozialstaat 932
Lévi-Strauss, Ende d. Totemismus 128
Liberman, Methoden d. Wirtschaftslenkung im Sozialismus 688
Linhartová, Geschichten 141
Literaturunterricht, Reform 672
Lippe, Bürgerliche Subjektivität 749
Literatur und Literaturtheorie, hrsg. von Hohendahl u. P. Herminghouse 779
Loch/Kernberg u. a., Psychoanalyse im Wandel 881
Lorenz, Sozialgeschichte der Sowjetunion 1 654
Lorenz (Hrsg.), Umwälzung einer Gesellschaft 870
Lorenzer, Kritik d. psychoanalyt. Symbolbegriffs 393
Lorenzer, Gegenstand der Psychoanalyse 572
Lotman, Struktur d. künstler. Textes 582
Lüdke (Hrsg.), Nach dem Protest 964
Lukács, Heller, Márkus u. a., Individuum und Praxis 545
Luthardt (Hrsg.), Sozialdemokratische Arbeiterbewegung Band 1 923/Bd. 2 934
Lyon, Bertolt Brecht und Rudyard Kipling 804
Mäding, Strafrecht 978
Majakowskij, Wie macht man Verse? 62
Malkowski, Was für ein Morgen 792
Mandel, Marxist. Wirtschaftstheorie, 2 Bände 595/96
Mandel, Der Spätkapitalismus 521
Marcuse, Umkehrung der Moral 903
Marcuse, Versuch über die Befreiung 329
Marcuse, H., Konterrevolution u. Revolte 591
Marcuse, Kultur u. Gesellschaft I 101
Marcuse, Kultur u. Gesellschaft II 135
Marcuse, Theorie der Gesellschaft 300
Marcuse, Zeit-Messungen 770
Marx, Die Ethnologischen Exzerpthefte 800
Marxist. Rechtstheorie, Probleme der 729
Marxsche Theorie, Aspekte, I 632
Marxsche Theorie, Aspekte, II 633
Massing, Polit. Soziologie 724
Mattick, Spontaneität und Organisation 735
Mattick, Beiträge zur Kritik des Geldes 723
Matzner, J. (Hrsg.), Lehrstück Lukács 554
Mayer, H., Anmerkungen zu Brecht 143
Mayer, H., Anmerkungen zu Wagner 189
Mayer, H., Das Geschehen u. d. Schweigen 342
Mayer, H., Repräsentant u. Märtyrer 463
Mayer, H., Über Peter Huchel 647
Über Hans Mayer 887
Meier, Begriff ›Demokratie‹ 387
Meschkat/Negt, Gesellschaftsstrukturen 589
Michel, Sprachlose Intelligenz 270
Michels, Polit. Widerstand in den USA 719
Mitbestimmung, Kritik der 358
Mitscherlich, Krankheit als Konflikt I 164
Mitscherlich, Krankheit als Konflikt II 237
Mitscherlich, Unwirtlichkeit unserer Städte 123
Mitscherlich, Freiheit und Unfreiheit i. d. Krankheit 505
Mittelstraß, J. (Hrsg.) Methodologische Probleme 742
Monopol und Staat, hrsg. v. R. Ebbinghausen 674
Moral und Gesellschaft 290
Moser, Repress. Krim.psychiatrie 419
Moser/Künzel, Gespräche mit Eingeschlossenen 375
Moser, Verstehen, Urteilen, Verurteilen 880
Most, Kapital und Arbeit 587
Müller, Die Verdrängung des Ornaments 829
Müller-Schwefe (Hrsg.), Männersachen 717
Münchner Räterepublik 178
Mukařovský, Ästhetik 428
Mukařovský, Poetik 230
Über Adolf Muschg 686
Napoleoni, Ökonom. Theorien 244
Napoleoni, Ricardo und Marx, hrsg. von Cristina Pennavaja 702

Nathan, Ideologie, Sexualität und Neurose 975
Negt/Kluge, Öffentlichkeit u. Erfahrung 639
Negt/Meschkat, Gesellschaftsstrukturen 589
Negt, Keine Demokratie 812
Neues Hörspiel O-Ton, hrsg. von K. Schöning 705
Neumann-Schönwetter, Psychosexuelle Entwicklung 627
Neumann, Wirtschaft, Staat, Demokratie 892
Nossack, Das Mal u. a. Erzählungen 97
Nossack, Das Testament 117
Nossack, Der Neugierige 45
Nossack, Der Untergang 19
Nossack, Pseudoautobiograph. Glossen 445
Über Hans Erich Nossack 406
Nyssen (Hrsg.), Polytechnik in der BRD? 573
Obaldia, Wind in den Zweigen 159
Oehler, Pariser Bilder 1 725
v. Oertzen, Die soz. Funktion des staatsrechtl. Positivismus 660
Oevermann, Sprache und soz. Herkunft 519
Offe, Strukturprobleme d. kapitalist. Staates 549
Offe, Berufsbildungsreform 761
Olson, Gedichte 112
Ostaijen, Grotesken 202
Parker, Meine Sprache bin ich 728
Peripherer Kapitalismus, hrsg. von D. Senghaas 652
Perspektiven der kommunalen Kulturpolitik, hrsg. v. H. Hoffmann 718
Piscator, Theater der Auseinandersetzung 883
Piton, Anders leben 767
Piven/Cloward, Regulierung der Armut 872
Politik der Subjektivität, hrsg. von Michaela Wunderle
Politzer, Kritik der Grundlagen 893
Poulantzas, Die Krise 888
Pozzoli, Rosa Luxemburg 710
Preuß, Legalität und Pluralismus 626
Price, Ein langes glückl. Leben 120
Probleme d. intern. Beziehungen 593
Probleme d. marxist. Rechtstheorie 729
Probleme d. Sozialismus u. der Übergangsgesellschaften 640
Probleme einer materialist. Staatstheorie, hrsg. v. J. Hirsch 617
Projektarbeit als Lernprozeß 675
Prokop D., Massenkultur u. Spontaneität 679
Prokop U., Weiblicher Lebenszusammenhang 808
Pross, Bildungschancen v. Mädchen 319
Prüß, Kernforschungspolitik i. d. BRD 715
Przybós, Werkzeug aus Licht 908
Psychiatrie, Was ist . . . 708
Psychoanalyse als Sozialwissensch. 454
Psychoanalyse, Information über 648
Psychoanalyse d. weibl. Sexualität 697
Puls/Thompson u. a., Wahrnehmungsformen u. Protestverhalten 948
Queneau, Mein Freund Pierrot 76
Raimbault, Kinder sprechen vom Tod 993
Rajewsky, Arbeitskampfrecht 361
Rammstedt, Soziale Bewegung 844
Reform d. Literaturunterrichts, hrsg. v. H. Brackert / W. Raitz 672
Reichert/Senn, Materialien zu Joyce ›Ein Porträt d. Künstlers‹ 776
Restauration, Determinanten d. westdt. R. 575
Ritsert (Hrsg.), Zur Wissenschaftslogik 754
Ritter, Hegel u. d. Französ. Revolution 114
Ritter-Röhr, D. (Hrsg.) Der Arzt, sein Patient und die Gesellschaft 746
Rocker, Aus d. Memoiren eines dt. Anarchisten 711
Róheim, Psychoanalyse und Anthropologie 839
Rolshausen, Wissenschaft 703
Romano, Die Gleichzeitigkeit 991
Rossanda, Über Dialektik v. Kontinuität u. Bruch 687
Rossanda/Magri, Der lange Marsch 823
Rottleuthner (Hrsg.), Probleme d. marxist. Rechtstheorie 729
Runge, Bottroper Protokolle 271
Runge, Frauen 359
Runge, Reise nach Rostock 479
Rüpke, Schwangerschaftsabbruch 815
Russell, Probleme d. Philosophie 207
Russell, Wege zur Freiheit 447
Sachs, Das Leiden Israels 51
Sandkühler, Praxis u. Geschichtsbewußtsein 529
Sarraute, Schweigen / Lüge 299
Scabia, Marco Cavallo 970
Schäfer/Edelstein/Becker, Probleme d. Schule (Beispiel Odenwaldschule) 496
Schäfer/Nedelmann, CDU-Staat 370
Schedler, Kindertheater 520
Scheugl/Schmidt jr., Eine Subgeschichte d. Films, 2 Bände 471
Schklowskij, Schriften zum Film 174
Schklowskij, Zoo 130
Schlaffer, Der Bürger als Held 624
Schlaffer, Studien zum ästhetischen Historismus 756
Schmidt, Ordnungsfaktor 487
Schmitt, Der Streit mit Georg Lukács 579
Schmitt, Expressionismus-Debatte 646
Schneider/Kuda, Arbeiterräte 296
Schnurre, Kassiber / Neue Gedichte 94
Scholem, Judentum 414

Schoch, Vorarbeiten 985
Schram, Die perman. Revolution i. China 151
Schütze, Rekonstrukt. d. Freiheit 298
Schule und Staat im 18. u. 19. Jh., hrsg. v. K. Hartmann, F. Nyssen, H. Waldeyer 694
Schwarzer (Hrsg.), Frauenarbeit – Frauenbefreiung 637
Sechehaye, Tagebuch einer Schizophrenen 613
Segmente der Unterhaltungsindustrie 651
Senghaas, Rüstung und Materialismus 498
Senghaas, Weltwirtschaftsordnung 856
Setzer, Wahlsystem in England 664
Shaw, Caesar und Cleopatra 102
Shaw, Der Katechismus d. Umstürzlers 75
Siegert, Strukturbedingungen 882
Soboul, Französische Revolution 960
Söll/du Bois-Reymond, Neuköllner Schulbuch, 2 Bände 681
Sohn-Rethel, Geistige u. körperl. Arbeit 555
Sohn-Rethel, Ökonomie u. Klassenstruktur d. dt. Faschismus 630
Sohn-Rethel, Warenform und Denkform 904
Sozialistische Realismuskonzeptionen 701
Spazier/Bopp, Grenzübergänge. Psychotherapie 738
Spiegel (Hrsg.), Kirche u. Klassenbindung 709
Sraffa, Warenproduktion 780
Starnberger Studien 1 877
Starnberger Studien 2 963
Starnberger Studien 3 996
Sternberger, Bürger 224
Straschek, Handbuch wider das Kino 446
Streik, Theorie und Praxis 385
Strindberg, Ein Traumspiel 25
Struck, Klassenliebe 629
Sweezy, Theorie d. kapitalist. Entwicklung 433
Sweezy/Huberman, Sozialismus in Kuba 426
Szondi, Über eine freie Universität 620
Szondi, Hölderlin-Studien 379
Szondi, Theorie d. mod. Dramas 27
Tagträume vom aufrechten Gang, hrsg. von Arno Münster 920
Tardieu, Imaginäres Museum 131
Technologie und Kapital 598
Teige, Liquidierung der ›Kunst‹ 278
Tibi, Militär u. Sozialismus i. d. Dritten Welt 631
Tibi, Internationale Politik 983
Tiedemann, Studien z. Philosophie Walter Benjamins 644
›Theorie der Avantgarde‹ hrsg. v. W. Martin Lüdke 825
Tohidipur (Hrsg.), Verfassung 822
Tohidipur (Hrsg.) Der bürgerliche Rechtsstaat 901
Toleranz, Kritik der reinen 181
Toulmin, Voraussicht u. Verstehen 292
Tumler, Nachprüfung eines Abschieds 57
Tynjanov, Literar. Kunstmittel 197
Ueding, Glanzvolles Elend. Versuch über Kitsch u. Kolportage 622
Ueding, (Hrsg.), Literatur ist Utopie 935
Uspenskij, Poetik der Komposition 673
Volmerg, Identität und Arbeitserfahrung 941
Vossler, Revolution von 1848 210
Vyskočil, Knochen 211
Walser, Abstecher / Zimmerschlacht 205
Walser, Heimatkunde 269
Walser, Der Schwarze Schwan 90
Walser, Die Gallistl'sche Krankheit 689
Walser, Eiche und Angora 16
Walser, Ein Flugzeug über d. Haus 30
Walser, Kinderspiel 400
Walser, Leseerfahrungen 109
Walser, Lügengeschichten 81
Walser, Überlebensgroß Herr Krott 55
Walser, Wie u. wovon handelt Literatur 642
Walser, Sauspiel mit Materialien, hrsg. von Werner Brändle 913
Walser, Wer ist ein Schriftsteller? 959
Über Martin Walser 407
Warneken, Literarische Produktion 976
Was ist Psychiatrie?, hrsg. v. F. Basaglia 708
Weber, Über d. Ungleichheit d. Bildungschancen in der BRD 601
Weber, Betty N., Brechts ›Kreidekreis‹ 928
Wehler, Geschichte als Histor. Sozialwissenschaft 650
Weil, Simone, Fabriktagebuch 940
Weiss, Abschied von den Eltern 85
Weiss, Stücke I 833
Weiss, Stücke II 910
Weiss, Fluchtpunkt 125
Weiss, Gesang v. Lusitanischen Popanz 700
Weiss, Gespräch d. drei Gehenden 7
Weiss, Jean Paul Marat 68
Materialien zu ›Marat/Sade‹ 232
Weiss, Rapporte 2 444
Weiss, Schatten des Körpers 53
Über Peter Weiss 408
Weiss, Alexander, Bericht aus der Klinik 889
Wellek, Konfrontationen 82
Wellershoff, Die Auflösung des Kunstbegriffs 848
Wellmer, Gesellschaftstheorie 335
Wesker, Die Freunde 420
Wesker, Die Küche 542
Wesker, Trilogie 215
Winckler, Studie z. gesellsch. Funktion faschist. Sprache 417

Winckler, Kulturwarenproduktion / Aufsätze z. Literatur- u. Sprachsoziologie 628
Wirth, Kapitalismustheorie in der DDR 562
Witte (Hrsg.), Theorie des Kinos 557
Wittgenstein, Tractatus 12
Wolf, Danke schön 331
Wolf, Fortsetzung des Berichts 378
Wolf, mein Famili 512
Wolf, Pilzer und Pelzer 234
Wolf, Auf der Suche nach Doktor Q. 811
Wolf, Die Gefährlichkeit 845
Über Ror Wolf 559
Wolff/Moore/Marcuse, Kritik d. reinen Toleranz 181
Wuthenow, Muse, Maske, Meduse 897
Zima, Kritik der Literatursoziologie 857
Zimmermann/Eigel, Plötzlich brach der Schulrat in Tränen aus 429
Zimmermann, Vom Nutzen der Literatur 885
Zoll, Der Doppelcharakter der Gewerkschaften 816